畑 潤・草野滋之［編］

表現・文化活動の社会教育学

生活のなかで感性と知性を育む

学文社

まえがき

1 教育基本法「改正」と本書の位置

本書は、二〇〇六年の初夏にはほぼ原稿がそろい、国会における教育基本法「改正」論議の経緯を見守りながらの編集作業となった。一二月一五日に参議院で「改正」案が可決されたときは、原稿はすべて学文社にわたっていた。そうして年が改まってこの「まえがき」を書くことになった。このように本書は、教育基本法「改正」前に執筆され、「改正」後に出版されるという、文字通り歴史的な位置をもつものとなった。当然のことながら、本書は「改正」前の教育基本法を前提に執筆されている。

教育基本法が「改正」され施行されることになったが（一二月二二日）、戦前・戦後の教育史のなかで教育基本法「改正」を振り返るとき、今日私たちは「原典・教育基本法」（一九四七年制定）と「改正・教育基本法」という二つの教育基本法をもつことになった、という感想が湧く。

「原典・教育基本法」は、憲法と一体的なものであり、深い人間理解を基礎にした教育認識をもっている。そして、教育そのものの営みと公権力との関係を、戦前教育の歴史的経験を汲み、第一〇条（教育行政）で明確に示している。つまり、人間の人間的成長と文化の創造にかかわる教育は、自由な環境における当事者（子どもや父母、地域住民、教師、社会教育職員など）の自由な精神に基づく共同の努力によってのみ成立するのであり、公権力（国及び地方公共団体）の役割はそのための「諸条件の整備確立」にあると明示しているのである。「改正・教育基本法」は、「原典・教育基本法」とは文字通り正反対に公権力を教育と文化の主人とみなしており、公権力が策定する教育計画に当事者を従わせるという論理を基調にしている。

　教育と文化というものは、人間性（ヒューマニティ）の本質である個人の内面の自由と真理性に基礎をもち、したがって教育や文化の営みの目的も内容も方法も、当事者による自由な探究的なことがらに属するというべきだろう。それ故に「原典・教育基本法」は、教育目的も禁欲的に示しているのである。それに対し「改正・教育基本法」は、第二条（教育の目標）において多くの徳目を列挙するなど、この原則を否定している。

　国会におけるこの「改正」論議に関しては、国民や専門研究者の間から多くの批判の声が上がり、またさまざまな世論調査は「改正を急ぐ必要はない」という国民意識を示していた。国会で「継続審議」という扱いになった時点で、日本教育学会歴代会長と歴代事務局長は連名で異例の声明書「教育基本法改正継続審議に向けての見解と要望」（二〇〇六年八月二六日）を出した。しかし「改正」推進の与党は、こうした学界の批判に耳を傾けまっとうな論議をしようとする姿勢すら示さなかった。かつて南原繁―教育基本法制定を含め戦後日本の教育改革を指導した―は、日本が太平洋戦争に突入したとき「人間の常識を超え学識を超え……」と憤怒の思いを歌ったのであるが（『形相《けいそう》』岩波文庫）、今日の政治の暴走を見たとき、彼はどう歌うであろうか。しかもこの教育基本法「改正」では、やらせ「タウン・ミーティング」で世論操作までやっており、自由精神＝民主主義の根幹にかかわることを犯してまで採決を強行したのである。今般の教育基本法「改正」が憲法「改正」の政治スケジュールの一部とされていることが自明であることを考えると、ことの深刻さには筆舌しがたいものがある。

以上のように「改正・教育基本法」には、その内容においても手続きにおいても正当性はない。これからは、私たちはいつも二つの教育基本法を比較しつづけるほかはない。そのようにして、今後も「原典・教育基本法」は強力な批判力として生命力を持ち続けるであろう。

なお教育基本法に関しては、豊富な国民的論議を経て第三の教育基本法を制定するということもありうる。そのときは、先の日本教育学会歴代会長・事務局長声明が（将来的なこととして）述べている原則的見地が指針となるであろう。

教育基本法「改正」問題は本書の編纂の趣旨と経緯にかかわることなので、この「まえがき」で編者としての見解を述べることとした。

2 本書の構成について

本書の主題は、社会教育・生涯学習というスケールにおいて「表現・文化活動」を問うことにある。このテーマは、人間性（ヒューマニティ）の開花（「人格の完成」）というものを意識することによってはじめて成り立つものであり、憲法と教育基本法のありかたに最高度に密着している。1で述べたとおり、教育基本法が「改正」された今日も、本書の価値はいささかも下がらないであろう。

本書は次のような構成をとっている。

第1部「総論」（「世界にかかわって生きることと内的なものへの憧憬と」）は、民衆の表現・文化活動に関する原論であり、社会教育・生涯学習の哲学というべきものの提案でもある。

第2部「表現・文化活動の特性と文化行政」は、自己表現・美的活動の価値のエッセンスをとらえ、そのことと深い関連をもつ文化政策・文化行政を社会教育の主題として概括している。

第3部「表現・文化活動の実践と美的価値」では、五つの実践・対象領域に光をあて、さまざまな手法をもちいて幅と奥行きのある研究を試みた。「手作り絵本の会」の報告では、そのグループの当事者（市民）全員が自らの経験と思いを書いており、本書の特徴の一つともなっている。

第4部「現代文化と民衆文化運動の歴史」では、社会教育の歴史（戦前・戦後改革の時期から現代まで）を、民衆の表現・文化活動をめぐる実践・理論を軸にとらえようとした。第9章も、歴史としての「現代」を問うている。

なお巻末の「資料—文化に関する法制度の資料と解説」は、いわゆる法令等の資料集ではなく、資料案内という方法によるこの分野の意欲的な考察であると理解して欲しい。同じく巻末の「文献案内」も、単なる参考文献リストとしてではなく、文献案内という方法による小論として読んで欲しい。これらの試みが読者の探究意欲に触れることになれば幸いである。

また、この分野の実践・探究の手がかりになることを願い「索引」を設けた。

*

本書は、「表現・文化活動の社会教育学」というタイトルをもつ。このことには、二つの意味が込められている。一つは、社会教育における「表現・文化活動」のオーソドックスなテキストとなるものをめざしたということである。単調なものにはせず、論述の対象や方法についてもできるかぎり豊富な手がかりを提供し、広い読者の具体的な実践意欲・探究意欲を引き出すようなものを志した。

もう一つは、社会教育学というものの新しい構想を提起するということである。社会教育研究は、これまで多くの側面からの研究が積み重ねられてきた。しかし表現・文化活動が正面の探究主題とされることは少なく、たとえば日本社会教育学会でもこのテーマをめぐる『年報』は一冊も著されていない。こういう研究状況は、実は社会教育の本質理解の困難さに由来しているのである。私たちは、この困難さを意識し、社会教育原論に相当するものとして民衆の表現・文化活動の探究に向かった。そのことは、これまでの社会教育研究でほとんど取り上げられることのなかった諸実践・諸理論・諸思想に光をあて直す（本質的な諸関連を見出す）という挑戦でもあった。

私たちは本書をステップにし、人間性（ヒューマニティ）の擁護という始原のテーマに立ち返りつつ、さらに社会教育の実践・研究に向かっていきたいと考えている。人間性の十全な開花ということを核心にして、人間への深い愛情をもつ多分野の方たちとの共同の探究をめざしたいとも思う。そのためにも、読者のご批判をお願いしたい。

二〇〇七年一月

畑　潤

目　次

第2部　表現・文化活動の特性と文化行政

第3部　表現・文化活動の実践と美的価値

第4部　現代文化と民衆文化運動の歴史

第1部　総　論

私たち人間には、美しい善いものを恋い慕う心性がそなわっている。表現・文化活動が生命力をもつのは、そういう人間の本性＝ヒューマニティに由来するからである。その人間性の意識は、ソークラテースの時代になって大きな展開をとげる。プラトーンの諸「対話篇」は、人間本性の探究とそれに基づく教育・教養の思想の結晶であるといってよい。

プラトーンの対話篇をコアとする古代ギリシア思想が達成した人間理解は驚くほど深く、人々は歴史の試練のときに繰り返しその古代ギリシア思想と文化を学びなおしてきた。西欧諸国におけるルネサンスはよく知られているが、日本の戦後改革の核となる憲法・教育基本法も、この人間性についての思想（普遍思想）を継承している。

現代という急速な社会変貌を経験しつつある試練のときにあって、私たちも人間性の思想の再把握を試みよう。そして表現・文化活動というものをヒューマニティと不可分のものとして問い直してみよう。表現・文化活動は、本来ひとりひとりの人間本性（自由の精神）を根拠とし、お互いに共通の人間であるという感情をよみがえらせる。自己の内部のその感情（ヒューマニティ）は、社会・文化の事象に対する自主的な批評精神（あらたな意欲）の根拠となるだろう。たとえば他律的尺度に囚われない自由な精神は、時代が見過ごす社会の〝周辺部〟の小さなことにも、自主的な注意力を向けるのである。そういう営み（＝生き生きとした世論の成立）によって文化と社会の再生が可能となるのだろう。ユネスコの「学習権」宣言（一九八五年）も、そのことの重要性を訴えている。

なお第1部は、本文と「注」とによって一つの内容を構成するという方法をとっている。

第1章　世界にかかわって生きることと内的なものへの憧憬と

――社会教育・生涯学習の哲学を考える

畑　潤

1　現代という時代の矛盾をどうとらえるか――自由な判断主体であることをめぐって

(1)　人間性の崩れについて

今日国家政策が、社会のすみずみまで競争原理を徹底化させ、社会福祉や教育の制度などで公共的なものをつぎつぎと後退ないし解体させてきたため、雇用関係や勤労実態は過酷化し、社会に広範な貧困化現象が進行しつつある。さらには、地域社会が崩れ、暮らしが崩壊するなど、子どもたちにも、青年層、壮年層にも、生命をおびやかすほどの深刻な事態が生じつつある。このような日本社会の矛盾を、人間性の崩れの問題として、二つの角度から注目しておきたい。

一つは判断するということが社会的に弱化しつつあるということである。[1] 社会矛盾が深刻化すればするほど、人間的であろうとすることへの問いかけは重要になるのだが、判断力を育てあう共同の場が急速に奪われつつあり、自分を安心して表現し交流していく条件が失われてきている。子どもも大人も、本音の深いところを出せなくなってきている。[2]

子どもたちは、ひとりひとりその深部に人間としての成長への願いをもっているけれども、その目に見えているもの（そのハートに感じられるもの）は、国家政策に誘導された大人たちの強烈な関心事、つまり「成功」「不成功」（つまり富のこと）というどぎつい「社会倫理」であり、子どもたちには、自分たちの成長の課題がヒューマニティのこととしては見えて（感じられて）こない。こうして、まずは大人たちに、そして子どもたちにも、何をどう考えるかということを見失う状況が拡大しつつある。その状況は、「判断放棄」というべき社会心理の様相を呈しつつある。

この、ひろく社会と呼吸するということを止め、狭い世界に閉じこもろうとする現象は、今日の娯楽やスポーツの分野にも顕著にあらわれていると見るべきだろう。たとえばあるスポーツ競技への「熱狂」は、世界の人間と文化の根源の観察と礼賛へと開放されていなくて、一時的な精神の麻痺、つまり文化的麻薬として機能しているようである。[3]今日、文化全体が、刹那的であり、孤立的、排除的であり、暴力性をもおびつつある。ノーマ・フィールドは、「戦争と教養」と題する講演で、「（戦争と貧困をなくす…引用者）そういう理想に対する執念を作り出すことがそもそもの教養の役割でもあるはずです。」と述べたあと、「アメリカの場合とりわけ〈9・11〉以降思考停止が圧迫感を増してきました」と語っている。[4]

人は、容易ならざる矛盾に当面させられるとき、見るべきものから目をそらすことによって、強者（力）に依存することによって、あるいは攻撃の相手を見いだすことによって安心を得ようとするらしい。つまり自らの判断を放棄しようとしていくらしい。[5]

二つ目に注目しておきたいのは、声高に「道徳性・規範意識を教える」と叫ばれる傾向である。社会を驚かせる子ども期からの諸事件が報じられ、また子どもたちの「荒れ」の事実がひろく指摘されてもいる。そういう追い詰められたような事実がもつ意味を広く深く問い直そうとはせず、きわめて短絡的に、人間を自由な主体とみる観方自体に懐疑的になり、さらにはそれを否定するような論調もつよくなっている。道徳性を「教え込む」必要がある、という思潮（偏見）も荒々しさを増している。(6)

自らの判断を失う（放棄する）ことと、「教え込み」の思想とは一対のものとなる。しかし人間の本性は、迷いつつも自ら感じ分かろうとし、自らの内面に照らしながら判断を下していこうとするところにある。つまり人間がもっとも人間らしく生き生きとしているのは、自らの総合的な判断をゆたかなものにしつつあると感じとれるときである。言い直せば、自分をとりまく世界に批判的に向かいながら、自己統括が深い味わいを見せていく（自己教育の）状態(7)にあるときである。(8) つまり、この自ら判断していくということを放棄するような状態や、徳性を外的基準に沿わしめるような事態は、ヒューマニティの否定につながるのである。

今日的な諸問題の根底に、この人間性（ヒューマニティ＝自由の精神）の否定・喪失・解体がある。(9)

(2)　青年のことを心配する

人間の自由の精神をめぐる矛盾は深刻であり、子ども・青年の教育に携わる教師たちに対し権力的統制を図ろうとする（一群の人たちの）欲求・欲望は絶えることがない。東京都教育委員会は、卒業式などの式典において「君が代」に対し良心に基づいて起立せず斉唱しない都立の学校教師たちに対し、「通達」（二〇〇三年の「10・23通達」）という「法」を準備し、処分という強制力を働かせて屈服させようというところまできた。この「処分」というものが、ひとりひとりの教師にとって実際上どういう重さをもっているかは、大田堯『証言―良心の自由を求める―〔国歌斉唱義務不存在確認訴訟・法廷〕』（一ツ橋書房、二〇〇六年）の、尾山宏弁護士による「解説」によって知ることができる。[10] この通達にもとづく「君が代」強制は不当であるとし、四〇〇人を超える教師たちが東京都と都教育委員会を被告として訴訟（予防訴訟）を起こした。その立脚点は自らの良心であり[11]、問題の核心は、「教師の良心の自由」を教育の根源的生命力として認めるか否かにある。[12]

この東京都の教育をめぐる事例は、ことがらの経緯として原告と被告とが逆の立場になるが、古代ギリシアのソークラテースの裁判を想い起こさせるものがある。ソークラテースは、彼を告発した三人のうちの一人、「自ら有徳の士かつ愛国者と称するメレトス」[13]に対して、次のように批判するのである。

「彼はすなわちいう、私は青年（νεός ネオス youth）を腐敗せしむるが故に罪を犯す者である、と。これに反して私は主張する、アテナイ人諸君、メレトスこそ罪を犯す者である、何となれば、彼は厳粛な事柄を冗談の種にする者だからである、すなわち彼は軽々しく他を訴訟事件に捲き込みかつまた未だかつて寸毫も自ら関心を感じたることなき事柄について熱心[14]と関心[15]とを有するが如くに装っている、と[16]。」

ほんとうに青年たちのことを気がかりにしている（メロー care）のは、原告、被告どちらの立場か。それが問われている。

その問いの輪郭は、今日の憲法・教育基本法をめぐる政治論争の本性そのものを示している。人間と教育の普遍的思想を結実させているものとして憲法と教育基本法を擁護するか、自由と平和を希求する精神を屈服させる根拠として、真理性をもたない「法」というパワーを策定するか。いずれに正義の根があるか、が問われているのである。

2 ヒューマニティへの着眼――民衆の学びと真の教養を求めて

(1) 日本国憲法・教育基本法――その人間性についての思想

憲法・教育基本法「改正」論議は、日本史の試練にとどまらない、おそらく人間の試練という性質をもつと考えてよい。しかしその試練にふさわしい深い「論議」がなされているだろうか。

日本国憲法・教育基本法の、成立における歴史的・政治的な経緯についての吟味は他の諸研究にゆずるが、ここでは人間の普遍性についての思想を継承しているものとして、次の文言にあらためて注目したい。

以下は日本国憲法前文よりの抜粋である。

「……これは人類普遍の原理であり（a universal principle of mankind）、この憲法は、かかる原理に基づくものである。」

「人間相互の関係を支配する（controlling[17] human relationship）崇高な理想（the high ideals）[18]を深く自覚するのであって、」「平和を愛する諸国民の公正と信義に信頼して（trusting in the justice[19] and faith of the peace-loving peoples of the world）、」「政治道徳の法則は、普遍的なものであり（laws of political morality are universal）、この法則に従ふことは、」「この崇高な理想と目的（these high ideals and purposes）[20]を達成することを誓ふ。」

また、同様に教育基本法前文から抜粋してみよう。

「個人の尊厳を重んじ、真理と平和を希求する（love）[21]人間の育成」「普遍的にしてしかも個性ゆたかな（general and rich in individuality）文化の創造をめざす教育」

次は教育基本法第一条（教育の目的）からのものである。

「教育は、人格の完成をめざし（aim at the full development of personality）、」「平和的な国家及び社会の形成者として（as builders of a peaceful state and society）、」「真理と正義を愛し（love truth and justice）[22]、」「勤

労と責任を重んじ、」「自主的精神（independent spirit）に充ちた」

この根本法（憲法・教育基本法）は、このように、人間・社会の根源的なありよう——その核に自由の精神の思想がある——を世界思想として確認し、そのことに向けて日本国民自ら主体的であろうと決意表明し、そのことによって（「平和を愛する諸国民の公正と信義に信頼して、」）世界に呼びかけようとするものになっている。つまり、日本国民としての根本的な決意（態度）の表明となっている。その内容が普遍的（＝本質的）であるがゆえに（この方向にしか未来はひらかれないのだと判断するがゆえに）、この憲法と教育基本法に接する日本国民は、諸般の事象をたえず深く考え直し、節度をもった行動を選択してきたのである。そして、これら根本法制定後のあたらしい世代も、その思想の普遍性を尊敬の念をもって受け止め、自らのものとすることに誇りを感じてきたのである。[23]

ところで、枚方市教育委員会が作成した文書「社会教育をすべての市民に」（一九六三年）は、社会教育関係者の間では「枚方テーゼ」と呼ばれ、戦後社会教育史の指標の一つとされてきた文書である。そこに「社会教育の本質は憲法学習である」という規定が示されているが、憲法が、人間についての思想（普遍的な探究的課題）を根源的次元において提示していることを理解するならば、右の規定は社会教育・生涯学習（論）として本質的意味をもつだろう。[24]

憲法・教育基本法は、人間・社会についての普遍思想を確認したものであり、それ自身のうちに、社会教育・生涯学習の哲学をもつものとなっている。

(2) ヒューマニティの思想の継承と共同学習・生活記録

南原繁は、米国教育使節団（一九四六年）に対応する「日本教育家ノ委員会」の委員長を務め、さらに拡充改組された教育刷新委員会（のち教育刷新審議会）の副委員長も務め（委員長は安倍能成、のち南原が委員長となる）、教育基本法制定を含む戦後教育改革において指導的な役割を果たした。

その南原は、戦前に学生たちに向かって、「おのおのの個性の自律」「人間自由の意識」ということを言い、「結局、自己自らの自らによる教育『自己教育』を目途せられんことを」と人間形成の思想について語っている（一九三一年）。学徒出陣の壮行会（一九四五年五月）での講演「ゲーテ『ファウスト』の課題」では、「人類は今おしなべて真の現実と人間との自然的関係を自ら放棄し、これが救済を権力と経済の魔術に求めようとしつつあるごとくである。それは文化の終焉と世界の滅亡でなくしてなんであろうぞ」と深い次元の戦争政策批判の声を発し、「真の人間精神の自律性を回復すること」を切々と訴えている。その半年後の、学徒帰還の歓迎の辞でも（一九四五年一〇月）、「各自それぞれ一個の『人間』として自己の理性と良心とに従って判断し、行為するところの自主自律的な人格個性たることが根本である」ことを語りかけている。[25]

このように南原は、歴史の試練に耐えて自らの良心を貫いたのであるが、青年期（一高時代）において内面における真剣な闘いを経験している。彼の精神の大きな展開は、「新渡戸稲造の感化」に拠り、「内村鑑三との出会い」に拠るという。[28]南原の探究は、プラトーン、[26]そしてI・カント[27]（さらにJ・G・フィヒテ）に向かうことになる。それは、超越的な価値を認めるヒューマニティというもの（人間的価値）の覚醒の過程であったと言ってよい。[29]実に、新渡戸が『武士道（BUSHIDO, THE SOUL OF JAPAN）』（一八九九年）において情熱をもって説いている諸徳についての論は、この人間性というもの（教養と呼ぶべきもの）が実在するということのつよい主張なのである。[30]

ところで、古代ギリシア思想・文化を再発見すること（ヒューマニティの開眼）をルネサンスという。ルネサンスは世界史的経験であるが、それは個々人の人間としての成長の過程においても経験される。南原が新渡戸や内村鑑三と出会い、プラトーン、カントの思想に立ち向かっていったのは、南原における人間性の覚醒の過程だったのである。[31]

このヒューマニティ（人間性）というものの開眼（人間が自由な主体であるということの覚醒）は、特定の社会や特定の階層に限られるようなテーマではない。ヒューマニティ（人間性）の思想を感受できるか否かは、むしろ世界の平和の、その可能性の集約的根拠として、私たちすべての人間に試されていることなのである。フランス・ルネサンスの研究者である渡辺一夫が[32]、「『人間としての自覚』の共同承認」ということを言い、「エラスミスムは、一人でも多くの人々で護られて育てられねばならない」と訴え、「ヒューマニズムとは、人間の機械化から人間を擁護する人間の思想である」と述べるとき、彼は、ヒューマニズムの思想を現代社会の批評の原理と観ているのである。[33]

社会教育の思想を考えるとき、R・W・エマーソンやW・ホイットマン、N・ホーソーン等をコアとするアメリカ・ルネサンス（一九世紀前半）に注目することには価値がある。その思想運動の担い手の一人であるH・D・ソローは、アメリカ社会教育の源流に位置づくライシーアム運動[34]に参加し講演を行っているが、生活記録の古典の一つというべきソローの『ウォールデン　森の生活』（一八五四年[35]）には、人間についての発見と民衆的知見というべきものが一体のこととして記されている。ソローは、プラトーンの対話篇の重要性に触れたあと、次のような社会教育・生涯学習原論というべき本質的提案を行っている。

「……今こそ私たちは、初等教育の学校ではない大人の学校を持つべきです。それには、村がそのまま大学になればいいのです。年長の村民は、みな大学構成員になり、余暇をその活動にあてます。人生のすべてを哲学（liberal studies）の研究に捧げます。」（今泉吉晴訳、小学館、二〇〇四年[36]）

この『森の生活』には、目立たないかもしれないが、この書の価値を左右するソローの観察力が記されている。つまり、『森の生活』には価値あるぼんくら論というべきものが含まれているのである。少し引用してみよう。

「彼（訪問者の一人…引用者注）は言葉にならず、適切に表現することはできなくても、人に伝える価値のある考えを内に持っていました。それらの考えは、彼の自然な暮らしから生まれたもので、他から学んだ考えと違って、独自であるがゆえに原始的で、発展の可能性がありました。（中略）彼は、貧しい暮らしゆえに無学で目立とうとしない層の人々の中に、天才がいることを証明していました。」（第六章「訪問者たち」より、今泉訳）

この、ぼんくら論からは、学識をもつことによって自らを失うことを批判する思想を読みとることができるのである。つまり、通俗的な啓蒙主義を批判する民衆独自の価値的視点を受け止めることができるのである。この思想は、モンテーニュの、「われわれは他人の知識で物識りにはなれるが、少なくとも賢くなるには、われわれ自身の知恵によるしかない」「十五、六年も費やして学校で勉強して帰って来た生徒を見るがよい。これぐらい使いものにならない者はない」と述べつつ「学者」を批評する思想と呼応する。[37] そしてこのような思想は、現代社会と文化の再生を支えるものとしての社会教育実践にも見出されるのである。一九五〇年代の共同学習運動の、その記念碑的位置を占めると判断される大田堯の「ロハ台」の青年期教育実践において、青年学級の助言者であった正木欽七は次のような感慨を記している。

「いままで下づみになっていて、誰も問題にしたことのないこうした話し合いが文字になおされることが、日本の文化の将来ということとにらみあわせて、大へん重大な問題をふくんでいるようだという感動にうたれた。[38]」

ヒューマニティの思想というものは制約をもたず、生きる奮闘をつづける民衆と必ずつながる。そのことによって、人間性の思想そのものと文化・社会自体の再生が可能となる。その再生にかかわって、社会教育はいよいよ増大する役割を担う。ルネサンスの思想と社会教育の思想とは、本性的に不可分なのである。[39]

3　教育・文化の思想——古代ギリシア思想から学ぶ

(1)　勝田守一のパイディア研究

一般に、プラトーンの思想（対話篇）は教育・教養思想の古典としての位置を占ているが、しかし現代日本の教育研究において、対話篇は真剣な格闘の対象と見なされているわけではない。[40] 社会教育・生涯学習研究を概観するとき、プラトーンは、たとえば持田栄一他編『生涯教育事典』（ぎょうせい、一九七九年）で取り上げられていないし、また伊藤俊夫他編『新社会教育事典』（第一法規出版、一九八三年）や日本社会教育学会編『現代社会教育の創造』（東洋館出版社、一九八八年）の、その索引項目にも出ていない。プラトーンの対話篇はまだ本当には（現代的な切実感をもっては）読まれていないというべきだろう。[41]

このことは、三つの点で深刻に反省しなければならないことだと考える。一つは、日本においては社会教育・生涯学習の哲学というべき分野が欠落しているということである。[42] 社会教育の哲学とは、善く生きるということを根底にし、民衆の学習・文化というものの価値を突き詰めて（本質を）考え抜こうとする営みのことであり、民衆の学習・文化ということにかかわってものごとの広範な諸関連を問おうとする（見いだす）意欲のことである。第二に振り返っておくべきことは、欧米におけるさまざまな教育・学習の理論・思想には人間というものの思想の継承が無意識のうちにもそのベースにある、ということである。たとえばI・イリッチが『脱学校の社会』（一九七一年）で、「希望とは自然の善（the goodness of nature）を信頼する（trust）ことであるのに対して、私がここで用いる期待とは、人間によって（by man）計画され統制される結果に頼る（rely）ことを意味する。」（東洋他訳、東京創元社、一九七七年、による）というとき、これはギリシア思想の継承のことを言っているのである。ギリシア思想の理解抜きにイリッチの探究世界を批評することは不可能であろう。あるいは、ポール・ラングランの「教養とは、それによって人がよりいっそう自分自身になる（he has become steadily more himself）ような努力と経験の全体を指す」（波多野完治訳、財団法人全日本社会教育連合会、再版一九七〇年、による）という考え方は、教養（パイディア）思想のことを述べているのである。三つ目の問題は、真・善・美の関係において、美的なもの（広範な表現）の意味が本質的にとらえられていないということである。

しかし、繰り返し古代ギリシア思想・プラトーンに探究心を向けた教育学者がいる。教育刷新審議会の委員の一人でもあった勝田守一である。勝田は短い文章「西洋教育史の古典について」[43]で、思想（古典）というものの歴史性と、ルソーのなかにプラトーンの『国家』が生きているということの意味との脈絡を問いつつ、「社会の転換に立ちつつ、その問題の解決にとりくむすぐれた精神が、古典の中にその理想を感動をもって読みとることが可能であるという驚ろくべき事実を私たちは考えなければならぬと思います」と述べている。また勝田の「教育学の古典をどう読むか」[44]では、プラトーンの『国家』が対話であることに言及しつつ、やはりルソーと『国家』との関連に触れ、「わたくしたちは、教育の古典の中にあふれているそのような教育的価値をひき出す義務を負っている」と書き、古典に内在する力とそれに向かう自分たち自身の「実践的意欲・問題意識」との「相互作用」ということを述べている。古典を現代社会において瑞々しく読むことは可能であり、クリエイティヴな探究的なことがらであるというべきだろう。実際、勝田は、その論考のいたるところで古代ギリシア思想、そしてプラトーンの思想に言及し、それを吟味している。[45]そしてその論考は、たとえば「感応・表現の能力」を含む諸能力を人間人格に統一されるものとしてとらえていこうとする能力（構造）論など[46]、社会教育研究に期待される深さ（次元）をもって考究されていた。

その彼のギリシア思想への関心ということでは、ドイツの古典学者であるW・イェーガー（一八八八―一九六一年）の大著『パイデイア PAIDEIA』（三巻より成る）に関する研究が重要な位置を占める。その成果は、未完の論考

「イェーガーの《パイデイア》」（一九六二年）と、勝田の主著といってよい『能力と発達と学習』（一九六四年）の「第四章　能力の発達と人間的価値の実現」とに結実している。[47] その前者の論考において勝田は、イェーガーから学びつつ「どこの社会でも訓練や養成（職業的技術や道徳的な規律〈神々をうやまえ、父母をうやまえ〉など）は存在している。しかし、それとは異なった次元で、人間形成を自覚化したのがギリシア人であり、そのことは人類の最初の出来事である」と指摘している。また勝田は、後者の論考において「かれ（イェーガー…引用者注）は、教育が人間の形成として自覚的にとらえられたのは、単なる生産的技術の訓練や日常道徳のしつけを超えて、統一的な内的価値に意識が向けられたときにはじまるものだ、といっている。そして、それを人類最初に自覚したのがギリシア人であり、かれらはそれをやがて教養《パイデイア》とよんだといっている」と指摘し、「パイデイアというギリシア語が、ローマ人によって、フマニタス（humanitas）と訳され、「人間的なもの」という意味を担うにいたったのは必然的であった」と論述している。[48]

勝田がイェーガーから学ぼうとした右のような見地は、彼の教育研究の思想的コアとして息づいている。勝田教育学は、閉塞的な教育技術主義とは無縁であって、勝田の、教育目的や内容・方法・評価の仕方についての探究は、たえず人間性・人格の思想を問い直していくところに成り立っている。

ところで勝田の論考「イェーガーの《パイデイア》」は、「パイデイア」の思想の歴史的成り立ちと普遍化の過程への関心によって成り立っているが、主要に論じられているのはホメーロス（紀元前八世紀ころとされる）やヘーシオドス（その作『労働と日』は紀元前七〇〇年ころのものとされる）の、初期ギリシアの思想である。[49]

(2) プラトーンの「正義」論

ホメーロス、そしてヘーシオドスに歌われる「正義」の思想は、プラトーンの時代にまで下って、それ自体がいかなるものか（正義の本性はどういうものであり，どういう起源をもつものなのか）が，はじめて原理的に探究されることになる。

プラトーンは『国家』において，「友を利し敵を害するのが，正しい」という社会通念や，青年トラシュマコスの「〈正しいこと〉とは強い者の利益にほかならない」という命題（実はこれらの考え方は，現代の社会事象として暗黙のうちに認められるのであるが[50]）を吟味・批判していく。青年たちは，それが間違いであることを論証されても，なお生活の実感として「正しい人のほうが，きまって損をする」という思いを示す（独裁僭主は利益を得る典型である）。それに対してソークラテース（プラトーン）は，「不正のほうが正義よりも得になるなどとは，けっして思わない」と明快に自分の考えを述べ，正義の吟味を展開していく。[51]この「正義」を吟味することは，「正しい人々は不正な人々よりも善き生を送り，より幸福でもあるかどうか」を考え抜くことであり，「人生をいかに生きるべきか」という重要事にかかわることなのである。

それゆえプラトーンは，（青年グラウコンによる発言として）「〈正〉〈不正〉のそれぞれが，何であるか，また，それぞれが魂の内にあるときに，純粋にそれ自体としてどのような力をもつものなのか」という問いを設定して，（『国家』の第一巻から第四巻にかけて）リアリティと洞察にみちた吟味を展開していく。

そこでプラトーンは，正義の本質を次のように述べているのである。

まず，魂のなかには「理知的部分」と「気概の部分」と「欲望的な部分」の三つがあり，それぞれにはそれぞれの自然本来のあり方があるとする。そして「正義」とは，「自分の内なるそれぞれのものにそれ自身の仕事でないことをするのを許さず，魂のなかにある種族に互いに余計な手出しをすることも許さないで，真に自分に固有の事を整え，自分で自分を支配し（ἄρχω アルコー），秩序づけ，自己自身と親しい友」となることであると言う。そのような魂の状態を保持し導くことを「正しく美しい行為」と言い，そういう行為を指導する知識を知恵と呼ぶという。

逆に「不正」とは、「三つあるそれらの部分の間の一種の内乱であり、余計な手出しであり、他の分をおかすことであり、魂の特定の部分が魂のなかで分不相応に支配権をにぎろうとして、魂の全体に対して起す叛乱」のことだと言い、こうした不正な行為を導くことを「無知」と呼ぶという。つまり、たとえば自分自身が何らかの欲望に引きずり回されるとすれば、それは不正義（放埓）ということになる。あるいは、勇気を出すべきときに出さないのも不正義（卑怯）ということになる。[52]

つまりプラトーンの言う正義とは、自らが自らをよく支配すること（アルコー、control）である。そのことを自由（ἐλεύθερος エレウテロス　be free）と言い、したがって自由に対する概念は隷属（δουλεία ドゥーレイアー　slavery）ということになる。このように正義とは、自らが自らを支配する＝自由な主体となるということである。[53] そして教育・教養はそういう内的資質を養うものとして（人間の内的精神を総体的にとらえ健康な状態に導く営みとして）重要視され、その教育・教養論として音楽・文芸（μουσική ムーシケー　music）と体育（γυμναστική ギュムナスティケー　gymnastics）による教育の価値が語られている。[54]

このようにプラトーンは、正義というものを「内的な行為にかかわるものであり、ほんとうの意味での自己自身と自己自身の仕事にかかわるものであるようだ」ととらえている。[55] そして正義の趣旨として、理知的部分・気概の部分・欲望的な部分という三つの部分を調和させ、「多くのものであることをやめて節制と調和を堅持した完全な意味での一人の人間になりきって――かくてそのうえで、もし何かをする必要があれば、はじめて行為に出るということになるのだ」とも述べている。私たちの成長とは（生涯学習の理念とは）、生涯にわたって、複雑な人間にではなく、自らが自らを支配する自由なシンプルな存在になっていくことであろう。[56]

プラトーンは、（魂の固有の徳＝優秀性としての）「正義」を、人間の魂の健康な状態＝魂の本性（φύσις フュシス

nature）[57]を探究することとして論じており、社会的階層を越える、人間に普遍的な内的原理として考究しているのである。

4 人間性を想起すること——社会教育の本質を考える

(1) 自己・相互教育の思想としての想起説

すぐれた文芸（文学、演劇、音楽、映画、などなど）の経験は、大きな真実というものを直感させる。つまり、私たちをさまざまな囚われから解放し、自分の内にある人間性を深く目覚めさせ、お互いが人間としてつながっていることを想い起こさせる。こうした喜びの経験は、表現・文化、そして学習・教育というものの成り立ちそのものについて、いつもあらためて考えさせるものがある。[58]

このことを原理的に考えるうえで、プラトーンの言う、いわゆる「想起説」はたいへん参考になる。つまりプラトーンは、人間の魂は——それが不死であると論じ——生まれながらにして、すでにあらゆることを学んでいるのだという。そして、事物の本性はみな深いつながりをもっているから、一つのことを想い起こすことによって多くのことを見いだしていくことは十分に可能だと言うのである。そのある一つのことを想い起こすことを人間は「学ぶ」と呼んでいるが、「探究する（ζητέω ゼーテオー　research）とか学ぶ（μανθάνω マンタノー　learning）とかいうことは、じつは全体として、想起すること（ἀνάμνησις アナムネーシス　recollection）にほかならない」と語るのである。あるいは、「教え（διδαχή ディダケー　teaching）というものはなく、想起があるだけだ」と述べるのである。[59] この想起説は、対話篇『メノーン』で提案され、『国家』『パイドロス』で豊かに展開されているが、私たちが想起する当のものは、かつて（生前に）見知ってきた善美なるものであると語られる。[60]

この想起説は、四つの点で私たちの考察にヒントを与えてくれる。一つは、この想起説は、真に知識を獲得するのは、（他者による）教えに拠るのではなく自分に拠って[61]自分の内部から知識をふたたび取り出すことだと語られているように、教育・文化といういとなみの、その根源における自発性というものを考えさせてくれる。第二に、この想起説は、自己が直接的に経験していないことも、人間のこととして（したがって我がこととして＝心の底にねむっていたこととして）自分の心のうちに想い起こす、ということの経験的意味を深く考えさせてくれる。たとえば私たちは、（時空を超えて）他者の経験も「ああそうだ」と思うのである。第三は、想起説が言う、さまざまに想い起こしていくことができるという考え方にかかわることである。つまりこの考え方は、知らないものをどうして探究できようかといった怠惰な心性に陥ることを防ぐのであり、むしろ大きな世界（真実）にたいする私たち自身の探究心を鼓舞してくれるのである。第四に、私たち人間は根底において善性をもつ、というプラトーンのつよい主張について考えさせてくれる。[62] 以上のことは、いわゆる「教え込み」の考え方とは原理的に対立するものである。[63]

では、他律的・依存的であっては育ちようがないもっとも大切な人間的資質（徳性）はどのようにして育まれることになるのだろうか。このことを示唆するものとして、プラトーンの「第七書簡」に目を向けてみたい。そこには、次のような有名な「飛び火」の説明がある。

「そもそもそれ《肝心の事柄》（肝心の事情・真剣な関心事…引用者注）は、ほかの学問のようには、言葉で語りえないものであって、むしろ、〔教える者と学ぶ者とが〕生活を共にしながら、その問題の事柄を直接に取り上げて、数多く話し合いを重ねてゆくうちに、そこから、突如として、いわば飛び火[64]によって点ぜられた燈火のように、〔学ぶ者の〕魂のうちに生じ、以後は、生じたそれ自身がそれ自体を養い育ててゆくという、そういう性質のものなのです。[65]」

つまり、真剣で慎重な対話（教育）の過程（積み重ね）があって、[66]ときあって私たちは「飛び火」の経験をもつことになる。自らに求めるもの（憧れるもの）があり、そのために心を傾けて探究する途上で、文字通り火がつくのである。その火は、いったん点ぜられると自身の生命力をもつ。このことは、人間本性（ヒューマニティ）というものの自覚をめぐることがらといってよいだろう。[67] こうした内的経験をもつことによって、私たちは現実の諸事象の注意深い批判者となっていく。あるいは、真に大切にすべき価値（＝自由の精神）の意味を反芻する。こうしたこと（人間の成長というものの測りがたさ）は、少し静かに自らの経験を振り返れば、だれにもわかることである。[68]

以上のような想起説は、「教え込み」の思潮（教えられないことを教えられると錯覚する考え方）に対する批判になるわけだが、人間の教育というものの重要性をも示しているのである。[69]

私たちは、多くの人生経験を積みながら、心の内部に（自らのものとして）不定形な問いを形成し、それを明瞭にしたい思いにかられ対話的な出会いを求める。その対話の相手は時空や諸文化の領域を超えるだろう。社会教育・生涯学習は、このようにして民衆ひとりひとりが対話（交流）を見いだし、自らのうちに人間性（ヒューマニティ）を想い起こしながら自己を形成していくいとなみであり、自己をとりまく広く複雑な世界にあらためて関心を向ける意欲を生み出していくいとなみなのである。

(2) 人間性を想起する営みとしての社会教育

私たちは、社会教育を考えるとき、真なるもの、美なるもの、善なるものを判然と区分してとらえてはならない。[70] それらは本来的成り立ちとして、深い関連をもつ一つの総合的な人間の資質（ヒューマニティ）のことなのである。[71] この見地から、社会教育本質論として、以下の三つのことを考えておきたい。

第一に検討しておきたいことは、民芸運動の祖である柳宗悦の仕事をミュージアムの思想[72]という見地から読むということである。そのことにより、あらためて真・美・善の深い関連を考えてみたい。

柳は、「朝鮮の友に贈る書」（一九二〇年）[73]において朝鮮の芸術・美をたたえ、美という見地から、「一国の芸術、または芸術を産むその心を破壊し抑圧するとは、そもそも罪悪中の罪悪である」と日本の朝鮮植民地化に対して魂からの怒りの声を発している。何度読んでもそのたびに感銘を新たにする。[74]この柳の思想は、「共に吾々は自然の心に帰らねばならぬ」というように、「自然」（「不自然」）という観方が根底にあり、古代ギリシア思想（フュシス nature）と共鳴するものがある。

ところで、柳の朝鮮の美への開眼と「民芸」運動の着想においては、浅川伯教《のりたか》・巧兄弟との出会いが重要な意味をもつ。[75]とりわけ作品批評において兄伯教が理知に傾くのに対し、弟巧が個々の民芸品の美そのものを感受しその価値を見抜く資質をもっていたこと（このことは、巧の一九二九年の著『朝鮮の膳』[76]を読むとすぐわかる）は注目すべきである。この矛盾は、私たちの、美・表現と社会教育というテーマを考えるうえで重要な意味をもつ。ものごとの価値を自主的に見いだしていくのは、実に個性的な、集約的な美的直感であり、この価値の見いだしによって自己をも意識していくのである。あるいは、私たちは美・表現の練磨によって自己というものを意識して強化していくことになる、とも言い直せよう。

その柳の著述に「琉球の富」（一九三九年）[77]があり、沖縄のまちと文化の価値についての鋭い観察と考察が展開されている。たとえば八重山の音楽については、「音楽と暮らしとは、離れたことがないのです。誰もが唄い手なのです。一人が唄えば、他は和するのです」と感嘆し、沖縄の踊りについては、（本土のそれをも振り返ったとき）「沖縄のは凡てにも増して美しいのです。そうしてもっと日々の生活と深い交りがあり、人と踊との間に必然的な繋がりが見られるのです」と感動するのである。柳は、このような沖縄での美の経験をとおして、「沖縄の民謡を顧みると、遠い吾々の故郷もかくはあったろうと思います」と想像し、「私たちが沖縄に心を惹かれる一つの理由は、私たちが失った人間としての本然の性質を、未だに唄の世界で有っているからです」と考えるのである。このように柳は、私たちがお互いに生きていくことの本然として、美の成り立ちを洞察しているのである。

ところで今日、まちなみ保存の運動や学習実践が各地ですすめられており、いわゆる「まち興し」といった視点など、さまざまな評価の仕方が語られている。しかし何よりも大切なことは、日常見過ごしてきた事物をあらためて見つめ直し、自らの感性でそこにある美しい善いものを再発見するときの感動そのものであろう。それは、自分のなかに眠っていた（宿っていた）優れたものが目覚めるという経験でもある。そこから自らの知性が動き出し、観察力がゆたかになり、さらなる人々との交流を求め、さまざまな実践活動（批評・批判）を着想するようになる。

近年は、まちや地域そのものをミュージアムとして観る発想が生まれつつあるが、そのとき柳の「琉球の富」は、ミュージアム論として原典的意味をもつことになろう。[78]

第二に、地域を想起する場ととらえ、社会教育の本来の総合性ということについて検討しておきたい。

さいたま市（旧浦和市）の領家公民館の講座（一九七六年）から生まれた「手づくり絵本の会」は、三〇年を経た今日もグループによる共同の絵本づくりを続けている。そのメンバーは、自分たちの故郷の民話を題材とし、作品創作に向けてあらためて地域の歴史・自然・風俗などを調査し、検討を重ね、作品イメージ（作品の思想）を掘り下げていく。その作品は、図書館や郷土館に置かれるだけではない。作品をもつということは、それを伝えたいということであり、絵本文庫での子どもたちへの読み語りやギャラリーでの展示などを行っていく。しかし一つの表現方法をもつということは、作品の発表ということにとどまらず、さらに多くの人とのつながりを生み出していくのであり、[79]小学校での絵本づくりの講師をしたり、近くの公民館講座を担当したりと、その活動は多面的に広がっていく。そしてメンバー自身は、「絵本作りを通して、ものを丁寧に見る」ようになるなど、それぞ

れに貴重な内面の変化を経験していくのである。(80)

表現方法をもつということは、生きる方法をもつ（自己を掘り下げ、世界に向かう方法をもつ）ということでもある。こうした社会教育実践は、ミュージアム概念の本質的な拡張だと考えてよいだろう。(81)地域は、記憶を想起していく資質を練磨する条件（＝舞台）である。社会教育実践は、その想起の場（想起の可能性）を豊かにしていくことなのである。

第三に検討しておきたいことは、私たちすべての者（民衆）が表現主体になる、ということがらである。この、すべての者が表現の主体になるということを考えるために、福生市公民館松林分館における加藤有孝《なおよし》（公民館主事）の識字学級「ことばの会」の実践に目を向けておきたい。今日の日本社会で、文字を読むこと、書くことに困難をもつ人たちは相当の数にのぼるようである。加藤は、就労困難の一つの条件に読み書きのハンディがあるということで、ケースワーカーから一人の女性の識字学習を依頼される。ここから「ことばの会」が始まっている（一九八六年）。その識字教室が一〇年を経たときに、そこで学ぶ方たちの文集がつくられている。(82)文字を獲得できなかった一番の理由は貧困にあるというが、その文集からは、きちんと学校に通えなかったそれぞれの固有の様相がうかがえる。貧乏ゆえに子守りに出され校舎のそとから授業を眺めていたという、その悲しかった思いを綴っている方もいる。ある方は、やはり家庭の事情で小学校にも通えなくなり、そのために中学にすすんでも勉強についていけなくなる。そしてそのときに先生から「休みながらでも学校にきてくれたらそつぎょうができますよ」と言われるのである。その方は、そのことば（筆舌しがたい無念の思い）が今でも忘れがたいと記している。

多くの方が、文字が不自由であることからくる生活のもどかしさやつらさを記しているが、そういう方々が年を経てあらためて識字教室に向かおうとするとき、公民館を初めてたずねること自体に、たいへんな逡巡を経験するのである（加藤の説明による）。しかし識字教室で励まされ文字を綴ることができるようになっていくと、「心の格闘が沢山ありすぎて、どう話したらいいのかわかりませんが……」と書きながらも、生まれてはじめてというほどの長文を綴るのである。加藤はこの実践において、ユネスコ国際成人教育会議の「学習権」宣言（一九八五年）にいう学習権規定の思想とも重ね、困難をもつそれぞれの人が人生を拓いていく、その支援をすることの意味を考えようとしている。

この識字教室の実践は、たった一人の受講生から始められた、ほんの僅かの方の交流と人生の展開のことである。けれども、このささやかな事実（少数者、あるいは障害者や高齢者などの社会的弱者が表現主体となっていくということ）が、巨大な社会と文化の構造にやわらかな、しかし重大な変化をあたえていくのである。文化の本質＝生命力はそういうところにある。

(3)　だれもが人生をかけてエセーを書く――まとめにかえて

一九五〇年代に共同学習・生活記録運動として展開された学習文化運動は、戦後日本の社会教育史の源流をなすものと考えてよい。その後も、生活記録、生活史、自分史などと呼ばれながら、民衆が自分たち自身の生活や歴史を記す営みは全国各地で続けられている。[83] 昭島市では、一九七七年度の「高齢者教室」を契機にして、「書く」ということが始められ、手づくりの文集『ほた火』の刊行が開始されているが（一九七八年）、それは今日も続けられている。その実践を基礎づけた佐直昭芳（公民館社会教育主事）は、「今の時代を生きる同時代人として、地域の中で一緒に〈私たちの歴史を綴る〉営みに広げていく」という課題意識を述べている。[84] それらの文集を読んでいると、佐直が言う私たちの歴史は、人間の歴史というべきものに見えてくる。この生活史・自分史のように、私たちが「書く」ということにはどういう意味が潜んでいるのだろうか。

ところで、古典学者モンテーニュはその『エセー』の最終章（第三巻第一三章「経験について」）で次のように述べている。

「人間として立派にふさわしく生きることほど美しく正しいことはないし、この人生をよく（well）、自然に（naturally）、生きることほどむずかしい学問はない。われわれの病弊のうちでもっとも野蛮なのは、われわれの生存を軽蔑することである。[85]」

ここには、社会教育原論に相当する人間（ヒューマニティ）の思想が語られている。そして何よりも注目すべきことは、モンテーニュはこのエセーをいわば生涯にわたって書き重ね、修正・加筆しつづけたということである。つまりモンテーニュの『エセー』は、自分史というべきものである[86]。その内省は、つよい社会批評ともなっている。このような、自他に対する意識された批評の記録という意味で、私たちはだれもが人生をかけて一つのエセー[87]を書き上げていかなければならない。専門研究者も、自分の専門研究の素地として、人生にわたる自他への批評の記録というものを意識していかなければならない。このような、私たちが表現しながら自己と世界とを吟味していく営みは、なぜ文化が世界史として共有され得るのか、あるいは一人の人間として限られた生を生きていくことにはどういう意味があるのか、ということを考えさせてくれる[88]。このように考えたとき、たとえば昭島市の『ほた火』は、エセーを綴りあうみんなの広場という意味をもっているように思われてくる。

表現するとは、自己の人間性（humanity）の深くに向かい、根底において人類につながろうとすることである。あるいは、普遍（シンプルにして豊饒）は、個性的な（無限に多様な）表現として直感・意識されると言い直してもよい[89]。

あらためて、社会教育の本質について整理してみよう。社会教育（実践）は、ひとりひとりの内的成長（教養）を問うところに本質がある。その教育（核心は自己教育）の営みは、世界とかかわって生きることと一人の人間としての自己統括との、生き生きとした関係を志向する。このいとなみは、ヒューマニティを原理として、諸文化の本来の総合性を回復する（関連性を見いだす）、あるいは、諸文化を批評・批判する、という社会的機能に照応する[90]。したがって、公民館や図書館、博物館などの教育機関における社会教育職員は、地域住民ひとりひとりの成長意欲を深く受け止めつつ、地域社会に根をおろして、諸文化に脈絡を見出していく（批評していく）という、重要な役割をもつことなる。あるいは、そういうものとして社会教育実践は広く開拓されていくべきだろう。当然のことながら、社会教育職員には本格的な資質が期待されることになる。また、社会教育研究においても、ヒューマニティの理解と文化の総合（諸関連の生命力ある見いだし）のための、探究方法そのものが掘り下げられていくべきだろう。

ヒューマニティの解体・喪失が著しいときにあって、社会教育実践・研究の開拓がいよいよ切実になっている。

注

（1）ジャーナリズムにおいても、「思考停止」という社会現象が繰り返し指摘されるようになっている。たとえば、建築家安藤忠雄の発言「思考停止脱しよう」（朝日新聞、二〇〇五年一月七日）や朝日新聞夕刊の連載コラム「新・欲望論2」での作家高村薫の社会批評（二〇〇六年一月五日、など）。

（2）このことは、お互いが孤立しがちの社会にあっても、人間として受け止められるような会話や交流の機会が得られれば、苦悶を介した意味深い成長が可能になるということでもある。ところで、かつて公民館主事としてすぐれた実践を展開した鈴木敏治は、「その人にも人生があるということの発見には、生命が吹き出すような力がある」と書き、「自分を生きるという、こんな当たり前でなくてはならないことが、どうしてこうも見えにくいのだろうか」と社会教育実践意識を言い表している（鈴木「物語がはじまる、そんな〝ひろば〟をつくりたい」、島田修一編『地域にくらしと文化を開く』国土社、一九八七年、所収）。このように閉ざされた世界を拓こうとすることは、戦後社会教育実践において鋭く問われてきた基本主題であるといってよい。

（3）民衆娯楽や文化政策・文化行政の研究は、社会教育研究の重要な対象であるはずだ。たとえば権田保之助は、社会教育認識として映画や演劇・寄席などに注目した（権田『民衆娯楽問題』一九二二年、同『娯楽教育の研究』一九四三年など）。しかし

J・ホイジンガは同じ時代にあって（一九三八年に）、表現・文化の事象を、文化・教養の思想そのものとして深く結実させている（高橋英夫訳『ホモ・ルーデンス』中公文庫、一九七三年）。

（4）加藤周一、ノーマ・フィールド、徐京植『教養の再生のために―危機の時代の想像力―』影書房、二〇〇五年、所収。

（5）斉藤貴男『安心のファシズム―支配されたがる人びと―』岩波新書、二〇〇四年。斉藤が、変わることのない歴史の主題として見直しているのは、エーリッヒ・フロムの『自由からの逃走』（日高六郎訳、東京創元社、一九五一年）である。この『自由からの逃走』は、ある状況においては人は自らの判断を放棄し、「力」に依存していくという歴史的事実を観察しているが、このモチーフは、あとで言及するプラトーンの正義論――正義への道がいかに油断ならないものであるかという認識を含めて――の裏返しの主題である。日本国憲法規定のこととしては、広く社会教育関係者が注目してきた第一二条（自由・権利の保持の責任と乱用の禁止）の「この憲法が国民に保障する自由及び権利は、国民の不断の努力によって、これを保持しなければならない。（後略）」という規定が、ことがらの思想的意味を本質的にとらえている。自由は、すべての人間にとっての自主的な課題であり続けるということ。このことの意識化によって、正義論ははじめて生命力をもってくる。

（6）ところで、後述するプラトーンの対話篇『メノーン』の主題は、「徳は教えられるか」というものであった。その対話篇の冒頭において、メノーンはソークラテースに次のように問いかけるのである。

「人間の徳性（アレテー　virtue）というものは、はたしてひとに教えることのできるものであるか。それとも、それは教えられることはできずに、訓練によって身につけられるものであるか。それともまた、訓練しても学んでも得られるものではなくて、人間に徳がそなわるのは、生まれつきの素質、ないしはほかの何らかの仕方によるものなのか……。」（藤沢令夫訳の岩波文庫版に拠る。また英語の対訳はロエブ・クラシカル・ライブラリに拠る。）

このような容易ではない問いを共有することこそ、私たちの教育・文化の中心的課題なのである。徳を教え込むことを声高に叫ぶ人たちは、多くの場合、権力依存的（非自律的）であり、非道徳的である（批評精神を嫌悪する）。

（7）状態とは、アリストテレースのいうヘクシス（心の状態）のこと。ひたすら大国の政策に追随し他国への侵略に加担するような打算の心性からは、内省と批評の精神（道徳性）は育ちようがない。

（8）宮本百合子が「つよくよろこぶ心、つよく悲しむ心、つよく憤ることのできる心、そういう心は豊かな心である」と述べていることがこれに近い（評論「幸福の感覚」、宮本『若き知性に』新日本新書、一九七二年、所収）。

（9）自由な精神の成長は、幼少からの注意深い教育の営みによって可能になる。J・J・ルソーの『エミール』はこのことを主題にしている。そしてルソーも遠く古代ギリシアのプラトーンの教育論（対話篇『国家』）に眼を向けているのである。なお、戦後の初代文部大臣前田多門の娘である神谷美恵子は、『国家』に出会って自分の進むべき道を決断している。そして大学教師のときに、『エミール』をテキストに使っている（『神谷美恵子著作集9』みすず書房、一九八〇年）。

（10）野田正彰『させられる教育―思考途絶する教師たち―』（岩波書店、二〇〇二年）は、教育行政のおぞましい強圧の実態と苦悶する教師たちの内面をとらえている。

（11）良心とは、自己の内心の原理である正義に忠実であろうとする内面の心性のことである。このことを社会的に保障する直接的な法的根拠は、憲法第一九条（思想・良心の自由）と教育基本法第一〇条（教育行政）である。

（12）この原告の方たちは、おそらく東京都が誇るべき教師たちだろう。それに対し被告は、強圧に屈する教師たちを「すぐれている」（アレテー）とみなすことになる。なお二〇〇六年九月二一日に、原告全面勝訴というべき（前注を骨子とする）内容の東京地裁判決が下された。これに対し、被告は東京高裁に控訴した（九月二九日）。

（13）ソークラテースの裁判と獄死（紀元前三九九年）までの経緯は、プラトーンの対話篇『ソークラテースの弁明』『クリトン』『ファイドン』によって知ることができる。なお、引用した訳は、久保勉訳の岩波文庫版による。また、英語の対訳は、ロエブ・クラシカル・ライブラリによる。

（14）*ὧν οὐτδὲν οὕτω πώποτε ἐμέλησεν* ここで使われている *μέλω*（メロー）には、「～にとって関心事である、～の気にかかる」という意味がある（この部分の英訳はfor which he never cared at all）。

（15）*κήδω* ケードーで、「気遣う、心にかける、心配する」という意味（英語訳 concerned）。なおケードーは、プラトーンの対話編『国家』のはじめや（344E）、ソークラテースが青年トラシュマコスを、本当にそう思っているのかと真に厳しく批判するときなどにも使われており（『国家』415D）、その対話篇の生命力にかかわるほどの重要な意味をもつ（該当箇所の英語訳はcare）。

（16）東京都の事例も、本来は裁判以前の問題、つまり東京都民の文化的力量（＝社会教育の基本主題）でなければならない。

（17）「支配する」とは、（いわば創造主がそう定めた）人間性の普遍的原理（摂理）であることを表現している。「支配する」は、ギリシア語では *ἄρχω* アルコーで、後述するようにギリシア思想（そして教養思想）においては、（自己が自己をよく）統括するという意味として重要な位置をもつ。名詞形アルケーは、①始原・原理②支配（権）・統率者、という両義をもつ。

（18）「理想」は、*παράδειγμα* パラデイグマ、*ἰδέᾱ* イデアー、*εἶδος* エイドスが該当しよう。ところで、「現実的」ということばは「理想主義」ということばに対して使われているようである。つまり「現実的」にリアルという肯定的な響きをもたせ、「理想主義」に空想的という否定的な意味合いをもたせているわけである。しかしこの「現実的」は、通例、軍事力や財力・権力など強制力を発動しようとするときに使われており（原理的には不正義ということであるが）、ことがらを真にリアルにみるならば複雑で容易ならざるものを一面的、短絡的に処していこうとする、むしろ空想的・妄想的（非現実的）なものの観方というべきであり、したがってこの「現実的」な対処は、元来複雑な課題をいよいよ解きがたくしていくであろう。これに反し「理想主義」は、非常に困難な道だがそこにこそ連帯可能性があるという考え方であり、真に見通しがあるという意味で現実主義的なのである。この「理想主義」的な観方は、主体的決意を伴うものの観方というべきであり、人間と社会についての注意深い観察力を伴う自主的な探究というものを成立させる。

（19）trust（ギリシア語のπίστιςピスティスに該当する）については、第3節1項を参照してほしい。そしてあらためてtrusting in the justiceの人間観＝正義観に注意力を向けておきたい。

（20）「目的」は、τέλοςテロス（究極の目的）がふさわしいだろう。

（21）「希求する」は、loveに対応するギリシア語としてはφιλίᾱフィリアーが適切であるが、教育基本法の思想としては（フィリアーの意味としても）、「思い出μνήμηムネーメー　memory」（本来善きものの存在）を憧れる（ποθέωポテオー　yearn for）という趣旨をもっていると考えてよい。πόθοςポトス（憧憬、熱望）は、プラトーンの対話篇『パイドロス』で、自らの深くにある本性的願望であるがゆえに、という意味で使われている。

（22）対話篇『国家』では、「真理と正義と勇気と節制とを愛して、それらと同族のφίλος τε καὶ ξυγγενὴς ἀληθείας, δικαιοσύνης, ἀνδρείας, σωφροσύνης friendly and akin to truth,justice,bravery and sobriety」（第六巻）というように、四つの徳が併記される（藤沢令夫訳、岩波文庫版による）。

（23）務台理作は、教育基本法第一条の解説で、憲法・教育基本法のもつ「人類主義、世界主義」の意義を強調している（宗像誠也編『教育基本法』新評論、一九六六年）。なお務台は同解説で、「人間性の開発」という原案が「人格の完成」に変えられたいきさつについても触れている。このことについては、林量俶《かずよし》の論文「教育基本法の教育目的―『人格の完成』規定を中心に―」（川合章・室井力編『教育基本法　歴史と研究』新日本出版社、一九九八年、所収）がある。「人格の完成」とは、一人ひとりの内部深くに求めていくべき世界（それはアナーキーなものではなく、しかも無限の豊かさをもつ世界）があるという観方（ヒューマニティというものの理解）に基づいていると考えてよいだろう。

（24）この「枚方テーゼ」については、藤岡貞彦が、いわゆる「下伊那テーゼ」（長野県飯田・下伊那主事会「公民館主事の性格と役割」一九六五年）とつないで、社会教育研究としての深い理解を示している（『社会教育実践と民衆意識』草土文化、一九七七年）。そこで言われている「教育的価値」の指摘は、憲法・教育基本法の人間についての思想（教養思想）と重なるのであろう。

(25) 以上に引用した南原の発言は、『南原繁著作集』第六巻（岩波書店、一九七二年）に拠る。なお南原の変わることのない内面の足跡は、名著『形相』（短歌集）に生き生きと記されている。一つの精神の記録（自分史）として、感動なくしては読みえない。

(26) 一般に「ランジュヴァン・ワロン改革案」（一九四七年）として知られているフランス戦後教育改革案の、その「序説」にある「一般原則」の第一の原則として「正義の原則」（Principe de justice）が示されている（宮原誠一他編『資料日本現代教育史1』三省堂、一九七四年、に拠る）。その趣旨は、私には、プラトーンの正義論に酷似するように思われる。南原の思想との異同については、考えておきたいテーマである。

(27) 中井正一については、社会教育史では、広島県尾道市での疎開文化人としての社会教育実践が知られているが（中井「地方文化運動報告―尾道市図書館より―」一九四六年）、中井の、カント研究を素地にした美学の探究こそ社会教育研究の対象でなければならない（久野収編『中井正一全集』美術出版社、一九八一年）。朝田泰は、今日の社会教育研究者として真にカントと格闘したのであるが、若くして他界してしまった（私家版の遺稿集『現代の民話の創造―朝田泰教育論集―』二〇〇〇年、がある）。

(28) 加藤節は、南原の思想形成において、プラトーン、そしてカント（およびフィヒテ）が根底的な意味をもっていることを論じている。加藤によれば、南原においては、プラトーンの思想とキリスト教とは、異質なものの合算ではなく、その共通性（イデア論）において受け止められているという。（加藤『南原繁―近代日本と知識人―』岩波新書、一九九七年）

(29) 中村正直、福沢諭吉等などの近代日本の諸思想（あるいはその変容）を吟味する基軸も、このヒューマニティ理解の知見にあるといってよいだろう。なお北田耕也著の『明治社会教育思想史研究』（学文社、一九九九年）は、このことを意識した注意深い考察になっている。ところで、プラトーンは（都市）国家の成り立ちと（自由）市民の精神の自由との関連構造を、正義論として探究している（『国家―正義について―』）。『国家』は、自由精神（市民）と公民化とをめぐる近現代の諸思想（論議）の淵源的な原型といってよい。

(30) 新渡戸は『武士道』において、「彼（ソークラテース…引用者注）は、生きては彼の良心に従い、死して彼の国家に仕えた。国家がその人民に対し良心の指令権を要求するまでに強大となる日こそ悲しむべきである！」（この箇所の原文は次の通りである。Alack the day when a state grows so powerful as to demand of its citizens the dictates of their conscience!）と述べ、良心の自由というものの根源的な価値について述べている（矢内原忠雄訳、岩波文庫、による。初版は一九三八年）。なお、新渡戸の薫陶を受けた多くの才能が戦後日本の教育改革を担ったことについては、太田愛人著「新渡戸稲造とその環《クライス》―神谷美恵子をめぐって―」（『新渡戸稲造研究第九号』新渡戸稲造基金、二〇〇〇年、所収）がある。

(31) ヒューマニティの開眼は（このことによって批評が成立するのであるが）、青年期の自我の覚醒のときにもっとも重要な可能性をもつ。このことについてJ・J・ルソーは、『エミール』の思春期・青年期の叙述で、「想像《imagination》の火が点火されると、かれは自分と同じような人間のうちに自分を感じ、かれらの悲しみに心を動かされ、かれらの苦しみに悩みを感じるようになる。そこで、悩める人類の《of suffering humanity》いたましい光景がこれまで味わったことのない感動をはじめてかれの心に呼び起こすことになる」と描いている（訳は、今野一雄の岩波文庫に拠り、参考までに該当英語訳を挿入した）。したがって、青年期の教育にあたる者も、この点において人間としての試練を受けることになる。実は、プラトーンの対話篇は、（創作を含みつつも）青年期教育の実践過程・実践記録というべき性質（ダイアローグ＝対話）を含んでおり、そういうものとして世界史に例がないとみてよいのだろう。なお、新渡戸と古代ギリシア思想との関係については、ヴィロン・G・ポリドラス著「ギリシャ精神と『武士道』」（『新渡戸稲造研究第七号』一九九八年、所収）がある。

(32) 日本戦没学生手記編集委員会『きけ　わだつみのこえ―日本戦没学生の手記―』（初版は東京大学消費生活協同組合出版部、一九四九年）の編集の顧問として、胸打つ序文を執筆している。

(33) 大江健三郎・清水徹編『狂気について（渡辺一夫評論選）』岩波文庫、一九九三年。なお、そこに収められた評論に見られる、ヒューマニティの思想を根拠にした「専門」の自省をうながす呼びかけは、社会教育の哲学と呼ばれるべきものである。ヒューマニティとは人間の内省と批判の原理であって、専門家と民衆との真の共同をうながす原理である。

(34) ライシーアム（Lyceum: アリストテレースの学園に因む）運動について、碓井正久は「ライセアムなどの相互教育組織の発展にともない、私立図書館が多く誕生するが、公的援助もしだいに加わり、一八五二年、ボストンに公立図書館が生まれ、逐次それにならうものがふえていった。」と注記している（碓井正久『社会教育の教育学―碓井正久教育論集Ⅰ―』国土社、一九九四年）。またソローの批評精神については、小野和人『ソローとライシーアム――アメリカ・ルネサンス期の講演文化――』開文社出版、一九九七年、が参考になる。なお近年におけるライシーアム運動の研究としては、古川明子「ライシーアム運動の評価―一八三〇・四〇年代のコンコード・ライシーアムにおける「相互教授」の思想と実践を中心に―」（日本教育学会『教育学研究　第六九巻　第三号』（二〇〇二年九月）がある。

(35) 自分たちが住み親しんでいる地域と自分自身とを記す方法として、ソローのような記述は非常に参考になる。また『ウォールデン』は、自らの内なる世界の考究と社会に対する深い批判精神とが一つのものとなっており、生活記録というものの思想を考えさせてくれる。

(36) このソローの提案は、日本の社会教育関係者の間で「三多摩テーゼ」と呼ばれ広く共有されてきた「新しい公民館像をめざして」(東京都教育庁社会教育部、一九七四年)の、公民館の役割規定の第三項(「公民館は住民にとっての『私の大学』です。」)の思想に重なる。

(37) モンテーニュ『エセー』第一巻第二五章(原二郎訳、岩波文庫)。「ぼんくら」論、つまり他律的な「優等生」を批判する民衆的見地は、J・J・ルソーの「一見したところなんでもやすやすと学べるということは、子どもにとって破滅の原因となる。」(『エミール―教育について―』今野一雄訳、岩波文庫)という教育思想と重なる。この教育思想は、今日流布されている「成果主義」「効率性」「数値で評価すること」とは原理的に対立する。モンテーニュやルソーが述べていることは、実は健全な素人の良識で十分にわかることなのである。

なお、営利の論理を、それぞれの対象の本性を無視して一気に一般化するという思考欠如が、社会的に猛威をふるっている。プラトーンは、すでに紀元前に、専門家の技術(の卓越性)と「報酬獲得術」とは別種の原理であることを明快に論じている(『国家』)。つまりソークラテースは、高額な報酬を得て教えるソフィストを痛烈に批判したのであった。そして世界史における傑出した教育者ソークラテース自身は、貧乏だったのである。

(38) 大田堯編『農村のサークル活動』農山漁村文化協会、一九五六年。なおこの実践で、大田自身が「おれもぼんくらになろうとしているんだ」と自らの思いを吐露していることは注目されてよい(拙論「ロハ台」の会話の広場から学ぶ―一九五〇年代の共同学習・生活記録運動を見つめ直す視点」北田耕也他編著『地域と社会教育―伝統と創造―』学文社、一九九八年、所収)。

(39) 人間の善きものがひとりひとりに内在していると確信され、私たちの思想となっていくということについては、今一段の探究が求められていることである。社会教育・生涯学習は、そこを核心点として成り立っていると考えてよいのだろう。そう考えるならば、社会教育・生涯学習は社会批評の原理となる。

(40) たとえば教育学者の梅根悟は、その著『世界教育史』(光文社、一九五五年)においてプラトーンの『国家篇』と『法律篇』とを簡略に紹介し、「プラトンの教育論は彼の深い思想にいろどられて、いろいろの示唆に富んだ内容を含んでいるが、その根本の性格は保守的であり、近代化しようとする時代の動向にあらがって、古い部族国家の伝統を賛美し、それを守ろうとする姿勢のものであった」と評している。

(41) たとえば、今日の社会教育研究者の一人である鈴木敏正は、教育基本法の「人格の完成」をめぐる検討の基調として「近代的人格（近代以降の人格）」ということを言い、「それは、明らかにギリシャ・ローマ時代の、奴隷制を前提とした『人格』とは異なっている」と述べ、探究対象を「近現代」の人格の構造把握に限定化している（鈴木『教育学をひらく—自己解放のために—』青木書店、二〇〇三年）。人間（教育）という世界史的であることがらを、このように近現代に極限して理解する仕方は、日本の社会教育研究の一般的空気としてあると思う。もちろん、プラトーンの対話篇は、優生思想というべき内容をもつなど慎重に読んでいかなければならない部分ももつ。また世界史上、プラトーンについてはさまざまな読み方がなされてきたということは周知のことであり、たとえば佐々木毅『プラトンの呪縛』（一九九八年に講談社より発刊、二〇〇〇年に講談社学術文庫の一冊となる）も、そのプラトーン解釈史の断面を論じている。私は、プラトーンの対話篇については、人間性一般（人間本性）について探究しているものとして読むのがよいと考えている（プラトーンは正義について、自由人においても奴隷たちにおいても変わらぬこととして論じているのである）。そういう意味で、ハル・コック著・小池直人訳の『生活形式の民主主義—デンマーク社会の哲学—』花伝社、二〇〇四年（原著は一九四五年）は、社会教育研究として大いに参考にされてよいと思う。

(42) たとえば *Philosophical foundations of adult education*/by John L. Elias and Sharan Merriam 1980などを手にすると、社会教育・生涯学習の哲学というべき探究の相があることがわかる。もちろんそこにはプラトーンも位置づいている。

(43) ペスタロッチ一〇〇年祭記念講演草稿（一九五七年）（『勝田守一著作集7』国土社、一九七四年、所収）

(44) 原題「教育学」一九五七年（同上所収）

(45) たとえば「人間形成と数学教育」一九五八年（『勝田守一著作集4』所収）。ところでこの論考については、「わたしたちは、プラトンの考えの深さには敬服するけれども、二つの点でその考えに承服しかねるのである」と、勝田が思い切った評価をしていることが注目される。なお勝田にはシェリングの研究があり、シェリング著『学問論』（岩波文庫、一九五七年）の翻訳がある。

(46) 勝田『能力と発達と学習』国土社、一九六四年。なお、勝田が能力心理学でいう「知・情・意」論を批判する観方は、プラトーンの正義＝教育論と重なるものがある。

(47) いずれも『勝田守一著作集6』一九七三年、に収められている。

(48) ここで言われている人間の「統一的な内的価値」の実在を認める限り、教育と文化は自由に由来するということを、私たちは原則的に承認しなければならない。

(49) イェーガーの著書でいえば、第一巻「ギリシアの早期」（一九三三年）に相当する。なおイェーガーの著書では、ソークラテース、プラトーン等については第三巻で叙述されている。勝田の論述は、農民詩人ヘーシオドスが歌う「正義ディケー」の世界に、「労働と正義の観念の結合」（正義の観念の普遍化）を観ようとするところで中断されている。

(50) プラトーンがトラシュマコスに語らせている、「支配階級というものは、それぞれ自分の利益に合わせて法律を制定する。……この、自分たちの利益になることこそが被支配者たちにとって〈正しいこと〉なのだと宣言し、これを踏みはずした者を法律違反者、不正な犯罪人として懲罰する」（『国家』）という考え方は、社会科学（法社会学）の見地なのである。

このような「正義」に関するプラトーンの探究事項は、彼の時代に固有な性質のものではなく、ヘーシオドスのいう「鉄の時代」（有名な鷹と鶯の逸話に端的に描かれているような、廉恥《αἰδώςアイドース》と義憤《νέμεσιςネメシス》を失い、強者・力こそすべてという様相を呈する時代のことであり、つまり私たちの時代に及ぶ広義の現代という時代――「現代」をこのようなスケールで理解することは重要なことである――）の人間のことと考えてよい。なおヘーシオドスは、「黄金の種族」の時代以降、「銀の種族」「青銅の種族」「英雄たちの種族」「鉄の種族」の五つの時代のことを述べている（久保正彰『ギリシャ思想の素地―ヘシオドスと叙事詩―』岩波新書、一九七三年、が参考になる）。

(51) プラトーンは、鋭い人間観察を示しつつ、性善的観方と性悪的観方との並存観（矛盾観）を排し、人間の本性は根底において善であるとつよく主張している。そしてこのことの確信に基づいて、教育・教養の思想を展開している。

(52) たとえば、子どもの問題としても社会事象としてもいわれる「切れる」という現象は、自己統括を失った（不正義の）状態のことである。

(53) プラトーンは『国家』において、「そもそも君には、自分が用いるべき正義を他の人々から借り入れざるをえず、そういう他人をみずからの主人・判定者となし、自分自身の内には訴えるべき正義を何ももたないという状態が、恥ずべきことであり、無教育の（ἀπαιδευσίαςアパイデウシアース）大きな証拠だとは思えないかね？」と述べている。この、正義が自身の内部に育たず、自主的な批判力が失われているような状態の指摘は、現代社会の負の側面の核心をついているように思われる。

(54) つまり教養論と文芸・体育論との関係の骨格が語られている。プラトーンは、「音楽・文芸（μουσική culture）のことは、その終局点として、美しいものへの恋に関することで終わらなければならないはずなのだ」と言い、「音楽・文芸（μουσική music）と体育（γυμναστική gymnastics）とは、相まって、それらの部分（理知的部分と気概の部分…引用者注）をお互いに協調させることになる」と述べている（『国家』）。この、人間の内的資質を育むものとしての文芸・体育論、つまりその総合的知見は、私たちの文化・表現・身体活動の観方として大切である。プラトーンの諸対話篇の基調にあるものは、自らの魂を大切に世話してやらなければならない、という教育・教養の思想である。

(55) プラトーンの正義論（『国家』など）は、先行する時代からの徳論としての性格を継承しており、人間内部の徳性と合い似たものとして（都市）国家の成り立ちの原理を論じてはいるが、その論の基底は、人間の魂（精神という内的王国）の本性についてである。

(56) 私たちが多くの内的基準をもつ複雑な人間へと「成長」していくとき、童心に郷愁を感じる（子どもに還ろうとする）ということが生じる。こういうときの郷愁には、イデアー（一なるもの）への本能的祈願がある。

(57) 人間の本性とは、人間の自然性のことであり、人間性（human nature）のことである。フュシスは①生まれ・本性②自然（の秩序）という意味をもち、対応するnatureも①自然②本性・本質という意味をもつ。このタームは思想史上、教育原論的なものとして留意されてきた。

(58) 表現や芸術の営みにおいては、自己の内部にあるものを表現していかなければならないといわれる。そういわれるとき、より根源的には善美は個々人の奥深くに宿るということを言っているのである。表現の喜びを経験したとき、虚飾を脱していくという訓練が自主的な真剣な課題となるということも、そういう理由に因るのだろう。

(59) 対話篇『メノーン』（藤沢令夫訳の岩波文庫版『メノン』による）

(60) 『パイドロス』では、「この世の美を見て、真実の美を想起」するとか、「この世のものを手がかりとして、かの世界なる真実在を想起する」というふうに表現されている（藤沢令夫訳の岩波文庫版による）。

(61) この自分自身に拠るという見地は、プラトーンの諸対話篇のもっとも重要な思想というべきものである。

(62) この想起説は、『国家』や『パイドロス』などを含めて考察すると、それが本来、根底における人間の善性を想い起こすという思想であることが分かる。

(63) こうした想起説理解をもってヴァイツゼッカー大統領の演説（一九八五年）――それは世界の人びとに感銘を与えた――を読むとき、そのキータームであるdie Erinnerung（エアイネルング）は、永井清彦訳『荒れ野の四〇年―ヴァイツゼッカー大統領演説　全文―』（岩波ブックレット、一九八六年）では「心に刻む」と訳されているが、やはり「想起」（国籍を超え、世代を超えて、人間のこととして自らの心の内部に想い起こす）と訳すのが適切だと考えられてくる（「心に刻む」は外在的なものを取り込む響きがあり、したがってまた他律的になる可能性も潜む）。同時に、人間のなした悪業を想い起こすだけでなく（日本社会ではこの側面に多くの注目がなされてきたが）、人間の善きもの（正義＝人間をつなぐもの）への呼びかけがこの演説の思想（結論）であることも見えてくる（演説最後の一行「Dienen wir unseren inneren Maßstäben der Gerechtigkeit」は、そのder Gerechtigkeitを同格的二格ととらえ、明確に「正義という内面の規範に従おう」と訳すべきだろう）。事実、この善性の想起があって、たとえば逆境にあっても善い態度をとった人たちもいるのである。

(64) πυρὸς πηδήσαντος 英語訳 a leaping spark

(65) 長坂公一訳（『プラトン全集一四』岩波書店、一九七五年）に拠る。

(66) プラトーンは『国家』（第七巻）において、教育認識そのもののこととして知識を注入するといった考え方を明確に否定し、真理を知るための機能・器官はひとりひとりに内在しているとし、教育はその資質を根拠にして、真実在（善）を見るように魂を「向け変える」技術のことだ、と述べている。そして、自由な精神の持ち主になるためには「奴隷状態において学ぶというようなことは、あってはならない」と、強いられた学習を原理的に批判している。心を遊ばせるということは、幼少期から死すときまで、変わることのない教養の本質的課題としてあるだろう。

(67) ここで言われていることは、ソークラテースと青年たちとの対話の経験から、プラトーン自らが感じとったものが根拠にあると推測される。ところで、孟子の「尽心章句」（巻第一三）に「天下の英才を得て之を教育する」とあるのは、対話篇の思想というべきであろう。そこでいう「教育」とは、その巻の冒頭の一文「孟子曰く、其の心を尽す者は、其の性を知るべし。其の性を知らば、則ち天を知らん。」（この一文は、プラトーンの思想と共鳴する）と対応させて読むならば、人間性を開花する営みのことと判断される。（小林勝人訳注『孟子』岩波文庫版による）

(68) 多くの場合、「世界市民」という感覚を伴うのであろう。

(69) プラトーンの諸対話篇の根本主題は、自らの魂を大切に世話しなければならないというものである。したがって、「魂がハデスにおもむくにあたって持って行くのは、ただ教育（παιδεία パイデイアー、education）と生き方（τροφή トゥロフェー＝生き方、養育、nurture）がつくりあげたものだけなのであって」（藤沢令夫訳『パイドン—魂について—』筑摩書房、世界文学大系3、所収）と、教育・教養の重要性を述べている。

(70) 順序は真・善・美ではなく、『パイドロス』にある、「正しいことδίκαιος、美しいことκαλός、善いことαγαθός」に倣い配置するが、そのことにより、能力心理学主義的な観方を警戒し三者の不離一体性（相互浸透性）を意識することとする。

(71) プラトーンは『国家』で、「正しく美しい行為」（δικαίαν μὲν καὶ καλὴν πρᾶξιν the just and honourable action）と言い、『クリトーン』では、「善く（εὖ）生きることと美しく（καλῶς）生きることと正しく（δικαίως）生きることとは同じだ」（living well and living rightly are the same thing）（訳は久保勉の岩波文庫に拠る）とも述べている。プラトーンの対話篇においては、美（κάλλος、καλός カロス）と善（ἀγαθός アガトス）とは一体的な意味をもって使われることが多く、καλὸς καγαθος というようにも使われる。なお右引用文の「善く美しく」を、英語訳ではwell（申し分のない）の一語を充てている。

(72) ミュージアム（museum）は、ギリシア語のμουσεῖον（ムーセイオン）に由来するが、これは学芸を司る女神ムーサたち（九人いたとされる）の神殿という意味である。この女神たちは、ゼウスと記憶の女神であるムネーモシュネーとの間に生まれたとされる。私がミュージアムの思想というとき、その「記憶ムネーメー（μνήμη）」に着想を得つつ、プラトーンの想起アナムネーシス（ἀνάμνησις）の説（想起説。英語訳doctrine of recollection; ドイツ語訳Erinnerungslehre）に重ねて、独自に考えようとしている。なお紀元前三世紀にアレクサンドリアに設けられたムーセイオンは「学芸研究の中心」であり、「現代の美術館はその伝統の一半をうけるもの」ということになる（呉茂一『ギリシア神話　上巻』新潮社、一九五六年）。このムーセイオンの成立と歴史については、モスタファ・エル=アバディ著・松本慎二訳『古代アレクサンドリア図書館—よみがえる知の宝庫』（中公新書、一九九一年）に詳しい。

(73) 柳宗悦『民芸四十年』岩波文庫、一九八四年、所収。なお、教育学者である五十嵐顕が柳に目を向けたのは、柳のもつ善・美の内発性・自律性に普遍的な威力を認めたからであろう（五十嵐『「わだつみのこえ」を聴く—戦争責任と人間の罪との間』青木書店、一九九六年）。なお柳の「公憤」に関する批評については、高崎宗司『「妄言」の原形——日本の朝鮮観——』木犀社、一九九〇年、がある。

(74) もし政治家が、重大な歴史の評価をあいまいにしたまま「美しい国」というようなことばの使い方をするようになれば、私たちは最大の警戒心をもたなければならない。なお、美と徳性との根底的な関連をゆたかに問いかけているものとして、音楽家ブルーノ・ヴァルターの一九三五年の講演「音楽の道徳的ちからについてVon den moralischen Kräften der Musik」がある（佐野利勝訳のE・フィッシャー『音楽観想』みすず書房、一九九九年、所収、なお初訳は一九五八年）。また、人間というものの思想と美との関連を洞察したものとして、澤柳大五郎の『ギリシアの美術』（岩波新書、一九六四年）が重要である。澤柳は、「古代ギリシア人は人体の美の最初の発見者であるばかりでなく、人間のこころ、精神をも本当に感じとった最初の民族である。ギリシア人は神や王の讃歌ではなく、人間の心の深みを眼に見えるかたちに歌い上げた最初の人間であった」と述べ、いわゆる思想史的にではなく、美的批評そのもの（自らの感性そのもの）の次元に基礎をもつ迫真のギリシア彫刻論を展開しているが、美術批評でこれほど精神の充実したものは稀である。

(75) このことの理解については、江宮隆之『白磁の人』（河出書房新社、一九九四年）が参考になる。なお浅川巧については、戦後に教育刷新委員会委員長も務めた安倍能成も彼と深い精神的交友をもっていたことを忘れるわけにはいかない。安倍は浅川を追悼する文章で、「巧さんの生涯はカントのいつた様に、人間の価値が、実に人間にあり、それより多くでも少なくでもない事を実証した」と評している（高崎宗司他編『回想の浅川兄弟』草風館、二〇〇五年）。

（76）浅川巧著、高崎宗司編『朝鮮民芸論集』岩波文庫、二〇〇三年、所収

（77）前出『民芸四十年』所収

（78）現代のミュージアム論を考えるとき、伊藤寿朗の博物館論（『ひらけ、博物館』岩波ブックレット、一九九一年）は重要な位置を占めていると思う。彼は、やはり沖縄県（名護市の博物館活動）についても注目しているのであるが、観光型ではない地域志向型を模索する博物館の価値にかかわって、「人びとにとって、知識や技術を持つことが楽しみになるのは、自分がその内容を他者に表現しえる技を持ったときではないか」と述べ、「興味を持って深め、自分を見つめ直し、表現する楽しさ」、あるいは「楽しさを深め、表現し、わかちあう場」といった視点を重視している。

（79）一つの表現方法は、楽しさを参加者全員で共有しているという交流のよろこびの感情を呼び起こすが、そのよろこびの経験が、たとえば紙芝居の歴史をみても、新たな人のつながりを生み出していくのである。一例であるが、岩重敏子「第一五回箕面紙芝居まつり　第一三回箕面手づくり紙芝居コンクール一八〇〇名参加！」（子どもの文化研究所編『子どもの文化』二〇〇三年七月・八月合併号、所収）は、その交流の様を伝えてくれる。私たちの歴史は、多くの表現方法をもっているはずである。

（80）高下雅美による聞き書き「領家公民館『手づくり絵本の会』のとりくみ」（北田耕也他編著『地域と社会教育―伝統と創造―』学文社、一九九八年、所収）。なおこの聞き書きは、社会教育実践が引き出す内的価値をとらえているものとして特筆すべきである。

（81）社会教育は、諸文化の横断的交流（関連の再発見）をこそ本質とするのであるが、現実には、その実践と研究までもが「固有性」を強調し分化していく傾向をもつ。しかし、公民館も図書館も博物館（美術館）も、そしてスポーツも、人間を想起していくという見地より総体として問い直されていく必要がある。社会教育機関とは、人間を想起していくための公共の場というべきであり、そういうものとしてそれぞれの実践が柔軟に開拓されていく必要がある。寺中作雄『公民館の建設』（一九四六年）や社会教育法でいう公民館の事業の総合性は、社会教育の思想のコアになるものとして、瑞々しく再把握されるべきだろう。

（82）福生市公民館松林分館・識字学級ことばの会編『識字教室（ことばの会）に参加して』（一九九七年、手作りの冊子）。なおこの実践については、加藤「公民館における識字学級の実践について」（『月刊社会教育』一九九一年二月号）があり、そこで加藤は、母国語の獲得という課題との脈絡で日本の植民地教育について触れ、「在日朝鮮人の歴史を明らかにしていく教材の選定、日本語の朝鮮半島で持った意味を含めて学習する必要」ということを述べている。戦前の柳の思想と呼応するが、世界の文化というものはこのような諸関連を失うことはない。

(83) その歴史や意味については、横山宏編『成人の学習としての自分史』国土社、一九八七年、が参考になる。

(84)『語りつぐ草の根の証言—昭島市高齢者教室・文集「ほた火」十年の歩み—』一九八九年

(85) 原二郎訳の岩波文庫版による（英語訳は、M.A.SCREECH訳のPENGUIN CLASSICSによる）。この『エセー』は、一般にその懐疑的精神の見地から評されている（そしてまたその思想がストア哲学を基盤にしていると見られている）。私はむしろ、モンテーニュという一人のパーソナリティが、究極的にはソークラテース・プラトーンを深く正当に受容した精神の記録だと考えている（とくに第三巻第一三章）。

(86) 訳者は「解題」で、「モンテーニュは自分の自己描写が漫然としたものでなく、自分の仕事の方法であることに気づいた。目的ではなく、方法であること。この自覚はまことに大きな転回である。かれのペンがにわかに精彩をおびてきたのはこれがためである」と指摘している。

(87) ここで私は「エセー」ということばを、文字どおりの随想に限定せず、世界に関って生きる心の向きと内省の向きとが一つの性格として表明され、それが吟味され展開と深化を遂げていくような、それぞれにふさわしい表現行為（思想）という意味で、象徴的に使っている。それは、自他に対する批評性を持つ点において、「身辺雑記」や「私小説」などとは異なる。

(88) 私たちがふつう「自分探し」と呼んでいる営為の本質は、このことにある。

(89) 教育基本法前文に言う「普遍的にしてしかも個性ゆたかな文化の創造」という文言の趣旨はそういうことであろう。あるいは、ヒューマニティ（人間の普遍性）は、さまざまな偏見を脱して多様な存在を受容していく根拠なのだということでもある。

(90) このことは、戦前日本の唯物論哲学者である戸坂潤が、「科学という観念は、素人のものでなければならぬ。素人の自主的な観念の筈である」と述べ、「常識」「良識」を論じていることに該当する（「科学と科学の観念」一九四一年、『戸坂潤全集第一巻』勁草書房、一九六六年、所収）。

第2部　表現・文化活動の特性と文化行政

日本の社会教育・生涯学習において表現・文化活動は大きな位置を占めている。内閣府「生涯学習に関する世論調査」（二〇〇五年）によれば、一年間の生涯学習としての活動のうち「趣味的なもの（音楽、美術、華道、舞踊、書道など）」が、「健康・スポーツ」に次いで二番目に多く挙げられている。

こうした活動は、しばしば「余暇の充実」や「癒し」などの文脈で、文化産業との関連で私事の領域として論じられ、公的保障の対象とされにくい性格を有する。しかし、それだけで論じきれるものだろうか。例えば近年地域統合が進むEU諸国では、芸術を含む文化の学習が有する、多文化共生の契機としての現代的意義が注目されつつある。本書第2部も、市民の表現・文化活動を人間形成や他者との共生などにかかわる問題としてとらえ、その支援方法について考察することを目的とする。

第2章は、生涯学習事業の実践から、表現者としての市民、支援者としての芸術家・行政職員の三者のかかわりのあり方を浮き彫りにする。実践紹介および芸術家と行政職員の対談によって、表現活動論とその支援論の架橋を試みた方法意識にも注目されたい。

第3章は、一九九〇年代以降急激な変化を見せる文化行政の今日的動向を論じる。さらに、歴史的な視点からも検討することで、行政主導の文化振興という課題を示しつつ、文化行政を市民の表現・文化活動を支援するシステムとして位置づけるすじみちを提起する。

「地域文化」という果実は、固有性をもつ土地に根付き、住民の自主的な活動により初めて豊かに実る。実践現場における支援（第2章）と行政による支援（第3章）はいずれも、地域文化を育む人々の活動を支える屋台骨である。

第2章　大人の学びと「自己表現」

山﨑　功

はじめに

いつのころからだろうか、大人の学びの底流に大きく表現の力がかかわっているのではないか、との疑問をいだいたのは。たぶんそれは、私が社会教育の現場で、青年たちとの出会いによってもたらされたのだと思う。

よく耳にする言葉がある。「頭ではわかっているのだが体がついていかない。行動になかなか踏み切れない」と……。このことにある答えを出してくれたのは、私が現場の仕事についた二年目の、一九七〇年のことである。青年たちの学びの場として開設した、東京・昭島市の青年講座「絵画の講座」であった。[1] この当時の社会教育における学習論の主流は科学的認識であり、感性をはぐくむ表現の学習は、「刺身の妻」であった。そんな状況のなか、この講座に参加した青年の言葉が忘れられない。「僕は、この講座に参加しなかったら、結婚に踏み切れなかった。この講座で知ったのは美しさとは何かということです。」筆者はこの言葉を聞くことによって、自己表現の手だてを体感したことによるひとつの解答だと実感した。

この経験から、大人の学びのなかに「自己表現」を体感する空間を確保することがきわめて重要な意味をもつと考えた。

そこで、本稿では私が現場を離れるまでの数年の経験をレポートすることによって、大人の学び「自己表現」の課題に迫ってみたいと思う。

1 自己表現とは何か

(1) 人間は生まれながらにして表現者だ

学生たちや青年たちと接していて、近ごろしばしば感じることは、人とのコミュニケーションの力が衰退してきているように見えることである。つまり、自分の考えや気持ちをきちっと表現できない。また、他人に自分のことを知られることが怖い、という情況がある。

さらに、毎日のように「まさか」と思うような信じられない事柄の事件が報じられることが多くなってきた。また、いま青少年の人間形成にかかわる何かが大きく変わってきていると指摘されて久しい。そのひとつが自己表現とコミュニケーションの問題だといわれる。

「最近、子どもや青年たちと接しながら、しみじみ痛感することは、「子どもや青年たちが、もう少し自分らしく独自に自己を表現する方法を身につけてくれたらなあ」という思いである。『それができれば、もっと自分の存在感に自信を持てるに違いない』と呼びかけずにはいられないからである。[2]」

「人間は他の動物に比べ一年の早産である」といわれる。生まれたばかりの子どもはたしかに何もできないようにみえる。他の動物のようにひとり立ちして歩いたり、餌をついばんだりできない。しかし、精一杯泣くことはできる。よく「泣く子は育つ」といわれる。

泣くことが精一杯の自己表現（表出）である。それは、生きるための最初の自己表現なのである。ここでいう自己表現とは、人間が自立した個人としての自己認識をした状態での自己表現という意味を示すものではない。私は、人間が生まれながらにしてもっている生きる力の表れを含めて自己表現であると考えたい。

つまり、泣くという単純で本能的な表出は、感情というよりは快・不快に対する反応である。しかし、そこに子どもにとっての環境である母親をはじめとする他者の多様な感情が移入され、快不快の感情として体得していくことになる。そしてそれは、成長段階ごとに体験する遊び（遊戯）を通して豊かになっていく。遊びの要素である「模倣」「競技」や「めまい」から形成されていき、快・不快の感情や表現の力を豊かに取得していくのである。しかし、この過程が今日、少しずつ歪んできている。

私は、その歪みの大きな要因に表現を「評価」せずにすまない社会の価値観が存在することにあると考えている。このことは次のようなことである。「子どもから大人になるにつれて表現することへのあるとまどいがつくられている。言いかえれば、表現できなくなっている。学校教育とも深くかかわっているのだが、表現が評価されてきたことによる。[3]」

このことは、私たち大人の思い出のなかにある一般的な「うまい」「へた」の評価観とも一致する。たとえば、子どもの絵を見て「似ている」・「似ていない」といってみたりする評価であり、サン=テグジュペリの『星の王子さま』の、子どもが画いたウワバミが象を飲み込んだ絵を見て「ぼうしが、なんでこわいものか[4]」という大人たちの評価に代表される。また、こうしたことは表現の形式化、管理化という傾向からもうかがえることだ。川が「さら、さるる、ぴる、ぽる、どぶる、ぽん、ぽちゃん」と流れると表現した箇所を、川は「さらさら」流れるものだと注意を促したという、教科書検定にみられた子どもの詩への検定官の対応の話は見逃せない。[5]このことは、表現の画一化であり、ある意味では管理化ともいえる。

私は、子ども・青年のみならず日常の生活の場で暮らしている市井の人たちの、人間形成にかかわる課題としての自己表現がもつ意味について重視をしている。とりわけ公的な社会教育の営みとして、この課題に取り組む機会を提供することは、人間の「学ぶ権利」の保障のひとつだと考える。それは、なによりも自己表現の営みが、「学習権」宣言にある「想像し、創造する権利である」という言葉に内包されていることがらであるからだ。

(2) だれでも表現できる——共感と受容

そこで、私はこのような視点で現場での事業に取り組んできた。ことに学校教育のなかで軽視されてきた自己表現を取り戻すための学習の場として、講座や教室を開設してきた。この実践は、市民が生活のなかで表現する美の発見と追求にもつながる。市民の手づくり芸術ともいうべき文化的営為である。

生活のなかの美の発見とは、生活のなかでの感動の復権というべきものである。ところでこの美の発見と追求（創造）の現場は画一化、管理化（権力化）がすすんでいるといわれる。いわゆる表現の中央集権化、特定の者への専門化である。このように美の創造現場が、閉鎖されているとすれば、表現を支えている基盤から見直していく必要がある。つまり、生活のなかから美を発見し創造していくことである。このことは、今日の人々のなかにある既存の価値観、つまりは一般的な美意識からの解放につながる。普遍的な美とか絶対的な美の追求とは芸術の目的だともいわれるが、それは市井の人々の一般的な美意識にも規定されている。[6]

学校教育が硬直化しているいま、社会教育の現場に求められているのは、この一般的な美意識の変革である。一般的な美意識とは何か、と問われれば、筆者は次のようにとらえている。絵画にたとえると、写実や半具象の絵はなんとかわかるが、抽象やましてシュールレアリズムは理解不能ということである。もっと世俗的にいえば、生きた花は綺麗だが、枯れた花は汚い。また、形のととのった安定した造形や文様は美しい、といった感情である。

こうした美意識に、ひとつの答えを出してくれたのが、青年を対象とした昭島市の講座である。この講座の援助者、つまり講師は、美しさを発見すること、絵を描く楽しさを取りもどすことを主眼においた。そして、できあがった作品の評価は、講師がするのではなく講座に参加した仲間が合評するという方法を取り入れた。

このことの意味は大きい。いままでは常に指導者や教師という「権威」からの一方的な評価であった。しかし、そうしなかった処に意味がある。このことは自分の表現で自由に描いていいのだということであり、誰でも絵を描けるという安心感や表現することの楽しさを体感させることになった。つまり、評価は指導者がするものでなく、他者との表現のしかたの違いの認識（受容）や感動の交歓（共感）によって成り立つということを実証してくれた。言い直せば、自己表現とは、「共感」や「受容」の場づくりのなかで開花できるということである。このことから、絵を描くということは目の前にある対象、風景や静物を描くことでなく、自己の内面を描き表現することなのだ、ということがわかってきた。だから、絵を描くということは、デッサンなどの基礎的技術や方法を学ぶことではなく、描くことの楽しさを体感し、誰もが表現者になっていくことだ。そんな可能性を講師から学んだ。

この講座に参加した青年がこんな話をしてくれた。「ぼくは絵を描く前は、美しいということにこだわりをもっていた。でも絵を描くことによって、美しさは表面的なものでなく、まったく別のものだった。ようは、絵を描こうとする自分自身の問題、つまり描こうとするモチーフから美しさをいかに引き出すかを内面化できるかの問題です。」そして、交際していた人と結婚に踏み切ることができましたと報告してくれた。後から青年の話をよく聞くと、交際相手が一般にいう美しい容姿ではなかったので、仲間たちに紹介ができないで悩んでいたということだった。この青年は講座で確実に学んだ。自己表現は自己変革の旅立ちでもある。

2 自己表現の復権のために——実践プログラム

(1) 美を表現する営み――アートセラピー教室から

① 方法とカリキュラム――みんな描くことが好きだった

誰でもが表現者というコンセプトが私の大きな課題である。昭島市では、二〇〇一年度に中高年を対象とした生涯学習推進事業のひとつとして、アートセラピー教室を開設した。三〇人の定員だが、募集とともに定員を超えてしまった。第二の人生にさしかかって体力的にも精神的にも転機にたっている中高年の住民の応援をしたい、また元気で日常生活を楽しんでもらいたい、できれば生きる目標を感じ取ってもらいたいなどの理由で開設した。テレビで「誰でもピカソ」という番組があったが、そうしたコピーで呼びかけた教室である。講師は市内に在住しているアートセラピストの山本真由美。長年、精神障害のある人たちの絵画クラブを援助してきた人である。この人を講師に次のような学習プログラムをつくった。

学習プログラムの実際

回数	テーマ	ワーキングイメージ	備考（方法と道具など）
1 2	私の人生・色色	私とあなたは、色ちがい 好みの色をつかって、色彩構成で遊ぶ	水彩透明絵の具を使い、ポットンアート パステルの粉末で画用紙をお化粧・脱脂綿を使用
3 4	何でもアート	鰯の頭もクレオパトラ 何でも絵になる、アートになる。	水彩半透明絵の具でペインティング 三つの方法で、対象にアプローチ
5 6 7	わたしはゴッホ、それともピカソ	あなたの書きたいもの、表現したいもの、なんでもモチーフ。自分らしさを	線を楽しむ、その1　蜜蝋で表現　その2　墨で曲線　その3　対象にアプローチ
8 9 10	北斎・歌麿 いやいや写楽だ	今年の賀状は、版画といこう、伝統の木版多色すりもいいね…	ハガキに一筆メッセージ、版を彫って新年の挨拶。 落款を彫って私の作品。
11 12	私の人生素描	モチーフ自由、私の描きたいもの、それは私	アクリルで、ゴッホ・ピカソに負けないぞ！

② 習作展の感想

おおむね表のようなプログラムで教室を運営した。教室終了後もアフターケアとして七回ほどの教室を続け、最終回に公民館のギャラリーで、アートセラピー教室習作展を一週間開催した。習作展は、参加者のはじめての経験だったが、それぞれが緊張して作品を仕上げたという。ギャラリーに展示された額に入った作品を見て、「あっ、絵になっている」と感心している姿は、まさにそれぞれがピカソであった。そのときの習作展を鑑賞したひとの感想を取り上げてみる。「＊いろいろな技法で絵遊びをした作品と、最後の作品とがすごくちがうのが面白かった。ひとりひとりの両面を見せてもらった感じです。＊多様性と独自性を有していて、とても興味をひかせていただきました。＊どの作品も生き生きしてすてきですね。表現することのよろこびを感じました。＊それぞれのモチーフがいかされてのびのびと表現されていいですね。」

いくつかの感想であるが、確実にそれぞれの作品が他者へメッセージとして伝わっている。また、鑑賞者もそれぞれの作品に表現された思いに、共感的に受容している様子が読み取れる。そんな教室であった。

なお、多様な表現の抽出と評価に関する問題やそれらの援助者の課題は次の対談に譲りたい。

3 〔対談〕自己表現・描くことの意味

（対談者）アートセラピスト・山本真由美

(1) 評価されることの痛み

山崎　お忙しいところありがとうございます。アートセラピー教室のお手伝をいただいたわけですが、今日、お話をおうかがいするのは教室とのかかわりのことです。私は人間の形成にとって自己表現が果たす意味について考えています。そこで、論をおこして記述するよりは、対談形式でその意味を考えてみたいと計画しました。

自己表現といいましても人の表現のしかたにはいろいろな表現様式があると思います。そこで、山本さんは、永年にわたって、子どもたちや障害のある人々の絵画を通した表現活動を支援しておられますので、その経験のなかで感じてきたことについてお話ができればと思います。

そして私がお話をしたいことは、いま、自己表現があまりうまくできない子どもや大人たちがふえているといわれますが、絵を描きたいが描くことに戸惑いをもつ人、絵が下手だと思い込んでいる人、学校で絵を展示してもらった経験のない高齢者などに、絵を描くことは楽しいのだということを感じてもらいたいと思い教室のお手伝いをいただいてきましたが……。絵を描くという表現のもつ意味とはなんでしょうか。

山本　自己表現のもつ意味合いをどうとらえるかによって、話のすすむ方向性はいろいろあると思いますが、ここでは私の経験からということですので、そこに焦点をあててお話したいと思います。

今は絵画の情報や技術を掲載した図書はたくさん出版されていますし、技術的にすぐれた作品にふれる機会も多くあり、開かれている時代だと思います。しかし、自分で絵を描いたり楽しさにふれるというのは、もっと柔軟で広がりのあるものですよね。もし、これこれの技術とか、ある条件が自分にないと、「絵が下手」というくくりをつけてしまうと、描くことがとても苦しい世界になってしまいます。

たとえば、子どもたちが描きたいというエネルギーにまかせて集中しているときの力は、素晴らしくて、その子そのものであって捕われがないですね。

もし、大人が、早いうちからの評価を望まず、子ども自身が、自分が満足する状態を獲得していくための時間を待つことができたなら、創ったり描いたりが、日常のなかに溶け込む子どもたちは、もっとふえていくと思います。初期の段階では、ほとんどの子どもたちが、平面にしろ、立体にしろ、創造していく作業が好きですから。

それを、早くから一方向の見方で良いとか悪いとか決めてしまうと、自分の表現に自信がもてなくなってしまいます。つまり、他の人の作品までも、その作品が何を話しているのかなあという、おもしろさを見つける前にそういった基準・評価でがんじがらめになってしまい、これは絵でない、これはだめだと枠組みを決めてしまうことになりかねないのです。そうすると、人の表現も自分の表現も閉じてしまうということになりとてももったいない。絵には正解があるわけではないし、自分から離れていない、自分そのもの、その人らしさの延長にあるものです。つまり、その人の表現なのだと思いますね。

山﨑　つまり、その人の表現なんですね。ですからあくまでも、音楽でも、演劇でも、その人の表現の延長線上にあって、それがメッセージとして他者に伝わるということでしょうか。

山本　そうですね。その人の心とか、内面とかいうことですね。

山﨑　そうすると、技術とかそのときの基準とかで、表現された作品だと、その人の人間らしさが伝わらない、感じられませんね。

(2)　市井の人たちの自己表現を

山本　専門的な分野にすすもうとする人以外の、一般の人たちとか、障害のある人たちと絵を描く作業を掘り下げていこうとすると、技術などの問題にあまりかかわると、その人らしさを発見するチャンスをのがしてしまうし、本人の自信喪失につながっていくということに気がついたのです。たとえば、ある子（人）が緑を塗っていたとします。援助する方が、もっと洗練された緑を塗るためにあらかじめ技術を提供しようと先走ったら、大切な経験を見失うことがあります。一番はじめに技術がなくても「緑を塗りたい」、その気持ちが起こって、思うがままに表現した、そのことが大きいのです。つまり、その人の作品をまっさらな気持ちで受けとめることによって、表現していいんだという安心した場がうまれ、絵（表現したもの）を通したコミュニケーションの可能性が広がります。

山﨑　自分を知られる。それは、それを知った人が自分をどう評価するのかを気にしているのですね。この人は自分をまるごと受けとめてくれるかどうかを、自分としては他人にどう見られるかを気にしますね。いまの若者たちが、いや大人も含めて人間関係に戸惑いをもっているのは、こういうことなのだと思います。自分を表現することは、まるごとの自分だから、それでいいとは思えないのですね。このような関係を変えて自分の表現を、自由に表現できる空間・場所が必要ですね。また、そういうことをいっても、周りの人たちが、それでいいんだと思えることに意味があると考えます。

金子みすずという詩人の、「みんな違って、みんないい」という言葉がありますが、そういう感性があればいいですね。そういう意味で私は、そんな空間をつくろうしてきたわけです。しかし、そのことは、子どもたちが自我を自覚しない時期はそれでいい。でもある程度、自己認識できる段階になっても、その程度の表現でよいのかという意見があります。自覚的、目的的に表現していくことをしていかないと、ほんとうの意味で自己表現とはいわない。子どものころの表現は、自己表出だという人もいます。

それと、目的意識的に表現していく過程のなかで、もう少し鍛錬・修練した世界があって、そういう修練された表現をすることによって芸術という領域が創れるという人もいますね。

私は、高度の芸術などといわれ表現された素晴らしい作品でも、それを表現した人の、その人らしさが感じられない作品には、あるよそよそしさを感じてしまうこともあるのですが、その辺のことについてはいかがですか。

山本　今ここでお話しているのは芸術という途方もなく大きな認識まで広げたものではありませんので、私の分野以外の論争は、ここで簡単に結論を出すことはできませんが、私が行っている表現活動は、あくまでも一人ひとりとふれあうなかで生まれてくるというあり方です。

絵がひとりの人間の表現と位置づけるなら、そのときのその人（あるいは子）が今の自分をあるがままに表現しているものであれば、歩んでいく過程としては充分なのではないかという考えに基づいて、そこのところを大切にしたいというのが私の領域です。そして胸を打つ作品というのは、技術以前の眼に見えないものが伝わってくるもので、それは、私が絵を通じて接した人（子）たちが、皆、先生になって教えてくれたことでもあるのです。

⑶　方法を見直す・共感力の形成を

山﨑　私は社会教育という現場で住民の方々の表現活動や学習活動のお手伝いをしているわけです。そのなかで一般社会のなかにある価値観や評価というものを受けとめながら仕事をしてきています。ですから、私が山本さんのような思いで仕事にかかわっても、やはり、こういう社会にある価値観や評価で、一般的な絵画の世界や市場での評価に縛られている人たちがたくさんいます。そういう人たちに人間はだれでも絵が描ける、表現できるのだといっても、そんなうまいことをいっても私の描いたものは下手だからとか、絵ではないとか、そのように思い込んでいる人が大勢います。

それを、いかに心を開いて、原点に立ち返って絵を描く楽しさを知ってもらうかに苦労しています。そしてそのときにどのような援助をするのか、援助していただけるのかに苦労します。一般的には、山本さんが疑問に思ってきた、そんなしかたや方法で指導する人が多いですね。そうすると多くの人は挫折するわけです。

そのようななかで私は、山本さんの方法、その人なりの感じ方、やり方、表現のしかた、その人の心のなかの共感力というか、そういうものが大切だと思うんです。

だから仕事のなかで重視したのは、共感力を形成していけるような指導の方法です。いかがでしょうか。

山本　「共感力」って素敵な言葉ですね。感じる力、ともに感じる力ですね。評価ばかり受けていて、それが否定につながり、よい芽が出てこられない状態になると、人の表現に共感できなくなってしまうように思います。そうすると、皆のなかにギクシャクした関係が生まれてしまいますよね。

もう少し肩の力を抜いて表現しあう、といってもほめてあげることとも少し違って、お互いに、表現されたものを素直に感じて尊重しあう努力をしていくことなのかもしれません。

山﨑　私がいま、ギャラリーを開いていて感じるのは、いろいろな人が来てくれます。ギャラリーは現代版画を中心に抽象画を展示しています。なぜかというと鑑賞する人が、絵を見て第一声何をいうのかが楽しみですね。多くの人は、「これは何を描いているのですか」「これ絵なのですか」などと質問されます。

そして、「これはどうやって見たらいいのですか」と聞かれます。そこで、私はあなたのみたまま、感じたままでいいのですよと答えています。それで、「あっ、この色きれいですね」「なにか安心できる、癒される絵ですね」などといってくれると、私は「それでいいんです。それぞれの見方でいいと思います」と答えています。そういう見方をたくさん経験することだと考えています。

私は、どうしても既存の価値観で、絵というものはこういうものだ。きちっと形になって、花だったら、花のようにきれいに咲いているような、そんな絵がいいと思う人が多いと感じています。ですから、私はこう考えるのですね。そんなにきれいな花だったら飾るよりも、描くよりも自然のままで咲いているほうがよほどきれいだと思います。そんな花を描くには、その花から何かを感じ取って表現したいから描くわけだと思うのです。それは、その花を描いた人が表現したい花なわけですから、描かれた花から発信されるメッセージを感じ取ることだと思うのですね。

山本　私も作品を見るとき、感じるものを一番大切にしたいと思います。それは感じ取ることができなければ表現する側も受ける側も芸術の喜びは半減してしまうし、そこはすぐれた技術ではカバーできない点のように思います。そして、まず感じる力がなければほかの人の作品に共感することもむずかしいでしょうね。

(4) 直観力と新たな援助者

山﨑　私は、子どもが小さいときから何かを表現するということは感じる力であり、そういうものを幅ひろく鍛錬していくことだろうと思います。だから人間の直感とでもいいましょうか、子どものころから培ってくる直観力を伸ばすことですね。子どものころは感じる心がいっぱいあって、それを自由に表現してきたと思いますが、だんだん大人になるに従い既存の価値観やしがらみで、技術的にああだ、こうだということに惑わされてきます。そうした感じる心を、大人になっても持ち続けられてきた人は、その人らしさの表現がなされている。それだから共感できるのだと思います。

たとえば、ピカソにしたって、二次元の平面の画用紙やキャンバスに、あえて三次元の立体世界をどのように表現するのかといったときに、直感としてこうすればいいと思ったにちがいありませんね。そうしてキャンバスに横から、裏から見た立体像を、平面的におさめたという常識では考えられない表現を感じ取ったと考えていますが。

それには人間の直観力というか、響きあいがあるのでしょうか。たしかに芸術的に評価された絵でも、どうしてもピンとこない作品も多いように思います。私などは感じたまま、これがよいと直感で判断します。

ところで、私の仕事をしてきた分野では、山本さんのような、指導者・援助者はなかなかいません。こうした感性というか視点をもてる人、人材をどのように探していくかが問われます。むずかしい問題です。一般的に多くの住民の方や指導者と呼ばれる人たちのなかでは、既存の方法論をそれでよしとするか、学校教育の美術の先生にお任せしてしまう傾向が見受けられます。そうなると、従来からの指導法で教えそれを押しつけてしまうことが多くなります。どうしたらよい指導者を探せるのでしょうか。

山本　私は指導者というような大それた者ではなく、私の身の丈でともに歩んでいるにすぎませんが、いろいろな機会に子どもたちや、障害をもつ人たちと出会いながら、もっと自由に、評価のない自分らしさを表現できるそんな活動をしたいと思ってきました。

その人らしい色合いとか、表現に気づいたとき、それらを仲間たちと作業していくなかで、「これって、いいね」など、わいわいコミュニケーションをとっていける日常空間があって、自由でその人らしい表現を大切に思う気持ちを第一に考えていくことが、私のようなあり方のポイントですから、探される方の思いによって、それにかなう出会いは可能となると考えます。

山崎　それにしても、ポットンアートですか、それとパステルを削った粉末を画用紙に刷り込む試み、そして、マーブリングなどたいへん楽しい面白い着想ですね。

山本　どれも珍しい方法ではないし、簡単に始められます。はじめてとりかかる人には、できるだけ緊張から離れて自然体でいてほしいし、偶然の面白さや美しさを発見するために、これらの方法をとっています。

形のあるものを表現すると、それぞれの捕われに縛られてしまいがちな人でも素直に楽しめますし、方法がシンプルだから、何人かでやっていると、新しい方法が自然発生的に加わったりする面白さもあります。できあがった作品をひとつの価値観でまとめられないところにもよさがあります。

山崎　それからあと一つ表現力の問題として想像力というものもあると思うのですが、僕たちの子どものころは、いまのように夜など電気の光で明るくなかったと思いますが、いまは二四時間明るくなっています。暗闇のなかですごすことも多かったと記憶していますが、この暗闇が子どもには恐ろしくもあり興味もあった世界ですね。ものが見えない不安、恐怖、この不安や恐怖と好奇心が混ざり合ってお化けだとか、幽霊だとかを想像して恐ろしくなったりしたわけですが、こんな経験も想像力の問題として重要な意味合いをもっていると思いますが。

山本　豊かな想像力は私にとってもいつも憧れです。その力は、この世界の、つまり日常のすべてのなかからいただいていくもののような気がしていますので、理屈では計れない経験も大切な要素になっていると思います。

山崎　どうも今日はお忙しいところありがとうございました。それにしても「学校教育」ということで人間をしばっていますね。「教育」という言葉の吟味も表現の問題として考え直したい事柄です。

（山本真由美氏のプロフィール――一九五八年生まれ、昭島市在住、アートセラピスト）

おわりに

対談をまじえて、大人の学びの課題を論じてきたわけだが、私は大胆な結論を提起してみる。そのひとつは、社会教育における実践は、とくにそこにかかわる援助者（講師）もそうだが、職員の役割が重要であるということだ。つまり問われるのは、講師と響きあう職員の感性であり、共感力である。それはある意味では教育実践という職人の感性というべきであろう。二つめは、実践にはマニュアルはないのであって、それぞれの学びは、それがおかれた条件を創造的に模索するということだ。アートセラピー教室も昭島市の私が与えられた条件のなかで開設されたものである。三つめに、職員も表現者の一翼であるということだ。職員は、表現者（受講者）と援助者（講師）とによる創造された作品の共感者であり、その表現されたものから発信されるメッセージのもっとも身近な受容者でもある。つまり共感と受容のコミュニケーションの要素として欠かせない存在であるということだ。

最後に、ここではふれられなかったが、これらが営まれる空間が、市井の人々が暮らす地域社会であるということである。つまり表現活動は、その地域を生き生きとしたものとして創造することだと考えている。

注

（1）拙稿「文化活動の役割」千野陽一・野呂隆・酒匂一雄編著『現代社会教育実践講座・第二巻　現代社会教育の基礎』民衆社、一九七四年

（2）谷貝忍「地域文化を創る　それは私の表現」『月刊社会教育』一九九八年一〇月号、六頁

（3）拙稿「芸術・文化活動と主体形成」北田耕也・朝田泰編『社会教育における地域文化の創造』国土社、一九九〇年、二一二頁

（4）サン・テグジュペリ（内藤濯訳）『星の王子さま』岩波書店、一九六七年、八頁

（5）拙稿「芸術・文化活動と主体形成」北田耕也・朝田泰前掲書、二一四頁

（6）同書、二一六頁

第3章　文化に関する行政・施策の展開と現代的課題

新藤　浩伸

はじめに

二一世紀を迎え、戦後六〇年を過ぎ、日本の文化行政は新たな局面にさしかかっている。一九七〇年代以降推進されてきた文化行政は、一九九〇年代以降とくに急速に整備がすすみ、二〇〇一年に文化に関する日本初の基本法である文化芸術振興基本法が制定された。これを契機に各自治体でも文化振興施策の整備がすすんでいる。

しかしこうした状況はいくつかの矛盾も生んでいる。第一に、自治体文化行政は、その所管が教育委員会から首長部局に移管される教育行政の後退と表裏一体となって進展している。このことは、従来の社会教育行政において行われる文化活動支援事業との関連や、市民の学習・文化活動支援の根本理念の再考をも求めている。

第二に、映画やゲーム、アニメーションなどのポピュラー文化の経済的価値への注目が国内外で高まる一方で、文化の精神的価値と市場原理とを制度においてどう調停していくかも課題となっている。自治体レベルでは、行政評価や民間委託が各地で問題となるなかでいかなる原理に基づいてその公共性を評価し保障していくのかも問われている。

第三に、多様化する市民の文化的要求に行政はいかなる基準をもってこたえていけばよいのか。現在、中高年世代の演劇活動や障害者の文化活動の広がりにみられるように（第7章）、市民の文化活動への要求はかつてないほど高まっている。しかし、新自由主義的な政策の進展により、新たな貧困や格差の問題も立ち現れつつある。文化的な豊かさの保障は、そうした新たな貧困の克服と無関係に論じることはできなくなりつつある。

これらの問題とともに文化行政を論じるにあたり、法解釈や自国文化の経済的価値の主張のみにとどめておくことはできない。文化は振興の対象とされる一方で、個人または集団の精神的活動の領域として行政の関与を厳しく拒む側面も有しているからである。すなわち、文化の私事性と公共性の両側面を慎重に考察しながら、文化の担い手としての市民の生涯にわたる文化的な成長・発達をいかなる原理において支援するか、を問いの基点に据える必要がある。さもなければ、文化行政をめぐる議論は、その対象である文化活動の実態をふまえることなく、形式化や官僚化を招く結果になるだろう。

以上の課題意識にたち、本章では、芸術創造活動の推進、文化財の保存・活用、著作権、国語、国際文化交流といった幅広い文化政策の対象領域のなかでも、地域文化振興施策を検討の中心に据える。第一に、戦前も含め歴史的に概観しながら特に九〇年代以降の動向を詳述し[1]（1～3）、第二に、そのうえで文化行政がはらむ現代的課題と可能性を教育の視点から考察する（4）。

1　文化の国家による利用・統制から消極策への転換——戦前・戦後（一九七〇年代以前）

文化行政は、文化という価値的な概念から、その進展がただちに日常生活を豊かにするものととらえられがちである。しかし、「文化行政」や「文化政策」の語は戦時期にも用いられたことを想起せねばならず、この意味で歴史的理解が重要になってくる。

戦前期の文化振興に関する政策は、内国勧業博覧会開催（一八七七年）、文化財・天然記念物保護（一八九七年古社寺保存法、一九二九年国宝保存法、一九一九年史蹟名勝天然記念物保存法）、美術振興（一九〇七年第一回文展、一九一九年帝国美術院設置）、博物館、美術館、図書館、美術・音楽専門学校の設立などをみることができる。[2] 一方、伝統芸能に対する「国家に益なき遊芸」[3]観や劇場取締規則（一八八二年）、大正期から昭和初期にかけての社会教育行政整備期における幻燈・活動写真の活用や民衆娯楽の調査・改善事業などにみられるように、無視あるいは改良・統制の対象、教化の手段とされる部分が大きかった。また「文化政策」の概念は、大正期において第一次世界大戦下における国民の精神指導をはじめ、労働問題、住宅問題、貧困問題、娯楽要求の高まりなどに対応する社会事業との関連で紹介されたが、多くは教化的な性格が色濃いものであった。

第二次世界大戦期、とくに第二次近衛内閣成立後に新体制運動が始まると「文化政策」は、ナチス・ドイツを範に、それ以前の精神指導に加え、科学や宣伝などの概念を包括した国家主体の総合政策推進の論理として、流行語のように用いられた。映画法（一九三九年）や、内閣直属の情報局により推進された移動演劇など、国策を基準にした文化の統制と振興が並行し展開された。社会教育行政はそうした文化政策の担い手とされ、社会教育局は一九四二年に教化局に再編、情報局を中心とした総合的な国策としての文化政策に統合されていった。[4]

終戦を迎え、憲法、教育基本法、社会教育法の中に国民主体の文化活動の原則が保障されていく。狭義の芸術文化行政は、一九四五年一〇月に復活した社会教育局のなかに同年一二月新設された芸術課を中心に、わずかな芸術文化振興と、従来から行われていた美術行政、文化財保護行政の再編・整備などを中心に始められた。また当時「民主国家」「平和国家」とならび「文化国家」の建築が国家再建のスローガンとして掲げられたが、実質的には経済復興が優先されることとなった。戦後最初期の施策である芸術祭（一九四六年九月）の開催準備に奔走した初代芸術課長今日出海が、非常に高額であった入場税（一九八九年廃止）減免を求め折衝にあたった際、当時の大蔵省主税局長池田勇人に「今はどういう時代か知らんのか。経済復興一本ヤリだ。文化なぞいうのは未だ早い」[5]と一喝されたエピソードが、当時の文化行政の位置を象徴的に示している。しかし、それまで統制の対象であった芸術文化が自由の領域へと解放されたのは、重要な歴史的転換であった（資料編参照）。

一九五〇年代以降は、職場や地域での合唱、演劇サークルの活動や国民文化会議の設立といった、政治との緊張関係をもった文化運動の広がりのなかで「国民文化」の創造が叫ばれ、文化の官僚統制や文化専門家による専有をのりこえる独自の文化創造のプログラム、およびその権利保障のあり方が社会教育の課題として問われていた[6]。

2 文化行政への注目と進展——一九七〇年代以降

(1) 自治体と国の動向

社会教育行政の一環として行われていた戦後の文化行政は、革新自治体が国に先行するかたちで一九七〇年代に転機を迎える。その背景には、経済成長優先の政策により公害で悪化した生活環境の改善、「モノの豊かさから心の豊かさへ[7]」の転換などがあった。京都市文化局設置（一九五八年）を皮切りに、宮城県（一九七一年）、大阪府（一九七三年）、兵庫県（一九七五年）、滋賀県・埼玉県（一九七六年）、神奈川県・鹿児島県（一九七七年）などで、文化行政専担部局を新設する動きがすすんだ。当時の長洲一二神奈川県知事が提唱した「地方の時代」の言葉に代表される、国ではなく自治体主導による地方自治・分権をめざす動きである。小林真理が述べるように、文化の領域は国に確固たる方針や法律が存在していなかったこともあり[8]、各自治体で芸術文化を含む生活文化全体の振興をめざした積極的な施策の展開がみられるようになった。

国レベルでは、財政的に政策の中心を占めていた文化財保護に加え、一九六〇年代以降、舞台芸術支援や文化の普及が課題とされた。一九六八年に文化庁が設置され、自治体にやや遅れて文化行政に関する施策は本格化する。一九七九年の中教審答申「地域社会と文化」に続き、大平内閣の政策研究会・文化の時代研究グループが「文化の時代」報告書を一九八〇年に提出した。その内容は、近代化の過程で教育に比して「不急不要のものとして後回しにされてきた」[9]文化を政策課題としてクローズアップするものであり、報告書名はそのまま「地方の時代」「モノの豊かさから心の豊かさへ」とならび、文化行政推進のキーワードとなった。この報告書に代表される政府の路線は、民間文化産業も包括した産業文化政策としての「生涯学習体系」への移行へとつながっていく[10]と同時に、同報告書では文化基本法の制定にもふれられており、現在にまで続く文化政策の基本的な方向性を示したものであるといえる。

(2) 「文化行政」論の諸側面

これらの動きの推進力となった「文化行政」をめぐる議論は、以下の論点をもっていた。第一に、「行政の文化化」(一九七七年畑和埼玉県知事による)というキーワードに代表される、行政組織の文化の視点からの自己改革という側面である。行政機構の改編や職員の意識改革といった、「行政の自己革新」の論理としての文化行政論は、自治体文化行政推進の基盤となり、自治体職員が文化行政について論じ合う「全国文化行政シンポジウム」などのネットワークも形成された。

第二に、狭義の芸術にとどまらない生活文化全体の振興の側面である。公害や都市問題など、経済優先の政策により生活環境が蝕まれた時代背景から、生存権的基本権の発展上に位置付けられた「生活権」への注目が高まり、自治体施策全体にも生活文化の環境整備の視点を導入するという、総合政策としての側面がみられた。

第三に、従来社会教育行政のなかで芸術文化振興は文化財保護に比較してごくわずかしか行われてこなかった、という実態から、文化が独自の部局をもつべきであるという主張である。[11] 一九七九年の第一回全国文化行政シンポジウムにおいて国立民族学博物館館長（当時）の梅棹忠夫は、「教育はチャージ、文化はディスチャージ」として知られる論を唱えた。すなわち教育が能力を身につける充電としての性格をもつのに対し、文化は人間の内面を表現する遊び、放電としての異なる性格をもつため、教育と文化の両方を社会教育行政が扱うのは困難である、という主張であった。

第四に、社会教育批判の側面である。松下圭一は、明治以来続く官治・中央集権型国家から自治・分権型国家に移行しつつあるなかで、社会教育が戦前以来の官僚主義的な日本型教育を温存しているとして批判した。そして基礎教育を終えた成人市民の学習を、シビルミニマム論に基づく「自治・公共・寛容」という政治的文脈をもつ「教育なき学習」すなわち「市民文化」活動ととらえ、教育行政から文化を切り離し首長部局での支援を主張し、[12] 教育行政の後退にもつながる論理となっていった。

3 一九九〇年代以降の文化政策

(1) 国レベルでの積極的な文化政策の展開

一九九〇年代以降、積極的に振興すべき政策課題として文化は以前に増して重点化されてくる。戦後一貫して、「文化政策」の語は、方針や手段を明確にすることが求められること、戦前の文化統制を想起させることなどから、政治色を排すため行政内で長らく忌避される傾向にあった。[13] しかし、現在は従来の国レベル受容型もしくは他自治体事業モデル追随型の「文化行政」から、自治体の主体的かつ戦略的な政策思考に基づいた「文化政策」への転換期とされている。[14]

国レベルでの動向をみると、一九八九年に発足した文化庁の私的諮問機関である文化政策推進会議の提言「新しい文化立国をめざして」(一九九五年)では、①芸術創造活動の活性化、②伝統文化の継承・発展、③地域文化・生活文化の振興、④文化を支える人材の養成確保、⑤文化による国際貢献と文化発信、⑥文化発信のための基盤整備という視点から「文化立国」の概念が前面に打ち出された。一九九七年の文化庁「文化振興マスタープラン」においても、①質の高い生活、②教育、③経済、④情報化、⑤国際化、⑥地域という六つの視点と文化が関係づけられ、国際化の進展や財政構造改革のなかで科学技術の振興とともに文化立国の実現が「国をあげて取り組むべき課題」とされるなど、一九九〇年代以降文化が政策課題として明確に意識化されてきていることが示されている。

一九九〇年代以降は文化庁予算を見ても、自治体予算に比べ一九八〇年代は財政縮小などでやや低迷していたが、増額をみせ、八九年度(約四〇九億円)から九七年度(約八二八億円)までに倍額となった(二〇〇六年度は一〇〇六億四八〇〇万円と、近年では横ばいを続けている)。施設の面でも、新国立劇場(一九九七年)、国立劇場おきなわ(二〇〇四年)、九州国立博物館(二〇〇五年)、国立新美術館(二〇〇七年)と新設がすすんでいる。

こうした動向の特筆すべき点として、第一に、文化芸術振興基本法(二〇〇一年一一月三〇日制定、一二月七日公布)に結実する法的基盤の整備があげられる。[15]また翌二〇〇二年、同法第七条第一項に基づき国の政策の具体的な方向性を定めた「文化芸術の振興に関する基本的な方針」が策定され、文化政策推進の根拠となっている。しかし同法は市民の文化活動の支援の根幹となる重要な法律であるにもかかわらずその制定過程が拙速であり、十分な議論を経ないまま成立をみた。[16]その逐条的な検討や解釈は今後の課題として残されており、草野滋之が述べるように、法解釈を含めた地域文化振興についての議論の場の創造が求められている。[17]

第二に、文化政策の多方面からの注目にともない、振興対象である文化の定義が多様化している。基本法が「芸術文化」でなく耳慣れない「文化芸術」とされたのは、「芸術を中心とする文化として受けとめられる芸術文化ではなくて、それぞれの分野が並列なものとしてとらえ」る文化を定義することが意図された。[18]また、文化が単に自律的・精神的内心の領域の問題とされず、経済やメディアなどさまざまな社会的文脈と文化が結びつけられる傾向が強まっている。とくに文化庁メディア芸術祭（一九九七年創設）などにみられるように、映画やアニメといったメディア文化の振興が重点化されているほか、外務省の国際文化交流政策などにおいても文化は「ソフト・パワー」として注目されている。[19]これによって、文化＝非営利という通念が問い直され、国際的にも市場原理との関係を迫られている。行政改革や効率化を目的として提案された国立美術館統合問題にみられるように、文化は市場の論理になじむものなのか、という問題は国内でも争点になっている。[20]

第三に、企業および民間団体が文化活動の支援者として注目されている。企業の非営利的な社会貢献活動（フィランソロピー）、とりわけ芸術文化支援（メセナ）は、バブル期の冠公演ブームののち、企業メセナ協議会（一九九〇年設立）を中心に行われるようになった。比較的大規模な企業が中心となっているが、現在では地域重視の傾向も強まりつつある。[21]こうした企業や、近年芸術関連でも増加しているNPOなどの民間非営利組織は、従来の文化団体や行政が主要な担い手であった文化の「公共性」の内実を組みかえつつあるといえよう。

(2) 地域文化振興政策の動向

このように拡大をみせる文化政策のなかでも、地域文化振興は、国レベルでも近年重点課題とされている。文化審議会文化政策部会は、二〇〇五年一月に報告書「地域文化で日本を元気にしよう！」を発表した。文化芸術振興基本法に基づき「文化を創造し、享受することは人々の生まれながらの権利である」との視点に立ち、①心の豊かさの創出、②住民の身近な文化芸術活動の機会の確保、③地域社会の連帯感の形成、④地域文化の振興による日本文化の振興、⑤世界的な視野での文化多様性の確保、という五つの方向性を打ち出している。ここでは、とくにハード整備からソフト重視の政策に移行しつつあることが注目される。これまでの文化政策の中心は、文化会館建設に代表されるハード整備におかれていた。しかし「ハコモノ」行政としてしばしば批判されるように、運営面に関してはあまり注視されてこなかった[22]。同報告書によれば、文化施設建設費は一九九三年度の五八七八億円をピークに、二〇〇一年度には一六八二億円にまで減少している。また、一九六七年に開始された公立文化施設への国庫補助も一九九七年度で廃止され、自治体文化予算も文化施設建設がピークを過ぎたことで減少傾向に転じている。その一方で、「文化会館の運営に関与する人材をいかに確保し、また、文化会館の事業運営能力をいかに高めていくかが課題[23]」であるとして、同報告書は具体例をあげ文化施設の活用の方向性を提案している。また、現在の文化庁地域文化振興政策は、学校への芸術家等派遣事業や「文化芸術による創造のまち」支援事業、「地域教育力再生プラン」（文化体験プログラム支援事業）、地域において企画・制作される映画の制作支援、文化ボランティア推進モデル事業など、学校や芸術家と協働し、子育て、メディア文化振興などと関連した地域づくり政策としてすすめられている。

自治体の動向としては、第一に、一九七〇年代から継続して、文化行政担当部局の首長部局移管がすすんでいる。二〇〇一年現在、都道府県の芸術文化関係の担当部局は、教育委員会八、首長部局二八、教育委員会と首長部局の共管が一一となっており[24]、自治体では首長部局が文化振興を、教育委員会が従来の社会教育および文化財保護を担うという分担が一般的になりつつある。二〇〇四年に全国都道府県教育委員会連合会が「生涯学習や文化・スポーツの分野については、教育的側面が強い一方、首長のまちづくりの一環としての関わりが深く（中略）その所管については一元化するのではなく、相互の連携を密にし、同一方向で展開していくことが望ましい[25]」と報告するなど、社会教育行政再編を含めた教育委員会の改革は、現場と研究の両面で教育行政の課題となっている。[26]

第二に、地方自治法改正、自治体財政悪化などに関連し、民営化への対応や行政評価の手法の導入がすすんでいる。自治体では指定管理者制度導入にともない、社会教育施設、文化会館などを含めた地方自治法に規定される「公の施設」を、行政の直営で存続させるか民間委託するかという選択や、指定後の管理者との協働のあり方に関して模索を続けている。文化会館運営をめぐっては、既存の文化財団や地域のＮＰＯ、施設管理会社などが各地で競合しているが、採算面では赤字になることがとくに多い文化会館運営で、営利目的のプログラムに偏りすぎないか、また民間委託によりそれまで培われてきた運営のノウハウが失われるのではないか、といった課題が生まれている。[27] 好況期に乱立した大型施設の維持管理の問題が表面化している側面もあるが、文化が数量的な評価や営利性になじむものなのか、質的評価がいかに可能かという原理的な問題もそこでは問われている。

第三に、文化芸術振興基本法の制定を受け、自治体では県および市町村レベルともに、二〇〇二年以降各自治体で文化振興条例の成立がすすんでいる（資料編参照）。

4 文化活動支援原理としての文化行政

以上のように、文化行政は、戦前における文化の統制および恣意的な利用の反省にたち、戦後は国民への自由の保障とともに消極的な関与の方針をとってきたが、一九七〇年代以降、社会構造の変化にともない新たな形で注目を集めてきた。そして九〇年代以降は著しい進展をみせたが、一方で課題も生まれてきている。また、これまで国と自治体の文化行政を支えてきた梅棹や松下の文化行政論に対し、社会教育研究の分野から多くの批判がなされてきており、その検討は他日を要する。しかし、両者の論争は、必ずしも問題の核心である市民の文化活動とその支援の意味について深められないまま、今日にいたっているといわざるをえない部分がある。今日的課題との関連で文化行政論の論点を検討することで、市民の文化活動支援原理としての文化行政を再構想することが求められているのではないだろうか。

(1) 行政の課題

第一に、行政組織の問題として、行政改革の推進理念としての「行政の文化化」や、総合行政としての文化行政の推進体制をどう実現していくか、という点があげられよう。森啓は、文化行政三〇年の経過を振り返り「文化行政の推進事務局である文化室に『行政文化の自己革新』の問題意識が薄れているのは致命的である。文化行政の生命は、行政内に向かっての絶えざる問題提起である」と述べる。(28) 社会教育、生涯学習、文化振興など、文化関連の部局は自治体の行政機構内で複数存在しており、現在「文化行政」というと部局横断的な行政事務をさすことが多いが、こうした総合行政としての文化行政が、中央集権や縦割り、ハード先行といった従来型の行政の論理をどれだけ相対化・克服できているか。また、施設の乱立に象徴される市民意識と乖離した行政主導の文化振興になってはいないか。これらの達成を評価する視点や、市民との意見交換の場を設けることなども含め、文化行政の推進体制の整備に向けた具体的な方策が求められる。

第二に、文化活動の機会保障に関連して、文化会館運営の問題があげられる。梅棹忠夫は一九七〇年代に文化行政を論じるなかで、教育施設に比して文化施設の貧困を取り上げ、文化会館の全国配置を主張してきた。その結果、世界に類を見ない大量の文化会館が各地に整備されたことは、ハコモノ行政や文化の画一化として批判される一方で、文化行政の成果として評価されるべき面も有している。しかし、市民の側から施設建設の声があがった例はあるものの、行政が一方的に豪奢な文化会館を建設した自治体が圧倒的に多い。九〇年代以降、そうしたハード先行のあり方は見直され運営面への関心が高まりつつあるが、市民の文化的要求を反映した文化会館の運営体制および専門機能をさらに深めることが求められている。

第三に、原理的な問題として、文化活動の公的支援の原則をいかに確立していくか。これまで予算拡充や基本法制定などが追い風となってすすんできた文化行政だが、財政難や行政改革、時々の政権の方針といった政治的・経済的要因に左右されやすい性格も有している。このことは、行政が保障すべき最低限の指標や、権利的・制度的基盤がいまだ不明確であることを示している。現在、文化的権利への注目が高まっているが（資料編参照）、佐藤一子が、「文化を享受する権利は、現代的に生成途上にあると認識されるべき」[29]と述べるように、また二〇〇一年に文化芸術振興基本法が成立したことに象徴されるように、文化の権利的保障はまさに未来に開かれた二一世紀の課題である。教育行政学の議論を参照すると、黒崎勲は、単に行政の介入を権力的作用として忌避したり、また戦後教育改革の原理と現状との乖離を述べたりするだけでなく、「教育行政を教育の論理によって否定するのでなく、現代教育の論理にみあうように教育行政の構造を改良していくこと」という持田栄一の視点の重要性を指摘している。[30]こうした積極的な制度論の構想に学び、また「環境を醸成する」（社会教育法第三条、文化芸術振興基本法第二条四項）という学習・文化活動の側面援助の原則を歴史的に確認しながら、文化行政を支える固有の原理を考察していくことが求められる。とくに、「文化芸術活動を行なう者の自主性」の尊重（第二条一項）という規定は、国家の消極的関与をうたった基本原則として解釈し、とりわけ重要な位置に据えられるべきであろう。

(2) 文化と人間発達の関連を問う

文化活動の支援原理として文化行政を構想していくにあたり、行政の改革論だけでなく、文化活動をどうとらえるかという課題を考察することも求められる。日本において成人の文化活動は市場原理のもとに私的活動として理解されることが多く、このことが子どもの芸術活動と異なり公共性をもつ問題として論じにくい原因にもなっている。一方で、生活の豊かさに関する行政の関与は優先順位が低く、評価が見えやすい施設建設、耳目を引くポップカルチャーや観光の振興などのいわば「果実」の部分に傾斜しがちである。そこで見過ごされているのは、文化の創造主体としての人間の成長・発達が社会発展の基盤となる、という視点ではないだろうか。

文化行政論は、教育あるいは社会教育を、国家が主体となって「オシエ・ソダテル」という一方向的な、また戦前型（しかも一時期の）様態としてとらえ、戦後社会教育が学習文化活動の側面からの援助という新たな原則を確立させてきた歴史的経緯をふまえていない点に特徴がある。さらにいえば、市民の文化活動の内実をとらえきれていない点が現代的課題といえる。現在、地域固有の文化を活かした多世代間の演劇や工芸活動、身体的な体験を重視し既存の権威や価値観、制度を相対化させる現代芸術の機能に注目したワークショップ活動、芸術鑑賞を欲していてもさまざまな障害により足を運べない人々へのアウトリーチ活動などが、社会教育施設や文化会館、廃校、商店街の空きスペースや病院などで行われている。それらは従来型の「芸術の普及」の論理とは異なり、また直接的に教育が意図されてもいないが、芸術文化の創造性を触媒とした自己教育・相互教育の豊かな営みが存在している。

また文化活動は市民の自由で自発的な営みであり、誰もがその権利を有することは論をまたない。しかし、そうした文化的な自由や自発性はさまざまな阻害要因により誰もが十全に発揮できるわけではなく、また学校での芸術教育によってのみ育まれるものでもない。さまざまな文化活動の機会をもち、他者と交流するなかで、生涯にわたって深められ、獲得されていくものではないだろうか。[31] 中川幾郎が梅棹のチャージ・ディスチャージ論を「サイクル」としてつなげた発展的モデルを提示しているように、[32] 教育活動と文化活動を図式的に分類するのではなく、文化活動の現場で生起する以下のような学びの諸要素をとらえ、文化と人間の成長・発達の関連を問う視点が求められるのではないだろうか。

第一の要素は、自己表現の鍛錬という側面である。文化行政の進展と同時期の一九七〇年代以降、社会教育において文化活動の問題がそれまで周辺的位置しか与えられてこなかったことを反省しながら、北田耕也はその固有の意義について注目してきた。それ以前にも、たとえば宮原誠一は、社会教育の任務は、芸術家をめざす人を育てることではなく、民衆の生活のなかに人間的な能動性・創造性を生み出すために民衆の表現活動を励まし、支え、民衆の芸術的な自己訓練を助けることにある、と述べている。[33]

第二に、新たな美的価値に目がひらかれることで、他者や地域、社会をとらえなおし、その変革に参画していく契機となる側面である。成人教育と芸術の関連を問い続けているイギリスの成人教育研究者デヴィッド・ジョーンズによれば、成人教育における美的教育（aesthetic education）は、二〇世紀の大部分において、すでに承認された芸術の古典に、成人が親しみ鑑賞することの援助を意味してきた。しかし、二一世紀において古典の価値はもはや自明のものではなく、みずから芸術を見きわめ、経験し、楽しむ方法を学び、文化や美のひとつではない多様な価値に気づくことが成人教育の仕事であるとする。[34] ジョーンズの指摘は、成人がメディア文化や商業文化のもたらす多元的な価値の渦中におかれ変容を続ける自身の美的経験を、どう主体的に構成するかという現代的課題にもこたえるものである。また、近年のユネスコの議論をみると、「文化的多様性（Cultural Diversity）」がキーワードとされ、自国文化産業の保護にとどまらず、「人間発達（Human Development）」と文化の結びつき、文化的アイデンティティの問題などが社会発展の基盤として論じられている（資料編参照）。これらの視点は、文化活動が単に余暇を利用した自由な個人の表現、という理解を越え、他者と自己のアイデンティティを認識し、変革していく契機という、生きていくうえで切実な意義をもつことを考えさせる。さらに谷和明は、近代化の過程で分離してしまった芸術と日常の生活実践を再接続することによる、専門家の趣味判断とは異なった美的経験の可能性を提起するハーバーマスらに依拠しながら、ドイツで一九七〇年代以降展開された社会文化運動におけるオルタナティブな文化創造、地域活動の意義を論じている。[35]

これらの議論は、文化活動を、日常生活にねざしつつも、新たな視点から日常生活を刷新していく契機としてとらえなおす可能性を示唆している。北田耕也は、文化活動による自己形成の問題を論じながら、文化の側から政治を組み替えていく「文化による国民主権」の獲得をめざす不断の営みとして文化活動をとらえた。文化と政治の関係論は、文化が政策の重点課題とされるなかで、従属や対立といった二元論よりも、むしろ両者の距離を慎重に測ることが求められているといえよう。[36]

おわりに

表現と美の問題を教育との関連において考察した哲学者の木村素衛《きむらもともり》がいちはやく注目しているが、「アマチュア」（素人、愛好家）が創造する文化の公共的な意味が、市民の表現・文化活動に注目が高まる現在、問われているのではないだろうか。[37] 文化行政の現代的な課題は、市民の文化的な主体性の確立を民主的な社会の発展の基盤に据え、そうした活動を支援するシステムの構築をめざすことにある。

注

（1）一九八〇年代の文化行政の概要と社会教育研究の視点からの評価に関しては畑潤「生涯学習政策における文化論の位置と役割」北田耕也・朝田泰編『社会教育における地域文化の創造』国土社、一九九〇年参照。

（2）文化政策の通史的な理解を得るには、根木昭『日本の文化政策』勁草書房、二〇〇一年参照。

（3）「外務省文書」一八七二年、倉田喜弘編『日本近代思想体系一八　芸能』岩波書店、一九八八年所収

(4)橋口菊「決戦体制下の教育」『教育学全集三 近代教育史』小学館、一九六八年、同「教化動員期の時代的性格と構造的特質」『日本近代教育百年史八 社会教育(二)』国立教育研究所編・出版、一九七四年、三二頁
(5)今日出海「年々歳々不変—芸術祭によせて—」朝日新聞一九五一年一〇月五日
(6)北田耕也・畑潤・朝田泰・佐藤一子「社会教育と文化」碓井正久編『現代社会教育の創造』東洋館出版社、一九八八年、四五八頁
(7)総理府「国民生活に関する世論調査」において、生活において重視する考え方として「心の豊かさ」が「物の豊かさ」を一九七九年前後に上回ったデータが典拠とされる。このレトリックのもつ問題点に関しては佐藤郁哉『現代演劇のフィールドワーク』東京大学出版会、一九九九年参照。
(8)小林真理『文化権の確立に向けて』勁草書房、二〇〇四年、六頁
(9)文化の時代研究グループ『文化の時代』大蔵省印刷局、一九八〇年、五二頁
(10)佐藤一子「生活文化と生涯学習」藤岡貞彦・原正敏編『現代企業社会と生涯学習』大月書店、一九八八年
(11)梅棹忠夫「文化行政のめざすもの」『梅棹忠夫著作集第二一巻 都市と文化開発』中央公論社、一九九三年所収
(12)松下圭一「自治の可能性と文化」松下圭一・森啓編『文化行政』、松下圭一『社会教育の終焉』筑摩書房、一九八六年(二〇〇三年再版、公人の友社)など。
(13)小林真理、前掲書、四頁
(14)中川幾郎『分権時代の自治体文化政策』勁草書房、二〇〇一年、iii頁
(15)同法成立過程は小林真理、前掲書に詳しい。
(16)渡辺通弘「文化振興 基本法案に強まる危ぐ」朝日新聞朝刊、二〇〇一年一一月三〇日
(17)草野滋之「文化芸術振興基本法と社会教育法」『社会教育法を読む』社会教育推進全国協議会、二〇〇三年
(18)二〇〇一年一一月二一日第一五三臨時国会衆議院文部科学委員会における河合正智議員の答弁。
(19)文化外交の推進に関する懇談会報告書「『文化交流の平和国家』日本の創造を」二〇〇五年七月
(20)平山郁夫、高階秀爾呼びかけによる声明「効率性追求による文化芸術の衰退を危惧する」二〇〇五年一一月二日
(21)財団法人企業メセナ協議会『メセナnote特別号 メセナリポート二〇〇五』二〇〇五年一〇月
(22)森啓「文化ホールが文化的なまちをつくる」同編『文化ホールがまちをつくる』学陽書房、一九九〇年に論点が整理されている。

(23) 文化審議会文化政策部会報告書「地域文化で日本を元気にしよう！」二〇〇五年二月、六頁
(24) 文化庁『地方における文化行政の状況について（平成一三年度）』二〇〇四年
(25) 全国都道府県教育委員会連合会「中央教育審議会『地方分権下における教育行政の在り方について』に対する意見」二〇〇四年八月九日
(26) 石井山竜平「教育委員会制度と社会教育法制」日本社会教育学会編『社会教育関連法制の現代的検討』東洋館出版社、二〇〇〇年、および同学会編『講座現代社会教育の理論Ⅰ　現代教育改革と社会教育』同出版、二〇〇四年所収の諸論、小川正人『市町村の教育改革が学校を変える　教育委員会制度の可能性』岩波書店、二〇〇六年等参照。
(27) 社会教育推進全国協議会常任委員会「指定管理者制度に関する文部科学省二〇〇五年一月二五日文書に対する社全協の見解」『月刊社会教育』二〇〇五年八月号、国土社、小林真理編著『指定管理者制度　文化的公共性を支えるのは誰か』時事通信社、二〇〇六年など。
(28) 森啓「文化行政の現在位置」日本文化行政研究会・これからの文化政策を考える会編『文化行政　はじまり・いま・みらい』水曜社、二〇〇一年
(29) 佐藤一子『文化協同の時代』青木書店、一九八九年、六頁
(30) 黒崎勲『教育行政学』岩波書店、一九九八年、一三頁
(31) 拙稿「身体・表現・自己の快復」佐藤一子編『生涯学習がつくる公共空間』柏書房、二〇〇三年
(32) 中川幾郎、前掲書、二七―三一頁
(33) 宮原誠一「芸術と社会教育」『宮原誠一教育論集　第五巻』国土社、一九七七年
(34) Jones, David Aesthetic Education. Leona M. English ed., *International Encyclopedia of Adult Education*, Macmillan, 2005
(35) 谷和明「『市民』文化から社会文化へ――ドイツ社会文化運動の試み」『教育』二〇〇一年三月号、国土社
(36) 北田耕也『大衆文化を超えて』国土社、一九八六年
(37) 木村素衛「アマテュアについて」『形成的自覚』弘文堂、一九四一年

第3部　表現・文化活動の実践と美的価値

現代の社会教育の世界において、表現・文化活動の実践は、音楽・演劇・映画・生活記録・美術・舞踊・絵本製作・紙芝居・遊び・まちづくり等、さまざまな領域に広がってきている。これらの実践は、そこに参加する人々の自己形成や人間関係づくり、その活動の舞台である地域社会の発展に、どのような意味をもっているのだろうか。

第3部で展開されている、5編の実践報告と理論的考察を試みた諸論文は、この問いに対する解答を、具体的な事実と実践の当事者たちの証言を通して鮮明に示している。各々の論文の書き手は、市民（第4章）、社会教育職員（第5章・第6章）、社会教育研究者（第7章・第8章）というように、実践にかかわる立場は異なっているが、いずれもが、表現・文化活動の現場にじかに身をおきながら、その経験の意味を対象化しつつ考察を深めたものである。

浦和の「手づくり絵本の会」のように、三〇年にもわたる息の長い実践もあれば、君津の「久留里のまちなみ」関係事業のように、四年ほど前から始まった比較的新しい実践もある。また、実践の当事者も、成人市民・子育てにとりくむ母親・子ども・高齢者・障害をもつ人とその家族、というように実に多彩である。しかし、いずれの実践にも共通する要素として注目されるのは、公民館主事・博物館学芸員・コミュニティワーカー・福祉専門職員などの、広い意味での「社会教育の仕事」に携わる教育・福祉の専門職員の力や、音楽・演劇・美術・児童文化・映画等の文化領域の専門家たちによる支援によって、実践の展開が支えられていることである。表現・文化活動の実践を組織し支援していくうえで、このような専門性をもった職員や芸術専門家の果たす役割の重要性を、これらの実践報告は提起しているといえる。

第4章　公民館における表現・文化活動
――「手づくり絵本の会」三〇年の歩みから

「さいたま市立領家公民館手づくり絵本の会」（代表　澤田　敬子）

（旧浦和市立）浦和領家公民館の「手づくり絵本の会」は一九七六年九月に、公民館が主催した講座『手づくりの絵本教室』から誕生した自主グループである。

〝自分の手で絵本をつくって、子どもたちにプレゼントできたら、どんなにすばらしいことでしょう。自らの手で良い児童文化を創造していただくことを目的にした教室です〟

このパンフレットは、地域の家庭向け回覧板と、幼稚園・保育園などに、配布された。保育つき講座ということも、若い母親には見逃せない好条件だった。現在ではあちこちで見かけられるようになったが、公民館講座では、市内初の試みと聞いている。

三カ月にわたる全一〇回の講座では、一一人の講師から指導をあおぎながら、世界でたった一冊の手づくり絵本を仕上げることができた。最後の日には作品の合評会が行われ、講師の方々からアドバイスをいただいた。やさしさからか先生同士がお互いに遠慮されているようにも見受けられた。

講座を担当された主事の片野親義さんが講座終了のご挨拶の中で、こんな言葉で私たちの背中を押してくれた。

「みなさん、このまま終わるのはもったいないと思いませんか？　自主グループとして続けていってはいかがでしょう」

翌年の一月には、絵本づくりを続けられたら自分の子どもにいいかなという思いで一四名の母親が「領家手づくり絵本の会」を誕生させた。

当時配布されたパンフレット

昭和51年度

手づくりの絵本教室

いかがおすごしでしょうか。

自分の手で絵本をつくって、子どもたちにプレゼントできたら、どんなにすばらしいことでしょう。自らの手で良い児童文化を創造していただくことを目的にした教室です。さそい合わせて、おでかけください。

回	日時	テーマ	講師・助言者
1	9月21日（火） A.M.10.00～12.00	手づくり絵本とは何だろう ―― 手づくりの絵本いろいろ ――	児童文学者　曽我　貞子
2	9月28日（火） A.M.10.00～12.00	子どもと絵本 ―― 絵本のえらび方 ――	児童文学者　めしおとしこ
3	10月5日（火） A.M.10.00～12.00	子どものことばと心の発達	児童文学作家　槻野けい
4	10月15日（金） A.M.9.30～11.30	実作者として（1） ―― 手づくりの絵本ができるまで ――	児童文学者　曽我　貞子 童画家　黒田　祥子
5	10月19日（火） A.M.10.00～12.00	実作者として（2） ―― 私の本についてと実作研究 ――	作家　坂本伊都子
6	10月26日（火） A.M.10.00～12.00	さあ、絵本をつくってみよう	マンガ家　木村　研 児童文学者　曽我　貞子
7	11月9日（火） A.M.10.00～12.00	絵本の話の展開	児童文学者　松本　和子 手づくり絵本創作家　白根　厚子
8	11月16日（火） A.M.10.00～12.00	絵本の画面と着色の手直し ―― 絵のかき方のこつ ――	童画家　石川日出夫
9	11月24日（水） A.M.9.30～11.30	絵とことばと場面の展開	児童文学作家　中野みち子
10	11月30日（火） A.M.10.00～12.00	発表会・反省会 ―― 作品をもちよっての相互批評 ――	木村研、石川日出夫 曽我貞子、槻野けい、松本和子

※会場は、領家公民館　講座室か和室です。

主催・浦和市教育委員会、領家公民館

領家手づくり絵本の会

1 家庭を守り育児をしながらの自己表現を許される自由な場

子どもだけを通しての付き合いとは異なり、仲間としての人間関係を学ぶ貴重な場でもあった。又、互いの立場を思いやることのできる仲間であるという雰囲気も捨てがたいものであった。互いの個性は尊重され、個人作品にはそれぞれの考え方やモチーフが織り込まれていった。

グループが発足して七年目を迎えたころ、転勤による引越などやむをえない事情で例会への参加人数が減るという事態が生まれた。またちょうどそのころは、メンバーの子どもたちも成長し、個人作品の題材探しに苦労する時期でもあった。創作活動に対する情熱が当初よりも希薄になっていたのである。そんなとき、「今までの活動の記録を残そう」「作品集をつくろう！」という声が上がった。

これまでの七年間で「絵本の会」に籍を置いたことのある人全員に声をかけ、各自一点の作品を送ってもらうことにした。集まってきた作品は二二点。知り合いの印刷屋に頼むことにしたが、印刷代を少しでも安くあげるために作業は現会員で、受け持つことにした。

三八〇ページの分厚い「七周年記念誌」一〇〇部は一九八三年の領家公民館地区文化祭に発表することができた。「たいへんだったけれど、面白かったわね」という会員の喜びの声に、翌年は個人に加えて合作による絵本もつくるこ

見沼をわたる風の笛

竜がいた沼

とになった。

② ふるさとの民話を題材にした合作絵本を木版画でつくる

地元浦和の伝説を調べた結果、『竜がいた沼』を取り上げることに決めた。元になる伝説に主人公を登場させ話を展開させるストーリーづくりでは、一人ですすめているときには気づかなかったメンバーの考え方や思いを知ることになり、創作に対する互いの刺激になっていった。まさに三人寄れば文殊の知恵。

版画への取組みも新鮮だった。数十年ぶりに握った彫刻刀。さまざまな考え方のメンバーが、ぶつかりあいながらも一五場面の版画を分担して彫る、摺る、そしてガリ版で文字をいれて完成。「バンザーイ!」まさに、汗と協力の結晶。

合作の魅力を知ったこの年、毎日新聞社の取材をうけた。インタビューが終わるころ「一〇年続けます」と宣言。それ以来二二年間、一六作品の合作絵本と、地元の「見沼かるた」を完成することができた。第一作目からずっとご指導をあおいだ児童文学の宮田正治先生、絵本作家の吉本宗先生、版画家の安本秀を先生のお力添えも大きい。

ふるさとの民話を取り上げ、お話づくりをしていくなかで、地元のことを深く知ることができた。第一作の『竜がいた沼』では、干拓事業と自然破壊との

ねんぶつ　ぶつぶつ

大蛇とたろ吉

さいたま市の伝説をもとに、物語りとして再話した16点の版画絵本のうちの4点。浦和区領家手づくり絵本のメンバーによる合作。見沼の自然をとりまく動植物や人々のいとなみを生き生きと描いている。白黒の画面から、風、光、音、生き物の息づかいなど感じ取っていただけたら幸いである。

葛藤が描かれている。自然という恵みの中で、動植物と人間がいかに共存していけるかという問題を、私たちなりに真剣に考えるきっかけともなった。

私たちがお話をつくるときの姿勢は〝命を守る〟ということである。これは創作にたずさわるものとして、メンバーすべてが共有している意識だ。見沼に息づく動植物や、とりまく環境を取材しながら、この意識を絵本を通して表現し、メッセージとして読み手に伝えるという充実感を味わうこともできた。

また、『竜の小箱』では、川口市木曽呂のTさんから、ご先祖様を大切にし、伝統を守る生活ぶりを見せてもらい、心あたたまる思いがした。地元のお年寄りは、昔話の大切な語り手でもある。また、目を輝かせ生き生きと話される姿に心を動かされた。こんなふれあいのチャンスをえられたのも取材のお陰である。

3 完成した合作を通じて私たちの活動はさまざまなかたちで地域に広がる

合作の絵本は地域の図書館に置いてもらっている。また地元の小学校で地域の教材として使われている。隣接の小学校では『見沼のたつまき』を音楽劇にして校内で演じられた。発表会に招待された私たちが、子どもたちの澄んだ歌声と熱演に感動して涙ぐんだことは今も忘れない。

他の公民館で新しく「絵本の会」ができるときは、先輩として皆で講話に行った。岡部町立公民館では夏休みに、三日連続で二〇人ほどの子どもたちに手づくり絵本を教えた。これは県の予算を使った行事で二年連続で依頼された。大きい子も小さい子もいてどの子も一生懸命取り組んでいた。二日目、三日目には三〇分も早く来て待っていてくれた。

全国的な絵本ネットワークのイベントに参加して、開催の地で私たちの絵本が読まれてきた。国民文化祭、東京展、富山や岐阜のコンクールにも応募し、合作の絵本や個人作品で何回か受賞もした。泣いたり笑ったり怒ったりしながら館外活動を大切に続けている。

4 絵本と『絵本の会』は自分にとってなんだったのか

一三名の会員が『絵本の会』の意味を原稿用紙一枚に書いてみたので、次に掲げる。思いはそれぞれで、互いを知ることにもなった。その文章がメンバー以外の方にもご理解いただけるように会員自身がプロフィールを付け加えることにした（入会順）。

えほん

私的なモチーフ・私にとっての子育て・子離れ・孫の誕生・母のみとり・夫の定年と三〇年間の一年一年が、一冊ずつの絵本になって区切られています。

これをおもしろがってやっていけるのは、読んでくれる友だち、ときに親身になって相談にのり、ときにキビしい批評をあびせ、ときに聞く人となり、ときに語る人となる一二人の友だちがいてくれるからでしょう。

一二人の友だちは自然を大切にし、人にやさしく、少しわがままで、各々少しガンコです。

自分のこだわりを表現できること、言葉化できたり、絵に描ける。この力が人とつながっていける余裕になるのでは、と思っています。人とつながると自分一人の発想を越えた大きな世界が見えるような気がする。それがおもしろくて、「絵本の会」へ休まず出かけます。

（伊藤洋子――油絵を描いて賞いろいろ。ボロ屋のアトリエに逃げこんでコドクにやっています）

絵本と仕事

「絵本、まだやってたの?」などと周囲からいわれながらいつしか三〇年が経っていた。

保育付きが魅力で公民館の「手づくり絵本教室」に参加し、講座のなかでつくった絵本は『雲のかぞく』。自主グループになってつくった絵本は、子どもの成長に合わせたくさん生まれた。

専業主婦だった私は「絵本の会」に入って六年経ったころから少しずつ外に出て仕事をするようになった。そのせいか「絵本の会」がより大切なものに思えた。「例会の金曜日だけは用事を入れないで」を合い言葉によく通った。

「絵本の会」は仕事で乾いた私の心においしい水を飲ませてくれた。公民館の秋の文化祭を目標において、会の一年は一筋の流れのようになっている。緩急の変化があり、飽きさせない。文化祭までに新作をつくろうと思うと苦しいこともあるが、のちにくる満ち足りた解放感・お楽しみ会のことを考えるとがんばることができた。また絵本づくりはわが家の潤滑油となり、時には家族との合作もできた。

私にとっての「絵本の会」は心の必須アミノ酸であり、メンバーは総合ビタミン剤である。

(長井喜代子——公園や公民館で紙芝居を演じたり工作を教えたり行政書士として仕事をしたり)

ときめきを忘れずに

「絵本の会」との出会いは、いまから三〇年も前のことである。そのきっかけとなったのは、子どもとつくった小さな手づくり絵本。風邪をひいて幼稚園を休んでいた長男と、話をキャッチボールしながら生まれた『郵便ポストはなぜ赤い』。この体験から偶然味わった、一冊の絵本をつくる喜び。

その前年に領家公民館で、手づくり絵本の講座があったことを妹から聞き、問い合わせた。すでに、自主グループになっていたので、勇気が要ったが「ぜひ、あなたのような方にはいってもらいたい」という主事さんの一声で、私の心は動かされた。例会を見学させてもらい皆さんの作品にふれることができた。一頁一頁、手描きでていねいにつくられた絵本に感激。ぜひ、私も世界で一冊の絵本をつくりたいと心が踊った。さっそく入会し、まず自作のハードカバー絵本に挑戦。『まこちゃん、パンの国へ行く』という息子が主人公の初作品ができた喜びは、いまだに忘れられない。この日から私にとって絵本は読むだけのものでなく、つくることができる素晴らしいものとなった。

三〇年経ったいま、絵本づくりは私自身のライフワークになろうとしている。

（澤田敬子――コーラス歴通算三〇年、年末にはベートーヴェン「第九」で舞台に立っている）

貴重な時空間

「領家手づくり絵本の会」の例会に参加し始めてから、私は二六年程度になると思う。いつから、というはっきりした区切りのないままこの長い年月を会のメンバーとともに歩ませてもらっている。例会に参加していると、いつからとか個人の経歴とかを忘れて、学生時代のようなひとときをもつことができる。心の解き放たれる、私にとっては貴重な時空間だ。

文化祭での作品展示発表が、その貴重なものの塊となるはずなのだが、二六年間での技術的進歩が私にはないのが我ながら残念に思うけれど、絵本の心だけは捨てきれずに今にいたっているようだ。

これまでも、これからも、絵本をつまみにして「領家手づくり絵本の会」を通して人生（知識・人間・社会）を学んでいきたいと思う。

（須貝由喜子――保健士の仕事を非常勤で続けている。放送大学六年目在学中）

一生の友

私が、「手づくり絵本の会」に入会したのは、創立から三・四年経ったころだった。核家族で息子二人を育てるなか、自分の時間をもつことなどままならない時期だったので、月二回の例会が待ち遠しかったことを思い出す。

当時、ボランティアの保母さんによる保育付きの例会は、育児にほっと一息入れられ、自分のための時間をもてることで、会を一段と魅力あるものにしていたと思う。そのころ、子どもたちの成長記録のように年に一冊程度の個人作品づくりと並行して合作絵本づくりも始まった。

会員個人個人の特性も発揮され、個人作品づくりだけでは味わえない、また、経験できない多くのことを学び、これにより地元浦和への愛着も増し、第二の故郷になったと感じる。子どもたちが成長したいま、私は転居し生活環境も大きく変化し、会への出席もできない状態であるが、気持は、それまで以上である。それは、会の仲間各々の個性に基づく人間的魅力によるところである。

今後、たとえ会を退いても、「領家公民館手づくり絵本の会」の仲間は「一生の友」だと思っている。

(井倉千恵子――夫の実家に入って五年余り。習わぬ経はいまだ読めず境内清掃に明け暮れる毎日です)

長く続けられたこと

私が「絵本の会」を長く続けてこられたのは、まず第一に会を休んでも肩身のせまい思いをすることがなかったことだ。休んでいる間は仕事の分担を他の人が代わってくださった。皆がやりくりして、できることをする態勢が会の中心にあった。

第二に楽しみながらいこうという気運が強いこと。絵本を直接的につくることだけでなく生活一般を楽しむ心が皆豊かなことだ。

第三に独裁者がいないこと。会の運営は月当番に一任されるというルールがあり、意見を自由に言うことができる。会員だれもがリーダーになれるのだ。

第四に私個人は、生活の記録のひとつとして絵本をつくっていること。生活の一コマ。忘れられない物や事柄など、心に残したいことを絵本にする。とはいえ、公民館の文化祭がなければ作品はまったく生まれていないのかもしれませんが。作品をつくる作業中は、心が解放されているのかもしれません。

(中池良乃——無から有を生む工業デザインを学び、植物・家事全般を科学している専業主婦(友曰く))

版画絵本に携わって

転勤族の私が浦和へ越してきたのは、いまから二一年前。子どもの転校で知り合った友人から、「絵本の会」の楽しさを会うたびに聞き、もともと本好きの私は入会することにしました。ちょうどそのころ、会では第二作目の版画絵本『ほたるの笛』の製作が始まっていました。

文章の組みたて、時代を考えた絵の素描、前へすすまない合作のむずかしさを痛感したものです。春から始まった製作が、暑い夏には合宿というかたちでようやくまとまってきた。秋の文化祭に向け、版を彫り和紙に刷りあげる地味な仕事の楽しさも見つけました。きれいに刷れたときの喜びは、言葉では言い表わせないものです。そのときの感動を味わいたいと次の作品、次の作品と続いてきたのだと思う。また多くの先生方にお会いし知識や思い出をいっぱいいただきました。

会のためにとくに貢献することもなく、ただニコニコ笑っていられたらと心がけてきましたが、これからも自分を高めるために、「絵本の会」とともに老いてゆきたいと願っています。

(片山通代——「おいしいもの大好き。つくるのも大好きよ」)

エネルギーをもらって

一九九八年の秋に「絵本をつくる」三回講座を受けて入会した。しっかりした目標もなく、ちょっとのぞいた世界でした。にもかかわらず、とても居心地のよい〝場〟になりました。日々の現実オンリーで長い年月を過ごしてきた私にとってまったく別の世界だった。メンバーののどかな人柄が安らぎを与えてくれ、私の居場所ではないにもかかわらず、私も少しだけ別の世界の夢を見てもいいのかな、と思ったのです。

今では、稚拙ではあれ自分の本ができるまでの変化に富んだ作業、完成したときの〝多色〟な喜び等、手放しがたい心境です。加えてしばしば陥るナマケモノ状態のボーとした気分で参加していても、いつの間にか別の人になっている自分に気づきおどろきます。メンバーのもっているプラスのエネルギーの威力なのですね。

そしてまた心あらたに前向きに。こんな活動が、人間関係がずっと続けられるって、とてもしあわせなことだと思います。

『無駄なたたかいもなく、気疲れもせず、ひとりひとりは個性豊かで』

(当山美子──ながく仕事を続けてきてリタイアー、今は外国人に日本語も教えています)

絵本の会

「領家公民館手づくり絵本の会」に通ってから年一冊の絵本を作成することができました。子どもたちに伝えたいメッセージなどを織り込んで、心温まる絵本をめざしています。

絵は苦手なので布や貼り絵などが多いです。文章を書くことは中学生のころから好きで、物語・童話・エッセイなどを年に数回書いていました。いまは新聞の記事投稿なども手がけています。去年ですが、この「絵本の会」の記事を書き、読売新聞に掲載されました。

この会は個人作品のほか、みんなの合作もあり、手刷りの版画絵本が力作です。私はこの合作には携わっていません。参加は自由で無理強いされません。いつか参加できる日が来るかもしれません。

(鶴切友恵──子育て真っ最中。現在通信員として記事を探しています)

絵本のなかの記憶

我が子にはじめての絵本を買いに行ったとき、一冊の本に懐かしさを感じました。それは私が高校生のときに見た、絵本原画展の作品でした。「絵本」という言葉に敏感になっていた私は、公民館でやべみつのり先生の絵本講座があると知り、申し込んだ。これが「領家公民館手づくり絵本の会」との出会いです。会員たちの作品から、本格的な製本技術と、手づくりのぬくもりを感じました。転居で実質一年半ほどしか会の活動はしていないが、離れていても声をかけてくれ、私の絵本づくりは今もなお継続中です。何もわからない私でも、温かく迎えてくれ、「領家公民館手づくり絵本の会」に出会えたことは、私の人生のなかで幸せなことだと思います。

絵や物語を考えるときの楽しさ、本が完成したときの喜びは、何ものにもかえ難く、魅力を感じる。年を重ねるごとにたまっていく〝手づくり絵本〟は、その当時の情景や心情の記憶がよみがえってくる、アルバムのようなもの。

私が絵本づくりを続けてこられたのは、そんな絵本のなかの記憶を探す楽しみ方も知ったからでしょう。

（小泉由子——そろそろ二人の子育てから手が離れはじめ、幼稚園で造形を教える仕事をしています）

三〇周年によせて

孫娘の誕生を機会に絵本のことを学びたいと思い、絵本の会を見学させてもらった。そのとき、これからつくる個人作品の内容を発表していた。私も創りたいと思いその場で発表。四カ月後には、世界でたった一冊しかない、私の絵本ができたときには、たいへん感動しました。同時に一人では何もできなかったと感じました。それぞれに素敵な個性をもった先輩方のお陰と感謝しています。そしてありとあらゆるものに感謝したい気持ちでいっぱいになりました。入会して三年ほどですが、絵本を中心に楽しいおしゃべり、美術館めぐり、お花見などと、盛りだくさんの内容で奥が深く幅の広い会なので、週に一回の例会が楽しみです。

一人で白神山地に行ったときの感動を絵本にして表現できたときもたいへんにうれしかった。また自然の素晴らしさや、人間の優しさ、温かさなどに、ふれたときのよろこびも絵本にできたらと思います。三十周年を支えてきた方々に心から深く感謝いたします。

(小沢る美子――専業主婦の立場でおおいに人生を楽しんでいます)

小学校で読み聞かせを

五年前、友人が手づくり絵本に興味のあった私に「領家公民館手づくり絵本の会」を教えてくれた。私が別に所属している団体で小学校の読み聞かせをしていたので、当会の『竜がいた沼』を紹介したところ、三・四年生の教材として活用されることになった。ほとんどがカラー本のなかで、白黒の版画の世界、物語性に富んだ内容、さらに手づくりであることの驚きで、子どもたちの反応も上々だった。また、見沼の干拓の歴史は四年生の教科書にもあり先生方に喜ばれた。その後『ねんぶつぶつぶつ』『橋をかけた行者』『諏訪坂の大入道』そして最新版の『三吉ぎつね』と、現在は浦和区、桜区などの小学校に広がりつつある。丹念につくり上げた作品を、子どもたちに届けられる喜びと、確かな手ごたえが得られる充実感に、身を引き締めつつ感謝している。

私の所属団体の四〇名近くが本の購入を希望し、また完成を楽しみに待ってくださる先生方がいるということも非常に嬉しいことだ。

(八島幸枝――子どもオペラ用の舞台衣装づくりをしていた。赤毛のアンやセロ弾きのゴーシュなど)

表現・文化活動へのお誘い

余裕ができたら「絵本をつくりたい」と思っていた。子ども向け絵本というより、いままで生きてきての自分の心にとまったささいなことや、日常話題にしたら奇異かもしれないこと等を、絵と言葉を借りてあらわせたらと。しかし、表現せずにはいられないといったわけでもなく、いっこうに絵本づくりなど始めない。そこで、ねばならない環境におくため公民館の「絵本の会」に入った。内なる自分も見せる覚悟で。成果は思った以上のところへ転がっていった。

版画家や作家というプロからの直接の指導。コンテストへの応募。合作を共同で仕上げる達成感。インターネットでの情報収集という自分なりのかかわり方も見つけた。また存続三〇年という会だけあって、人間関係の誤解を救うちょっとした気遣いの大切さを実感した。

昨日、夢を見た。若い自分が、共同作品の完成祝いのパーティ会場に居る。大勢のなかで、自分のメンバーと他の人と分けるのは、いっしょに何かをつくったという仲間意識。私は、ただ彼らのそばにいっしょに居たくて、いちずな屈託のない好意だけで大勢のなかから彼らを探し当て、いっしょに笑いあっていた。

（高嶋美千代――ナンチャッテ水彩画家および食育アドバイザー（食生活改善推進員））

会はこれからも自然や命を大切にした作品をつくっていくことになるだろう。

ふるさとの民話をテーマにした作品は目標の一〇作まであと四作、八年。ひき続き白黒の版画にこだわっていきたい。

個人と合作絵本のバランスを取りながら、魂に響くような作品を楽しみながらつくりつづけていきたい。

最後にこの楽しみを次の世代にバトンタッチできたらと……。

第5章　まちなみに生きる文化とその可能性
――久留里城址資料館「久留里のまちなみ」関係事業

布施　慶子（君津市立久留里城址資料館学芸員）

はじめに

久留里《くるり》城址資料館のある君津市は、千葉県中部の東京湾側に位置している。市域は東西に長く、三一九平方キロという広大な面積をもつ。市の西側は東京湾に接し、鉄鋼コンビナートが造成されて人口も密集している。中央部は農業が盛んで、南部から東部には低山地が連なる。君津市の東部、水陸の交通の要衝であった小櫃川《おびつがわ》沿いの丘陵部に久留里城はあった。明治維新で姿を消した天守閣の再建に、地域はまちおこしへの期待を込めていた。一九七八年、本丸跡に天守閣が建てられて展望施設となり、翌年には二の丸跡に資料館が開館した。

久留里城址資料館という博物館は、一般に「城」のイメージで知られているが、扱うテーマは「君津市」全体に関することと「久留里城」に関することの二つである。それぞれについて資料の収集、保管、調査研究を行い、またその成果の展示や普及事業などを行っている。

今回取り上げるまちなみ関係の事業は、「久留里市場」という地域を舞台に行われた。久留里市場は久留里城の城下町にあたり、当館の重要なテーマのひとつである。江戸時代には久留里藩の消費に応え、明治～昭和中期には、周辺の中心的な商業区域として賑いを見せた。当時の建物の多くは今も残されており、この地域の個性を主張している。「まちなみ」というと、通りに面した建物が軒を連ねる様子をさすが、この事業では、本来の意味のまちなみと、それを構成する一件一件の「建物」について対象としてきた。

この事業は、二〇〇三年から始まり、調査、まちなみの見学会、写生会、写生作品の展示会、展示会の解説会、と展開してきた。当館が主催したものと、上総公民館の主催に協力したもの、そして両者共催のものとがある。これらの事業は、多くの人々を巻き込んで広く深く膨らみ、さらに新たな地域づくりへの可能性を放っていった。

事業のなかで、いくつか特徴的だった事柄をあげてみたい。一つ目は、地域文化の活動の所産である「まちなみ」を対象としたこと。二つ目は、ふだんは建物のなかを中心に活動している博物館が地域のなかで事業を行ったこと、三つ目は多様な分野の人々と協力しながら事業をすすめたこと、四つ目は、描くことのもつ力にふれたことである。こうした事柄に焦点をあてながら、事業について説明していきたい。

「久留里のまちなみ」関係事業

※二〇〇〇年　六～九月　久留里市場の店舗調査　※その年の企画展示のために行った調査だが、建築調査の基礎となった。
二〇〇三年　七月　近代建築総合調査（君津地方社会教育研究会　文化研究部会事業）
千葉県近代和風建築調査へ情報提供
九月　第一回『久留里まちなみ写生会』（上総公民館事業に当館が協力）
二〇〇四年　一～二月　久留里まちなみ写生会作品展（上総公民館と当館の共催事業）
八月　第二回『久留里まちなみ写生会』（上総公民館事業に当館が協力）
二〇〇五年　一月　『歩く・見る・描く　久留里の建物の魅力を探る』※見学会と写生会（当館主催事業）
一～三月　『久留里のまちなみ・建物を描く』展※作品展（上総公民館と当館の共催事業）
九月　『歩く・見る・描く　久留里の建物の魅力を探る』※見学会と写生会（上総公民館と当館の共催事業）
以後、見学会と写生会、及び作品展を二館共催で継続している。

1 まちなみ――地域文化の所産

久留里城址資料館に勤務となり、久留里市場のまちなみに出会ったとき、私は不思議な印象を受けたことを覚えている。城下町独特の小路やウナギの寝床のような細長い地割り、蔵を利用した店、洋館。意匠を凝らした建物が、語りかけてくるかのようだった。私は農村の出身であったので、古い町場の風景はまさに異文化であり、魅力的なものだった。

ところがまもなく、こうした建物が壊され、あるいは改装されるのを目にするようになる。建物は地元の方々にとってあまりにも日常的にあるために、独特で貴重な存在とは認識されていないらしいということも、背景にはあるようだった。また「維持費がかかる」「寒い」といった負担が、住人を悩ませていることもわかった。

このころ、県の文化財管理指導者講習会で、こうした近代建築（明治から戦前くらいまでの建物）が、全国的にも危機的な状況にあることを知った。同時に、その価値が高く評価され、脚光を浴びつつあることもわかってきた。

実は、日本の和風建築の技術は、明治から昭和初期にかけてもっとも成熟したといわれている。全国的にもこの時期の建築に優れたものが残されているのである。技術の高さはもちろん、構造や意匠にも工夫が凝らされ、たとえば採光や空間の美しさなど、機能的であるだけでなく、芸術的にも優れているといえる。その土地独特の自然環境や社会環境に対応していることはいうまでもない。

この時期は、経済が発達して商人などが資本を蓄え、さまざまな束縛からも解放されて、自由に建物を建てられるようになった時期である。こうしたなかで職人の技が花開き、施主を中心とした関係者の思い入れや美意識も建物のなかに表現されていった。もうひとつの特徴は、この時期に洋風の建築技術が導入されたことである。一般の住宅にもその影響を受けた建築が取り入れられていった。

しかし戦後、住宅もまた効率的、画一的なものに急速に変化していく。個性ある建物は失われる道をたどり、同時に「技術」も失われていった。こうした背景から、文化庁も「歴史的な建造物・町並み史跡等」の保護・保存・活用をすすめる事業を行ってきている。

当館にも何か役割があるのではないかと、久留里市場のまちなみを前に考え始めた。

木更津市の甲斐博幸さんから調査の誘いを受けたのは二〇〇三年当初のことである。「君津の周辺四市の文化関係職員で構成している会(君津地方公立博物館協議会文化研究部会)に加わって、いっしょに近代建築の調査や、勉強会をしないか」という話で、すぐに参加を決めた。近代建築に着目し、憂慮し、そして久留里市場を重要な地区と見ていた職員は、幸いにも私だけではなかったのだ。そして調査は、建物の特徴や背景を解明する手がかりとなり、保護、保存、活用のための資料となり、やむをえず建物が壊された後の記録となる重要な活動である。こうして先達に手をひかれて、「調査」という具体的な一歩をふみ出していった。

さて、当館の担当区域は久留里市場となり、過去の企画展示のために実施してあった『久留里市場の店舗調査(二〇〇〇年)』を基に調べていった。のちの一連のまちなみ関係事業は、この調査を基礎に展開していくことになる。久留里市場の「民俗」については、研究者の間で注目されており、先行調査も行われていた。「千葉県立房総のむら」が調査を行っているほか、『君津市史民俗編』のなかでは特別に久留里を取り上げた章を設けている。建物についての記載は少ないが、文化的な背景を参考とした。

調査を始めるとさらにさまざまなことがわかってきた。この地域の近代建築の特徴、まちなみの履歴、生活、美意識など、地域を物語るメッセージが次々に浮かび上がったのである。

たとえば、和風建築の玄関脇の「客間」を洋風にすることが、このころから全国的に流行っていくが、町場の商家は通りに面した店舗自体が接客の場であり、一般の住宅にあるような客間は存在しない。しかし店舗の裏側にある和風住宅の「入口」を洋風にするという独特な和洋折衷の建物が、この地域には残されている。堂々とした酒蔵とその付属施設も多く残されていた。銘水の里ならではの特徴である。また、密集した建物は災害を受けやすく、大火や関東大震災がこの地域の建物を特徴づけていることがわかった。一九〇〇（明治三三）年に起こった大火の類焼を、紙屋金物店の土蔵が食い止めたことで、その後蔵造りが普及したとされるのもひとつの例である。

蔵を造るには高度な技術が必要で、左官の技も要求される。久留里市場には多くの蔵があるが、どれも同じ造りではない。外壁は漆喰や人造石やスレート、屋根は瓦や銅板と多様性に富み、それぞれに職人の技の確かさと芸術性、施主の美意識が反映されている。また、わずか直径一〇センチ強の丸い石をわざわざ基礎の沓石《くついし》に選び、石の形にぴったり合うように柱を彫り込んで、その上に母屋を建てた家があった。明治三年の建築というから、関東大震災にも耐えたことになる。近郷でも定評のあった久留里の職人の姿が、浮かび上がる。

久留里市場内でも場所によって建物の性格が違うことも見えてきた。蔵は昔の物流基地である河岸があった地区に多くみられる。このあたりには卸を兼ねた商店が多く、商品を火災から守るための工夫である。

こうして調査を終えると、地域の原点がいたるところにちりばめられていることがわかる。文化の担い手であった久留里市場の人々は、それをあらゆる場所に表わし、残していた。いわばまちなみ全体が博物館、美術館であるといってよいのではないだろうか。

2 地域のなかでの博物館事業

このまちなみが貴重であることは調査によっても明らかになってきた。しかしそのことが現在の地域にとって、地域の将来にとって、どのような意味をもっていくのだろうか。まちなみは人々にその価値を意識されないまま消えていくのだろうか。

この地域もいくつかの課題をかかえている。久留里市場は現在、久留里駅前の商店街になっているが、全国の商店街の例に漏れず、必ずしも活気があるとはいえない。目下「銘水の里」を看板に掲げて奮闘しており、活性化は課題のひとつである。地域に力を蓄えるヒントは、文化を見つめ直すことでも得られるはずである。まちなみを通して、地域文化を振り返ることはできないか、と考えていた。

次の段階へすすむきっかけは、雑談という情報交換から生まれた。久留里市場には上総公民館がある。ある日、その年に異動してきたベテラン公民館主事の鈴木恵子さんが、「自転車で周辺を探険してきたら、いろいろな特徴があって面白い。素晴らしいまちなみだ。でも地元の人は空気のように思っていて、特別だとは思っていない。歴史や知恵に学べるものがあると思う」という。自分と同様の感想に驚き、いままでの取組みの経緯を話して、関係資料を見せた。そして、まちなみを扱った事業を協力して行う案が生まれていった。上総公民館主催、久留里城址資料館協力というかたちも決まった。

具体的な方法を探っていると、先行事例のなかに知人の名を見つけ、すぐにその方、渡邉義孝さん（一級建築士・『東京を描く市民の会』理事）を訪ねた。「歩いて、見学会をして、まちなみについて知って、それから描いてはどうですか？　描くことで何度も対象を見る。深くその対象を知ることができるし、愛着が湧きますよ」というアドバイスをもらい、それを元に準備をすすめる。タイトルは『まちなみ写生会』とし、写生の講師には、美術協会で活動する浜本義行さんを迎えた。当館は見学会の解説を担当することで協力していくことになった。見学先のお宅は「古いだけなんですよ……。立派なものじゃない」と戸惑いながらも、快く了解してくれた。

上総公民館では事業のねらいとして「まちなみを観察・記録する」「描くことを通して地域の歴史と知恵に学び、人々の暮らしを見つめ、まちづくりを考える」「文化祭で作品展を行い、地域文化の推進を図る」「関係機関との連携」などをあげている。

「参加した人の「気づき」を大切にしたい」と鈴木さんは言った。「何時間かまちなみと向き合い、じっくりと描く過程で、このまちを感じ取ることができれば、それが大切なのではないか。そこからまちへの新しい風が吹いていくのではないか。」こうした思い入れを込めながら事業は展開していった。

写生の作品には建物や井戸などが描かれ、その背景まで表わすような生き生きとした出来栄えだった。その後、作品は上総公民館主催の地域文化祭で展示され、地域の人々に披露された。展示会場には大正期の蔵を借りることができ、会場の雰囲気が作品を引き立たせ、好評を博した。展示は中央図書館と久留里城址資料館へも巡回された。翌年、鈴木さんは異動になったが、代わって着任した榎本今朝美さんが趣旨を引き継ぎ、事業は継続された。

同じ年、当館の事業でも建物の見学会を行った。上総公民館の『まちなみ写生会』と趣を変えた点は、建物を少し専門的に見ていこうとしたところだった。この地域ならではの技術や背景を専門的な眼差しで確認することで、より独自性が見えてくるのではないか。そこから、まちなみの将来や地域づくりへの展望は、より個性的に生まれ育っていきはしないか。過去に行った調査のなかに眠っている情報が、十分に活用される機会ともしたかった。

「より専門的に」ということで、講師には当初からアドバイスを受けていた渡邉義孝さんを迎えた。古い建物への造詣も深い。博物館の調査データを元に渡邉さんと下見をし、関係資料を再検証した。渡邉さんの意向で、この事業でも「描く」ことが加えられ、『歩く・見る・描く　久留里の建物の魅力を探る』というタイトルに決まった。当日は上総公民館も全面的に協力をしてくれた。

　ところで、残念ながら地元の参加者は少ない。応募の段階からそれは顕著だった。しかし、「久留里市場のまちなみを目当てにわざわざ遠くから参加者が集まり、画題に取り上げる。そのことを、地元の人々が目にする。そこからまちなみの貴重さや魅力も地元に伝わるのではないか」と、渡邉さんと話し合い、参加は内外に広く呼びかけていった。

　実際、この消極的に思えた目算は的を射ており、ゆっくりと地域へ影響していったのだった。参加者は見学の途中、興味深くまちなみを眺め、講師の説明に聞き入り、感動を表わしている。その感動が書き込まれた感想文を、後日、地域の人々に届けていった。また、参加者は描くことで「まちなみへの理解と愛着が膨らんだ」と振り返っており、このようにして描きあがった作品を、地域の内外に公開していった。参加者のこうした行動の端々に「この地域の文化を認識し尊重している」という思いが表わされていた。

見学会の様子

　後日、建物の所有者から「建物を壊そうと思っていたが、皆さんが見にきてくれるので壊しづらくなってしまった」と言われた。また、「どこそこに独特の建物があるよ。」と教えてくれる方も現われた。まちなみの魅力はどうやら地域に伝わりつつあるようだ。それは参加者が表現した意思を通じ、その力を増して伝わっていったようである。

当館のこの事業も、以後続けて行われている。はじめての事業のとき、参加人数は一二人であった。多い数ではない。とかく参加者数で評価される職場にあって、人数が多いことだけが重要なわけではないと思い知らされた。「まちなみ」自身がもつ魅力、博物館の掘り起こした情報、それらを受けとめる参加者の学びや感動や作品が地域の人々にはたらきかけている。当館の事業全体のあり方についても考えさせられる機会ともなった。

参加者の感想文を少し紹介したい。

○城下町のたくましさや、大火に対する工夫、備えのなかに今も生きている建物のたしかさに感銘を受けました。

○スゴーイ、スゴーイと唸りながら、久留里に残る近代建築を拝見いたしました。案内をしていただいた先生の情熱が暖かい風となって、私のなかにも伝わってきました。施主の方の思い入れや、それを今に守り伝えている方の想い……素敵だと思いました。いまも立派に、しっかり建っているその存在感、味わい深さ、久留里には、いいものがいっぱい残っているんだなぁ~。すごいぞ!!　久留里!!

○あらためて、久留里の豊かな歴史、人々の歴史にふれることができ、心も豊かになりました。大事にしたいなと思いますが、ここに住む方々の心の奥は、もっともっと深いものがあると思うと複雑です。でも大事にしていきたいですネ。

○建築物には造った方と居住する方の想いが一つになったとき、はじめて本来の良さが出てくるのではないでしょうか。その意味から久留里の良さをどのように後世に伝承できるか、そのことが求められていると思います。

今回の企画は、久留里の活性化をはかるためのひとつの手がかりを与えてくれたのではないでしょうか。

さて、博物館が扱う資料は基本的には館の内部にあるのだが、もちろん地域にも出て資料の収集、調査、普及事業などを行っている。今回も対象とするまちなみの所在の関係上、舞台は地域を中心に展開した。しかし「場所」だけでなく、地域との新しい「関係」をもつことができた事業であり、参加者とともに「地域の中」で活動した事業だったと感じる。

地域博物館の学芸員は、職務上、地域文化の結晶である資料と毎日対峙している。そしてその活動の成果は博物館に蓄積されている。「まちなみ」の例にかぎらず、他の事象の成果についても、「地域の中」で活かしていける場面があるのではないだろうか。

3 「協力」がもたらしたもの

この事業はさまざまな人々との協力から成り立ってきた。地域とのつながりや、多様な分野の専門家の参加、それぞれの役割と専門性を活かしながら広がりと深まりをもって事業が展開していった。この点についても少し詳しくふれておきたい。

まずは公民館である。上総公民館との協力なしにはこの事業は生まれなかった。当館は地域のなかで事業を展開することには慣れていなかった。地域にとっての課題のとらえ方、目標の据え方、地域のどの部分と結びつき、誰の協力を求めるのか。こうしたことは地域に密着してきた公民館の得意としていたことであった。

たとえば最初の事業の際、鈴木さんは商店街の組織や関係団体に後援を依頼していた。団体の集まりにも出かけて説明をしている。これは単に参加要請や、協力依頼だけでなく、「このまちなみが素晴らしいのでそれで事業をしたい」という宣言でもあった。また、地元の小学生を対象にしたまちなみの写生会を、関連づけて開催したのも、調べ学習に取り組んでいた小学校へ出向き、まちなみ調べを提案したのも上総公民館であった。地域で育っていく子どもたちと、文化を共有していこうという姿勢をとっている。こうした様子を見て、地域のなかで活動していく方法を、当館が公民館から学んだ事業でもあった。

一方、公民館側から見るとこの事業は博物館なしにできなかったという。

「欲しかった情報を、すぐに博物館が提供してくれた。博物館のもつ専門性がこの事業には必要だった。公民館は地域にあって、人と人をつなぐことを得意としている。タイミングよく、役割がうまくつながった。博物館がある地域なのだから、もっと連携して元気になりたかった」と鈴木さんは後に振り返っている。

久留里市場という地域も事業には協力的だった。鈴木さんが地元の団体の集会にPRに行ったとき、団体は広報誌に情報を載せて応援してくれている。作品の展示会場になった蔵も、ふだん使っている場所を片づけて提供してくれたものだ。また、準備の段階で近隣のいくつかの絵画サークルに参加を呼びかけた。そのとき、賛同して申込があったのは、「自分たちもこういうことがやりたかったが、きっかけをつかむことができなかった」という地元のサークルだった。そしてなにより、見学先のお宅との協力は、参加者が学習を深める鍵となった。建物は道路から見える部分だけでは理解しづらい。庭先に入らせてもらったお宅もある。蔵の梁《はり》に残る大火の焼け跡を見るために、蔵の二階まで上がらせていただいたこともあった。ご迷惑もあったことだろう。しかしどのお宅も快く協力してくれた。こうした様子を「地力がある。新しい風を受ける素地があった」と鈴木さんは話す。

また、地域には「久留里を良くしたい」という切実な願いがある。この事業は、その願いと趣旨を違えるものではない、と地域がとらえてくれたのではないか。協力的だった理由の一因はそこにありはしないだろうか。

最後に、事業に深まりと広がりをもたらした要因である専門家の協力をあげておきたい。

見学会講師の渡邉さんは建築士として、あるいは古い建物に造詣の深いその視点で、専門的、客観的に、久留里市場の特性を分析してくださった。渡邉さんの解説は、建物に込められた要素を読み解く通訳であり、技術の特徴や地域の背景、住む人や職人の美意識をとらえ、まちなみの魅力を十分に引き出すものだった。机上の知識だけで建物を語った博物館職員の説明とは違い、建物に愛着をもつ専門家が放った言葉が、実感として参加者の心に響き、理解と親しみを深めていったことを、のちの感想文も物語っている。

写生のご指導をいただいた浜本さんは、参加者が得た久留里市場の魅力を、外へ向かって表現するアドバイスをくださった。絵画の初心者がほとんどで、技術にも大きな差があったが、それぞれの個性が豊かに引き出された。また、作品展では、「蔵」という魅力的ながらも制約のある会場を使うことになった。浜本さんは展示効果へのアドバイスや資材の調達などにもご尽力くださり、観覧者と作品との出会いを演出してくださった。

図書館への巡回展を提案してくれたのは図書館職員の藤平裕子さんだった。図書館は、人口の集中する市の中心街にあり、年間一〇七万冊を貸し出し、四五万人の入館者がある（二〇〇五年度）。久留里から遠く離れた図書館という文化施設での巡回展は、久留里市場のまちなみを、君津市全体のものとして知らせていく結果となった。また、展示に合わせた関連図書の紹介を行い、より深い学習の機会を設けてくれた。

ほかにも、調査を始めるきっかけとなった君津地方社会教育研究会や、宣伝に協力的だった市の広報担当者、ホームページ担当者、地元情報誌との結びつきが事業を活性化させ、最も身近な当館職員の援助が事業を支えた。

正直に話せば、実際に事業をすすめていくうえで「協力」とは手間のかかるものであったことも事実である。しかし、課題を共有することの重要性や、事業の広がり、深まりといった充実は、この手間には替えがたいものだった。そしてそこにかかわった担当職員もまた、楽しく仕事をすることができた。

4 「描く」という表現

今回、参加者はまちなみに込められていた歴史・文化・技術・表現にふれ、そこから得たものを描いて表わし

絵：浜本義行講師

た。そのことが、大きな力を生み出している。この「描く」という作業に関係者はそれぞれ思い入れをもっていた。

写生の講師の浜本さんは「とにかくまちなみをよく見て描くことです」と話している。

建築士の渡邉さんも「描くことで何十回も何百回も建物を見る。だから建物についてよく知ることができる。描くことで一番喜ぶのは建物自身ではないか。描くことは建物への好意を表わし、持ち主にも気持ちを伝える。保存にもつながっていく」と言う。また、当初「参加者がまちなみを見て感じたことを咀嚼して自分のものにし、さらに外に向かって表現していく作業として『描く』ことは重要だ」と打合わせたことを覚えている。

描くことは記録でもある。なくなるかもしれない貴重な文化を書き留めることになる。また作品には描いたときの感動も記録され、描いた人、鑑賞した人の記憶にも残っていく。

上総公民館の二代目担当者の榎本さんは、「描く」ということに「思い描く」という言葉を重ねている。「人は夢を頭の中に思い描く。そして自分なりの感性を形にして具象化していく。まちを創ってきた人を感じ取って描くということは、新しいまちを創ることにつながっていくと思う」と言う。

博物館は描くことにどのような目的をもたせたのか。事業の趣旨説明の中で「見えるままの姿と美しさ、そこから浮かび上がる特徴を観察していきたい。そして、背景にある創った人の思い、町の歴史、住んでいる人の生活、そうしたものにも思いを馳せながら描いてみてはどうか」と参加者に伝えた。

そして参加者は描くことをどうとらえたのか、感想文から見てみたい。

○久留里、こんなに感動する建物があるとは、燈台もと暗し？ 古い物の良さ、年とともに増えつつあり。絵ごころまったくなし、でも夕暮れ時まで描いて楽しかった。

○まちは実際に歩いて、みてみないと本当にわからないなと思った。車からでは絶対にわからない！ さらに絵に描くことの大切さをあらためて知った。細部まで見ようとするとその一つ一つが頭にコピーされていく、すごいなと思った。〝建物が喜んでいる（渡邉講師の言葉）〟という表現がすごくいいなと思う。

こうした感想を込めた作品が地域にも伝わっていることは、先に述べた通りである。

また、地域外の写生サークルや個人が絵を描いている姿を見かけるようになった。この地域の「まちなみ」は、大きく取り上げて宣伝されたこともないので、作品展を見た方が訪れている可能性も高い。

作品がまちなみの魅力を伝え、地域の内外に変化を起こしつつある。この変化を前に、描くという表現が、視覚を通して人の感性に強く訴えるものであることを実感した。

おわりに

急速な社会の変化で、見失いそうになる地域の原点は、まちなみという地域文化の所産のなかにしっかりと残されていた。博物館はおそるおそる地域に出て、さまざまな協力を得ながら活動してきた。そのなかで、描くことのもつ力にも気づき、多くを学んだ。今後もこうした活動を続けていきたいと考えている。

ところで今、新しい可能性がこの地域に訪れている。市の計画のなかに久留里の整備構想が盛り込まれ、なかには「まちなみ」整備の項目もある。まちづくりを考える新しいグループも生まれ、活発な活動をはじめた。公民館でも「まちなみ塾」という事業がスタートし、新聞の発行や名産品の研究などをすすめている。この地域の文化が生かされたまちなみの将来を思い描きながら、博物館もまた協力を惜しまぬ用意でいる。

最後に、この事業から生まれた新たな動きをご紹介して終わりたい。

先日、地元のガイドボランティアに加入した方が「『まちなみ写生会』に参加したとき、講師が説明する姿を見て、あんなふうにこのまちを紹介できたらいいな、と思ってボランティアガイドになった」という話をしてくれた。

また、地元の建築士の一人とつながりが生まれた。見学先の方の紹介で、事業に偶然訪れたその建築士は、「目から鱗が落ちた。地元にいるのに気がつかなかった。大切なことだと思う。地元の建築士の集まりでも話していきたい」という感想をくれた。そして翌年の見学会には、仲間の建築士の方々を誘って参加された。

もう一つ、参加者のひとりから「講演録をつくりたい」という申し出があった。「このまちなみの講義は久留里市場の『宝物』だと思う。一握りの参加者が聞いただけではもったいない。地元の方をはじめ、たくさんの方に知らせたい。自分がテープ起こしをするから、冊子にして残すべきだ」という。この講演録は二〇〇五年の末に完成した。

こうした動きから、上総公民館の鈴木さんの言葉を思い出す。

「このまちを感じ取ることができれば、それが大切なのではないか。そこからまちへの新しい風が吹いていくのではないか。」

鈴木さんの言う、新しい風が吹き始めていることを感じている。

第6章　なんでもチャレンジ隊の遊びと文化

東海林　照一

1　富士見市の概要

埼玉県富士見市は、首都圏三〇キロ圏内にある人口一〇万五〇〇〇人余のまちである。東武東上線池袋駅から南北に走る急行や準急電車を利用して約二五分程度で「みずほ台駅、鶴瀬駅、ふじみ野駅」の三駅に到着する。隣接しているまちは志木市、三芳町、ふじみ野市、川越市、さいたま市で、総面積一九・七五平方キロのまちである。かつては自然がいっぱいあって緑豊かな純農村地帯であった富士見村も、昭和三〇年代後半から人口急増の波に晒され典型的なベッドタウンへと変貌した。昭和三五年度には一三五七ヘクタールあった田畑など経営耕作地は二〇年後の昭和五五年度には九一四ヘクタールにまで減少している。それは田畑の宅地化や公共用地化などが原因と考えられる。そうしたことと相俟って自然豊かだった野原や雑木林も不法投棄や乱開発にあい、清流の流れていた小川や湧水などは汚染や枯渇などの環境破壊がすすみ、その結果、緑豊かな野原や雑木林も二〇年位の歳月のうち瞬く間に消えて、「親しめる自然の喪失」や「人工的につくられた狭隘な公園」が市内の随所で当たり前の風景として見られるようなまちになった。そんな経過を経て村から町となり、さらに昭和四七年に富士見は市制施行を迎えた。現在は鶴瀬地域、鶴瀬西地域、南畑地域、水谷地域、水谷東地域、針ヶ谷地域の五つの行政区に区分けされている。

なんでもチャレンジ隊が主に活動しているのは江川、新河岸川、柳瀬川に囲まれている水谷地域と針ヶ谷地域である。またこの地域は、広く武蔵野台地と荒川の低地により形成された地形のため豊かな湧き水や多くの小川が流れ、その水を利用して田畑がつくられ、斜面林にはブナやミズナラなどの落葉樹が生い茂り、狐のかみそりやカタクリなどの貴重植物なども生育しており、四季折々の変化に富んだ土地柄である。

2 土筆を知らない子どもの話から

一九九七年六月のある日の午後、絵画サークル、書道の会、絵手紙クラブなどそれぞれ公民館活動に参加しての帰りに出会った数人のお母さんたちが水谷公民館の一階ロビーでなにやら立ち話をしていた。お母さんたちのこうした光景はいつものことであったが、この日はいつもの賑やかなお喋りとは少し様子が違っていた。そのお喋りには、無駄話的な雰囲気とは違う深刻そうな雰囲気が漂っていた。

荒田さんが「館長さん、信じられます? 今、小林さんから聞いたことですけれど、本当に土筆を知らない子どもがいるんですって」とそばを通りかかった私にはなしかけてきた。

私は、思わず「えっ、うっそ! そんな?」といってしまった。

そこにいたほかの人も「ほんと、ほんとよ、ほんとうのことなの」ときっぱり言い切り、同時に「それって、どういうことなの?」などと話しはじめたのである。

私は、「土筆は誰でも知っている」と思っていただけに、土筆を知らない子どもが本当にいたことを知らされてあらためてショックであった。当たり前と思っていたことが当たり前でないことに気づかされた瞬間だった。そんな会話がしばらく続いてから、ともかく明日もう一度このことを公民館といっしょになって考えてみようということになった。

次の日、午後から公民館の応接室に三人のお母さんが集まり、公民館からは二人の職員が同席した。意見交換は約三時間を費やし、結局のところ子どもの実態というのは、自分たちの「思い込みの認識」のうちでは把握しきれないものであって、実際に子どもたちと行動をともにすることが必要であるということに話がいたったのである。一方、今日の子どもたちがおかれている生活環境について「塾通い」、「両親の共働きによるカギっ子」、「住宅環境」、「友だちとの遊びが少ない」などいろいろな角度から問題が取り上げられ、あらためて「子どもらしい生活体験のできない環境が予想以上にすすんでいて深刻な状況にある」ということが話し合われた。そして自分たちの生活課題として、何か自分たちでできることはないか、また何かしなければならないのではないかということに話しはまとまり、まずはこのような子どもの問題に関心のある仲間を探そうということになった。

3 お母さんたちの行動

何かしなければと決めてからのお母さんたちの行動は早かった。次の日から、公民館活動に来ているお母さんたちに呼びかけが始まった。公民館だより編集委員などのほかに、子育てを終えた人、子育て最中の人などさまざまな思いをいだいて、八人のお母さんたちが呼びかけに応じて参加してきた。

ここに集まったお母さんたちはほとんどが他の市町村から転居してきた方たちで、やっとこの町にも慣れて公民館活動などにかかわりはじめ、地域社会でも活動の場を広めてきた時期であったためか、子どもをとりまく地域環境の情報についてはさまざまなことに関心をもっており、その内容が提供されるなど子どもの問題に対する関心の高さが示された。

この集まりを契機として、熱のこもった話し合いが重ねられた。自分の子ども時代を思い出して「泥んこ」になって山遊びや川遊びに興じたこと、「棒剣」を振り回して男の子を泣かせた話、「遠くまで遊びに行って、夕方帰りが遅くなり」親からひどく叱られた話など、それぞれ子どものころを回想しながら、自分たちの子ども時代と今の時代の子どもの生活環境を比較しあった。その結果、いまの子どもたちは、

(1) 自然のなかで遊ぶことが少ない生活環境にある。

(2) 地域社会においてとくに異年齢の世代の交流が少ない生活環境にある。

(3) 子どもらしい生活体験のできにくい生活環境にある。

(4) 自己表現の機会が少ない生活環境にある。

などということではないかということで意見がまとまった。そこで、子どもたちに遊びの機会づくりをするサークルを結成することを決めた。早速、組織や運営についての話し合いをし、荒田勝代さんを代表として小林昌子さん、加藤正実さん、荒井一江さん、原田琴子さん、増田美代子さん、白田幸子さん、塩野佳子さん、中林芳子さん、森千春さん、以上一〇名のメンバーでスタートすることになった。その後このスタッフのなかの小林さん、森さん、加藤さん、塩野さんは家庭の事情や転勤などにより今日までに、残念ながら退会や休会となってしまった。しかし幸いなことに新しいスタッフとして、京谷恵子さん、京谷直樹さん、山本里子さん、依田英男さんの参加があり、スタッフの顔ぶれは変わったがメンバーの数は変わらず、最初の一〇名を維持している。

4 「なんチャン隊」の誕生

水谷公民館区には、国指定の水子貝塚公園をはじめ鎌倉街道史跡、斜面林、カタクリの群生地、新河岸川《しんがしがわ》舟運《しゅううん》の河岸跡、社寺林、屋敷林、湧き水、通称どんぐり山と呼ばれている石井緑地公園などがいまだに残されており、自然と畑や水田に恵まれた野外活動をするには申し分のない環境にあることがわかった。そこでこの環境を活用して、子どもたちにはなんでも体験させてやろう、なんでも挑戦＝チャレンジさせてやろうということになりサークルの名称を「なんでもチャレンジ隊（以下、「なんチャン隊」）」と命名し、通称「なんチャン隊」と呼ぶことになった。また、この時期学校は隔週の土曜日が休日になっていて、子どもたちの休日の過ごし方が地域や学校でも話題になっていたことなどもあって、原則的には毎月の第四土曜日を活動日と決めた。参加対象は水谷公民館区の小学校（水谷・みずほ台・針ヶ谷・関沢）四校の小学一年生から六年生までとし、小学一年生と二年生は保護者同伴の参加を原則とし参加者を募集することになった。

募集に際しては、水谷公民館区の小学校四校にお願いして全校児童数分のチラシを配布していただき、地域には水谷公民館だよりに「なんチャン隊」誕生のニュースを載せ、第一回の「林の中で思いっきり遊ぼう」と銘打った事業（一九九七年一月二五日）を開催するという広報を行い、その反応を俟った。この事業が「なんチャン隊」の歴史のはじまりである。ここから「なんチャン隊」活動の第一歩は始まり、二〇〇六年で一〇年目を迎えることになる。この「なんチャン隊」に参加していった子どもの数を統計的に見れば、二〇〇五年まで参加延べ人数は総計七五〇名（うち男三三八名・女二一四名）、保護者一四九名になる。ちなみに、第一回目の事業に六歳から参加した子どもたちは現在一五歳になっており、一二歳から参加した子どもたちは現在二一歳の成人になっている。このことを思うと、「なんチャン隊」の活動の長さといかに多くの子どもたちや保護者とかかわりをもってきたかがわかる。同時に、なんチャン隊の遊びのプログラムの実施にあたっては、次に列記するように数多くの市民からいろいろなかたちでのご支援やご協力があって実現できたことも明記しておかなければならない。

一、約四〇〇〇平方メートルの傾斜林を無償でしかも返却催促（「数年間は使っていても大丈夫」といっていただいた）のあるまで使っていてよいと言ってくださった地主さん。この斜面林が「なんチャン隊の森」と名づけて占有的に使用している遊び場である。

一、「なんチャン隊の森」の遊び場づくりや山掃きのときに山や木についていろいろなお話や山掃きの指導をしてくださった材木屋のお兄さん。

一、もち米づくりのために一反の水田を無償で貸してくださった地主さん。

一、もち米づくりのために米づくりを指導してくださった農家のご夫妻。

一、収穫したもち米を「脱穀」「精米」してくださった農家の方。

一、餅つきのときに、餅つき道具一式を貸してくださった農家の方。

一、「ジャガイモ」や「サツマイモ」の体験プログラムのために二〇〇坪の畑を貸してくださった地主さん。この畑を「なんチャン隊の畑」と名づけて使用している。

一、時々、ご厚意で「ジャガイモ」や「サツマイモ」の畑の草取りや監視をして連絡してきてくださる隣の畑で家庭菜園を楽しんでいるお父さんたち。

一、陶芸教室のときに指導してくださった公民館で陶芸サークル活動をしているグループの会員の方々。

一、そのほかにも、その事業ごとのいろいろな教材やノウハウなどを提供してくださるボランティアの大学生や地域の方々などである。

このように、なんチャン隊の活動はいろいろな方々のご協力を得ていろいろな事業が実施されてきている。

今日までの事業概要は紙面の関係上、なんチャン隊の発足の年の一九九七年度と、はじめて年間を通して活動をした一九九八年度・一九九九年度そして二〇〇〇年一月（この年以降は、いくつかの特別事業はあるものの、ほぼ似たような内容の事業になっている）についてのみを次表で紹介するにとどめるが、過去九年間の特徴として野外活動を中心とした事業が多く企画されてきている。この内容は当初話し合われていた「子どもたちを自然のなかで遊ばせたい」というお母さん方の思いを重要視したことのあらわれであり、主に野外活動のなかで得る感動や学びなど、自然がもつ教育力に期待して遊びを意図したものであることが見て取れる。

なんでもチャレンジ隊年度別事業一覧

事業年月日	事業名	内容	会場	参加人数
一九九七年 平成九年 一月二五日（土）	林の中で思いっきり遊ぼう （パート一）	草笛・笹船・木登り・など自由等	八幡神社・大井戸の湧き水・どんぐり山	子ども　三六名 保護者　七名 スタッフ　一一名
一九九八年 平成一〇年 三月一四日（土）	春です、林で遊ぼう （パート二）	自然探検・生き物探し・シノダケノの箸つくり	なんチャン隊の森	子ども　三七名 保護者　一〇名 スタッフ　二名
七月一八日（土） 七月二六日（日） 八月　六日（木）	陶芸教室 お皿をつくろう	粘土遊び・お皿つくり 釉薬かけ・窯入れ 窯だし	水谷公民館 彫る・工作室 陶芸窯	子ども　三九名 保護者　一一名 スタッフ　一六名
五月　二日（土） 六月一四日（日） 七月二六日（日） 八月二九日（土） 一〇月一八日（日）	もち米つくり	種籾蒔き 田植え 草刈とカカシつくり 草刈り 稲刈り・矢来かけ	水谷の田んぼ	子ども　三七名 保護者　七名 スタッフ　二名

事業年月日	事業名	内容	会場	参加人数
一一月 八日（日） 一二月二六日（日）		脱穀・籾摺り・わら運び もちつき大会		
一一月二二日（日）	初冬の林で遊ぼう （パート三）	落ち葉掃き・湧水で池つくり・バーベキューで昼食	なんチャンの森	子ども 五〇名 保護者 一二名 スタッフ 一五名
一九九九年 平成一一年 四月二四日≪土≫	春の林で遊ぼう （パート四）	どんな生き物がいるかな 樹木の水の吸い上げる音を聞いてみよう	なんチャン隊の森	子ども 三八名 保護者 七名 スタッフ 一三名
五月 八日（土）	草木染め体験	タンポポ染め	なんチャン隊の森	子ども 三六名 保護者 九名 スタッフ 七名
一一月 三日 （祝日）	秋の林で遊ぼう （パート五）	サツマイモ掘り 林のなかの遊び発見	なんチャン隊の森	子ども 五四名 保護者 五名 スタッフ 一〇名
二〇〇〇年 平成一二年 一月 八日（土）	新年会	餅つき大会・映画会・ゲーム	水谷公民館・ホール・中庭	子ども 四四名 保護者 四名 スタッフ 一一名

5 活動の記録から

それでは、いままでの野外活動事業から自然のなかで遊ぶ子どもたちの様子を取り上げて、子どもの「遊びと文化」について考えてみたい。

はじめに、第一回目の「林の中で思いっきり遊ぼう（パート一）」を取り上げ、そして次に今までに実施してきた「農体験」のなかからみた子どもたちの様子を取り上げる。

(1)「林の中で思いっきり遊ぼう(パート1)」の取り組み

第一回目の「林の中で思いっきり遊ぼう(パート一)」では、はじめての事業への挑戦なのでとくに定員を決めないで様子を見ることにしての公募であったが、結果的には三六名(男の子どもたち一七名・女の子どもたち一九名)と七名の保護者の参加があった。予想外だったのは、参加者のなかに兄弟姉妹はいないが就学前の男の子二名と女の子四名の参加希望があったことである。このときは保護者同伴という条件でみんなといっしょに遊んでもらったが、この参加のしかたについては予想していなかった。このことは「なんチャン隊」として今後の参加対象を決めていくうえで新しいテーマになり、今後もこのようなことはありえると話し合った結果、これ以降の事業に就学前の子どもたちの参加も保護者同伴という条件で受け入れることになった。それはともかくとして、第一回目の「林の中で思いっきり遊ぼう(パート一)」は、午前九時に公民館へ集合し、子どもたちを四班に分け各班二名のスタッフを担当者として配置し、さらに一名の男性の協力者と公民館の男性職員二名をオタスケマンとして加えて編成し、オリエンテーションの後、公民館から一周約四キロほどの道程のそれぞれにある会場をめざし賑やかに出発した。遊び場には第一ポイントとして鎌倉街道と八幡神社を、第二ポイントとして雑木林のなかにある大井戸の湧水を、第三ポイントには「どんぐり山」と呼ばれている石井緑地公園を会場とし、それぞれの会場に合わせた「遊びのプログラム」が準備された。

第一ポイントの八幡神社では、境内にあるさまざまな草の葉を使って「草笛」を吹いてみようということにしていたので、最初から「実演」をしてもらい、一通りの説明を終えてから、あとは班ごとの自習で草笛に挑戦してもらった。最初のうちはなかなかうまくいかなかったようだが、何度か失敗を繰り返しながら練習しているうちに「ブー」とか「ピウー」とか草笛からなんとか音が出せるようになった。「鳴った鳴った」といって大喜びしたり、「聞いて聞いて」と得意げにはしゃぎながらスタッフまで教えにくる子どもも出てきたりして賑やかな場面が各スタッフのところで展開された。なかには、何度挑戦してもうまく音が出せなくて、悔しそうに指導員に「どうやってやるの」と訊きにきて何度も挑戦する子どももいたりして、ほとんどの子どもが草笛に興味を覚えてくれたようであった。ワイワイガヤガヤ話しながら、子どもたちと指導員との会話が弾んだ。「この葉っぱは鳴るけどこの葉っぱは鳴らない、なぜ」とか「葉っぱによって音が違うね」とか「この葉っぱのときは思いっきり吹かなければ鳴らないけれど、この葉っぱのときは思いっきり吹かなくても鳴るよ」など、草が鳴るというはじめての体験から知る発見やささやかな疑問が生まれた。そういう経験の感動が、鳴りやすい草を探す行動や子ども同士で教えあったりするその姿に表現されていた。また、いろいろある草のなかから、自分の探している草を見つけ出したときの嬉しそうな顔や眼差しは、ふだんでは見られないほど表情豊かな輝きであった。このように、草笛を楽しみながら、第二ポイントの「大井戸の湧水」をめざした。

第二ポイントの「大井戸の湧水」では、周辺に茂っている笹の葉を利用して「笹船」をつくって、湧水のせせらぎに流したりして水遊びをした。しかし、この年の水量はきわめて少なく、とても三六名の子どもたち全員が遊べるほどの状態ではなく、希望者八名ほどの参加者を残し、残念ながらその他の子どもたちは早々に次の遊び場である「どんぐり山」へと移動した。笹船流しを行った子どもたちも二〇分ほどで「どんぐり山」に到着し全員と合流した。

第三ポイントの「どんぐり山」での遊びは小林さん担当の「暗夜行路」、森さん担当の「リースづくり」、荒井さん担当の「ロープめぐり」、塩野さん担当の「木登り」、荒田さんと増田さん担当の「崖すべり」、原田さん担当の「ターザンごっこ」、中林さん担当の「木の実遊び」など七種類の遊びのコーナーを準備していた。この第三ポイントの「どんぐり山」での遊びは企画の段階から、班単位の活動はできなくなると予測していたので遊びの選択は子どもたちの自由とした。そして、三名の男性オタスケマンは、全体状況を把握しながら安全確認やコーナーごとに随時要請されるSOSに対応できるようにと申し合わせをし、いよいよ正午まで一時間三〇分ほどの自由遊びが始まった。子どもたちは遊び開始の合図とともに、いっせいに思い思いのところに弾けるように飛び出していった。はじめのうちは、自分の遊びを決めて素早く行動する子どもと、決めかねてきょろきょろしている子どももいたりしたが、それもつかの間、遊びの選択に迷ってうろうろするような子どもの姿はみられなくなった。そのうちに、ある程度その場所で遊ぶと次の遊びへと、次から次へ適時移動を繰り返して遊ぶようになっていった。そして、自分の気に入った遊びコーナーを選んで集中して遊んでいる子どもたちと、まだ遊びコーナーの移動を繰り返して遊んでいる子どもたちという具合に行動パターンもいくつかでき、子どもの動きも多様になっていた。

そんななか、「ターザンごっこ」遊びコーナーのところで騒ぎが起こった。このコーナーは、木の枝からロープを垂らしてあるので、子どもたちはそのロープにつかまり揺れながら遊ぶようになっている。子どもたちには人気のあるターザンごっこ遊びである。その騒ぎの原因は「我先にと順番を乱して割り込んだ」元気のよすぎる子どもと順番を守って遊ぼうとしている子どもたちとの間に起こったモメゴトである。威圧的に自分の主張を通そうする子どもとそれに異を唱えて文句を言って抵抗している子どもたちとの小競り合いは、とっくみあいの喧嘩にはならなかったが、口論となっていった。まもなくほかの子どもたちも加わり口論はしばらく続いた。しかし、順番を乱して割り込んできた元気のよすぎる子どもは順番を守って遊ぼうとしている子どもたちの抗議の声には「不当な我」を張れなくなり、ついには一五名ほど順番待ちをしている列の最後尾で順番を待たされるという結果になり、騒ぎは収まった。この日の「どんぐり山」における遊びでは、この事件があったためか、それ以降は目立った騒ぎは起きなかった。このことは、子どもたちは遊びのルールづくりや自己規制の心をこのモメゴトのなかから自然に学んでいるということを示してくれている。このときの出来事は、遊びを「学びの機会」としてしまう子どもたちの能力こそが子どもたちの生活文化なのではなかろうかと考えさせてくれた。

「どんぐり山」でのコーナー遊びも時間が経つと、子どもたちはそれぞれの遊びコーナーを離れて、三々五々、年齢に関係なく少人数のグループに分かれて、用意されたプログラムにはない「追っかけごっこ」や「かくれんぼ」を始めたのである。何がきっかけで、誰が言い出しっぺであるのかはまったくわからないが、とにかく広いどんぐり山を縦横無尽に走り回り、転んだり、隠れたり、奇声をあげながら駆け回り、息をはずませて遊びはじめたのである。この自然発生的に始まった「追っかけごっこ」や「かくれんぼ」は最後まで続き、なにやら子どもたちには「遊び足りなさ＝遊びの余韻」を残しての帰りの時間となったようであった。実に子どもは「遊びを考え出す天才」であり、「運動エネルギーの塊」であると実感させられた。そして、このどんぐり山での子どもたちの生き生きと活発に振る舞う姿、また明るく楽しそうに走り回る姿を見るにつけ、やっぱり「遊びは子どもの本分」であるとあらためて認識させられた。

(2)「農体験」の取り組み

農体験では、一九九八年を例に見てみる。このときの農体験は、綿づくりなどを交えながら「もち米づくり」と「ジャガイモづくり」と「サツマイモづくり」を中心に実施している。この事業は、いまや子どもたちにとってはお楽しみプログラムのひとつになっているようである。田んぼや畑の耕作や、苗植えまでの田んぼづくりや畑づくりは農家の方たちや指導員によって行われるので、実質的に子どもたちが参加しての農体験は「苗の植え付け＝田植え」から始まることになる。

この年の「もち米づくり」は、五月二日に「説明会のあと種籾蒔きの見学と実習」をし、六月一四日に「田植え」をした。七月二六日に第一回目の「草取りとカカシづくり」を実施し、八月二九日に第二回目の「草取り」で汗を流し、この後なんチャンの森で「山遊び」をした。一〇月一八日に待望の「稲刈り」と「矢来掛け」で稲の自然乾燥の知恵を学び、一一月八日には「脱穀と籾擂り（農家の方に依頼）」を見学して玄米のお米との対面をし、残された「藁や籾殻運び」をした。この日は参加者全員で収穫の喜びを分かち合いながら、ひとり一キロのもち米の配給をして解散した。そして一二月二六日には共有米を使い「もちつき大会」を行い、みんなで大きさや形の不揃いのあんこ餅や黄な粉もち、大根の辛味もちづくりをして、にぎやかに楽しんだ。このように「米づくり」は季節（月）ごとに作業内容があり、そのプログラムのなかに遊びの要素も準備されているわけである。この「もち米づくり」で子どもたちは「いろいろなはじめて」に出会い感動したり、感心したり、興味をもって、一生懸命に農作業（遊びとはいえない労働作業）を経験した。「籾」が「米の種」であるとはじめて知って「ウッソー」と驚き、苗とりのときには根っこの数多さに感心したり、田植えのときは「腰が疲れた・痛い」などといいながらも慣れない手つきで苗うえをした。田んぼのぬかるみに足を取られて「アアッ……バッシャン」と転んで泥だらけになり大騒ぎしながらも、田植えが終了して歓声を上げるなど、ひとつの作業目的を成し終えた達成感を味わっているようであった。また、カカシづくりのときはボロ布や荒縄などを使い、班ごとの共同作業で思い思いの格好のカカシづくりをして「可笑しさや面白さ」を競ってはしゃぎ合うなど、誰の顔も屈託のない明るく解放的な表情をみせていた。

ところで、この農作業のなかでそれ以上に印象的で考えさせられたことがある。それは、遊び感覚で参加しているはずの子どもたちなのだが、米づくりやジャガイモづくりなど農作業のたいへんさや苦労の実感は、もはや「遊び」の範囲を超えた「労働」と感じたようで、休憩の後や作業開始のときに「仕事」に行こうとか、「仕事」

をしようかなどと子ども同士の言葉のやりとりがあったことである。もちろんここでは「遊び」と「労働や仕事」との関係を意識しての言葉ではないと思う。また、なんチャン隊の農体験の目的は、野外の遊びを楽しませたいということや、遊びのなかでもち米やジャガイモやサツマイモなどを栽培して収穫の喜びを味わってもらおうということであって、それ以外のことを意図したものではなかった。しかし、このような農体験の「遊び」の場面で農作業を「仕事」と表現し言葉のやりとりをした子どもたちは、「遊びと仕事」の違いについて、理屈抜きで体験のなかから肌で感じ取ったようなのである。この現象は、「農体験＝遊び」のもつ教育力が子どもたちの感性を刺激し「遊びと仕事」の違いの感覚を耕した証ではないかと思うのである。このように考えると、この「農作業」事業は、作物の収穫の喜びとともに「仕事」という言葉のもつ意味や概念の実感をも収穫したことになる。このときの子どもたちの言葉は、まさに「遊びの体験から生まれた言葉」ということもできるのではないか。この事例は、「遊ぶことの意味」と「まなぶことの意味」との関係性を意識させるには十分なことである。九年間にわたり実施されてきた他のいろいろな遊びにおいてもこれに類するような場面はあった。ここではそのいちいちについての紹介はできないが、たとえば、春の「林で遊ぼう」で「樹木の水の吸い上げる音を聴診器などで聞いたとき」の驚き、面白さ、知った嬉しさなど。田植えでかえるや水生昆虫を見つけたときの興奮や捕獲するときの真剣さなど。また、ジャガイモづくりやサツマイモづくりのときに必ず行う虫探しの夢中さ。なんチャンの森のなかでの、探検ごっこやイタヅラ、ふざけっこの喜喜とした表情。万華鏡づくりやミニ凧づくりのときのいろいろな不慣れな道具への挑戦。ジャガイモ料理教室で調理を学んだときの緊張感や調理ができて少しの自信を得たときの喜び、などの場面がそれである。

以上、大まかではあるが「なんでもチャレンジ隊」の遊び事業のなかから「林の中で思いっきり遊ぼう（パート一）」と「農作業」を中心に子どもたちの遊びについてみてきた。次にこれらの事例をふまえて子どもにとっての遊びの意味を探り、いくつか検討してみたい。

6 子どもにとっての遊びの意味を探る

「なんでもチャレンジ隊」は、「土筆を知らない子どもの話」に端を発して、子どもたちに遊ぶ機会をつくるサークルとして誕生したが、子どもにとって「遊び」の意味とは何か、子どもの成長にとってどんな影響があるのか、など検討課題をかかえながら前述したようないろいろな事業を実践してきた。以下、その内容を箇条的に点検してみたい。はじめに草笛を楽しむ遊びを取り上げた。野の草木を対象にした遊びはその植物のもつ特性を利用するので、路傍や野原に多く茂っている雑多なもののなかから適当なものを見いだすには、植物を見分ける一定の知識が必要となる。また、同じ植物でも季節ごとの変化に気づき新たな興味や感動が生まれることもある。そして、なによりも、季節や周辺状況といった、いわゆる環境にまで関心が深まることである。このことは自発的主体的な学び、すなわち知る、探す、見分ける、見つける、考えるなどの学習の原点を孕んでいることになりはしないだろうか。

次は、どんぐり山の遊びを取り上げた。準備された七種類の遊びよりも自然発生的に始まった遊びの方が盛り上がりを見せた。このことは、準備された「遊び」に参加するよりも自由に「遊び」をつくってしまうほうが楽しいということの表われなのではなかろうか。遊びが異年齢集団の子どもたちであっても、楽しさに引かれ、興味やおもしろさを追求していくことのほうに魅力を感じるのであると思う。これらのことは、子どもたちの文化性と主体的な学習能力の内容を表わしているといえないだろうか。また、この年代の子どもたちの心身の発育状況は、発達段階に沿っているとはいうものの異年齢集団では個人差により異なるわけである。幸いに、こうした遊び集団のなかでは、子どもたちは自らの能力や経験により遊びの程度を自主的に調整しているようである。たとえば、ターザンごっこコーナーで見られたモメゴト事件は、自我の主張から発生したことであるが、ここでは、友だち同士がぶつかりあい、反発したり、納得させられたり、なだめられたりしながら、最後のところはともに鍛練しながら育ちあっていくという教育環境をつくっているようにもみられた。

次は、農作業体験の場面である。ひとつ目には、米づくりを中心とした「農作業体験」は、作物の種まきからはじまる成長過程の変化との対話が基本である。まさに季節を感じ、自然を観察することが求められる作業である。二つ目には、先人が残してきた「農法の歴史」を伝えて、そのことを体験させるということである。三つ目には、農作業の道具の名前や用語などの知識の習得は実体験でなければ理解できないことである。「遊びと仕事」の違いのところで述べたが、まさに遊びの体験から生まれた言葉「仕事」についてはこのことに関係したことといえよう。四つ目には、農作業は常に「五感（見る・聞く・嗅ぐ・味わう・触れる）」が大切な要素であって、心身の健康状態が重要であるということである。このように農作業においては学ぶ内容が豊かにあり、はじめての遊びや仕事の体験はずいぶんと貴重なものであるといえよう。

このように、子どもたちにとって「遊び」というものは、身体的要求や精神的な望みを満たしてくれるものであり、同時に自由で楽しいものでなければならならない。しかも自然や社会とのふれあいを豊かにし自らを鍛えていくというものである。そこで、こうした見地よりなんでもチャレンジ隊の事業のあり方について要約すると、次の六項目に整理できる。

(1)　自然とのふれあいを豊かにしたこと。
(2)　社会体験や生活経験を豊かにしたこと。
(3)　仲間との会話によるコミュニケーションができたこと。

(4) 子どもたちの要望を可能な限り実現したこと。
(5) 健康の維持管理に気をつけたこと。
(6) 自主的な学びの姿勢を育てたこと。

このような条件や環境を大切にした「遊び」では、子どもたちものびのびと行動し、自主独立の姿勢と子どもらしい、適応力を発揮して、人格をゆたかに発達させていくだろう。

なんチャン隊は、自然がもつ教育力に期待し「子どもたちを自然のなかで遊ばせたい」というお母さん方の思いから発足したが、その「遊び」の事業の意味はここにあるのである。

おわりに

「土筆を知らない子どもの話」が発端となって結成された「なんでもチャレンジ隊」も一〇年目を迎えた。九年間の事業のなかから「遊びと文化」をテーマにレポートした。

おしまいに、荒田代表の「九年間の活動を振り返り」と題する寄稿文と参加者のお母さん笹木さんからのお便りを載せさせていただくことにする。

荒田代表の「九年間の活動を振り返り」……九年前、子どもに自然体験をさせようという話は、戦前に生まれた私にとって「これはいったいどういうこと？　親はいったい何をしているの？　納得がいかない」。こんな思いで話を聴きながらも、熊野の山や海や川で遊んだ子ども時代の体験を生かせるかな？などと思ったりもした。一方、そんな思いも「安全第一・危険と隣り合わせでやることはだめ」の風潮……じゃあ何をすればいいの？と悩みは深くなるばかりでした。幸にも集まったスタッフは、子どものころ自然のなかで遊んでいたという、子育て中のお母さんたちです。そのなかで一番年長ということで、代表にされてしまった私です。

さて、当初は活動日まで、毎日毎日が準備で追われました。前夜は心配で眠れず、寝不足のまま夜が明けることもしばしばありました。要は子どもたちが楽しく遊ぶ中で、気遣いや相手を労わる気持ちを吸収するなどの学びがあればよいと思っていました。ですから子どもたちや保護者から「参加してよかった」「参加させてよかった」という言葉を聴いたり、感想書きを読んだりしたときは、「なんチャン隊をやっていてよかった」とスタッフみんなの顔が自然にほころんでくるわけです。しかし、計画通りにはいかないこともあります。計画通りにできなかったときは「ごめんね」と謝ります。子どもたちがよく遊んだり働いたりして「ほめる」ことを繰り返しているうちに、スタッフも子どもたちも一家族のような雰囲気がかもし出されてきたように思えるこのごろです。

笹木さんからのお便り……我が家では、現在一四歳の長男と九歳の長女を五年ほど前からなんチャン隊に入隊させています。入隊の理由は、個人ではできないことを体験させたいと思ったからです。なんチャン隊の活動で畑を利用し、サツマイモやジャガイモの種まきから野菜ができるさまを、自分の目で見て、収穫まですることは、子どもたちにとってとても貴重な体験だと思います。それから夏の「貝塚まつり」に参加し、出店で水風船つくりや売り子さんのお手伝いをして、たくさんの人たちとかかわることができるのは楽しいようです。とくに我が家の子どもたちは、毎年楽しみにしています。いま、中学生長男もOBとして短時間ですがお手伝いさせていただいています。他校の子どもたちやなんチャン隊のお世話係りの方々と出会って、そのなかでさまざまな体験をし、学ぶことは、子どもたちにとても有意義なことだと思います。最後になりますが、いろいろなイベントを企画し、子どもたちのお世話をしてくださるなんチャン隊の方々には、ありがとうございます。これからも、よろしくお願いいたします。

以上がお二方の文章です。この文章によって、本レポートに表わせられなかったなんチャン隊の雰囲気を少しでも感じていただけたらばありがたいと存じます。

第7章　高齢者・障害者の表現活動

草野　滋之
新藤　浩伸
飯塚　哲子

はじめに

表現活動や文化活動は、人間が生まれながらにしてもっている根源的な欲求に根ざすものである。生きることと表現することとは不可分のものであり、絶え間ない表現への模索が、人間の人生を彩り深いものにしていく。とりわけ、身体的・精神的な障害をもっている人、病気で苦しんでいる人、人生の年輪を積み重ねてきた高齢の人、突然の災害や不幸に見舞われた人、こうした社会的に弱い立場におかれ、傷つきやすく困難な状況にある人々にとって、表現活動や文化活動との出会いは、新しい人生の扉を開く重要な機会となるのではないだろうか。

作家である大江健三郎は、脳に障害をもって生まれてきた息子の光さんが、鳥の鳴き声に反応を示し、それが他者や外的世界と交流する重要な糸口となり、音楽の世界への扉を開くきっかけとなったことを、感動の思いをこめて、繰り返し述べている。こうした経験は、人間という存在がもつ限りない可能性と、未来への希望をさし示すものであり、また、音楽をはじめとする芸術に内包されている深い意味を暗示するものである。

近年における、「福祉文化」という概念の広がりの背景には、こうした、従来は福祉サービスの対象として位置づけられていた人々が、表現・文化活動の担い手として、新しく登場してきたことがあるだろう。一番ヶ瀬康子は、「福祉文化」の概念を、「自己実現をめざしての普遍化された〝福祉〟の質（QOL）を問うなかで、文化的な在り方を実現する過程およびその成果であり、民衆のなかから生み出された文化」と定義づけ、その背景として、福祉の現場での文化活動の広がり、福祉のまちづくりや高齢者・障害者自らが創造する文化への注目、高齢者の生きがいづくりのなかでの文化活動の広がり等をあげている。[1] これらの活動は、いわば、「福祉」と「文化」の接点に位置づくものであり、「福祉」の概念を広げ深めていくとともに、「文化」の概念の新たなとらえなおしを迫るものであった。栗原彬は、「障害者のアートには、既成の文化コードを切り裂く力がある」とし、「障害こそは、市場で流通している『健常者』のモードを横断する表現方法と未踏のアートの源泉」であると述べ、障害者が創造する芸術のもつ積極的意義を強調している。[2] 私たちが、高齢者・障害者の表現創造活動にふれたとき、既成の文化概念やイメージを突き崩されるような、なんともいえない深い感動にうたれる経験の意味を、この栗原の指摘は鋭く表現している。

本稿では、このような問題意識に基づいて、高齢者・障害者の文化活動、表現活動の取組みを、具体的な実践を取り上げて紹介するとともに、その意味についても考察していきたい。前半では、東京・日野市の公民館での高齢者学級をきっかけにして始まった、高齢者劇団「ごったに」の活動を取り上げる。そして、後半では、ベートーヴェンの「第九」の演奏・合唱活動に取組み、海外へも公演するなどして注目されている、地域の障害者福祉の団体「ゆきわりそう」の活動を取り上げてみたい。

1 高齢者の表現・文化活動の展開

(1) 高齢者の「生きがい」探求と表現活動

「定年後」の人生をどうすごすか、これは超高齢化社会を迎えつつある現代日本において、多くの人々の関心を集めている重要なテーマである。老後の生活は、かつては「余生」という言葉で表現されたが、人生八〇年時代となった現在では、人生の第二・第三の舞台としての意味をもつようになってきた。数年前に、岩波書店から刊行された『定年後―「もう一つの人生」への案内―』(一九九九年)には、「私の定年後」と題する公募手記が全部で二六篇収められている。そこには、二六人それぞれの個性にあふれた「第二の人生」への模索の試みが示されている。

ある人は、若いころにいだいていた、文科系の勉強をしたかったという思いが蘇り、社会人入試に挑戦して、若い学生たちにまじって大学生活を楽しんでいる。また、少年時代の憧れであった「楽器を弾きたい」という夢を実現するべく、ピアノ教室へ通い始めた人もいる。高齢者の表現・文化活動の広がりの背景には、こうした、長い間胸の奥に秘められてきた思いや、ひそかな憧れが、何かのきっかけで溢れ出してくることがあるのではないだろうか。最近話題になった、演出家・蜷川幸雄が主宰する高齢者劇団「さいたまゴールド・シアター」のオーディションには、全国から一〇一一人が集まったという。[3] 劇団員募集に応じた高齢者の人々の動機はさまざまであると想像されるが、かつての若い青春時代の演劇の経験が、数十年の歳月を経て再び蘇ってきたことがあるだろう。

また、一九九〇年代半ば以降、全国各地で結成が相次いでいる高齢者協同組合の活動も、「自分史」をつくる活動や、ベートーヴェンの「第九」の演奏・合唱活動に取り組むなど、表現・文化活動がひとつの柱になっており注目される。高齢者協同組合の活動の柱は三つあり、第一に「福祉」（介護・給食・共同購入・健康関連）、第二に「仕事」（仕事おこし・農業など）、第三に「生きがい」（講座・同好会・旅行・文化関連）であり、文化活動は、重要な活動の柱になっている。ひとりひとりの高齢者が、人間らしく生き、人生の最後まで輝きをもって生きていくという理念が、その根底にはある。表現活動への取組みは、こうした理念を実現していくうえで、不可欠なものなのである。

高齢者の介護保健施設においても、演劇や音楽を積極的に取り入れていく試みが展開されており、今後の動向が注目される。たとえば、北海道の「老人保健施設ふらの」では、演劇を高齢者・地域住民・子どもたちでともに創り、観劇する活動が行われている。その中心となっている作業療法士の川口淳一は、「老人保健施設は単に介護を提供する場ではない。高齢者のなかに潜む可能性を見出し、引きだし、それを家族や本人と喜び合うことこそ、本当の老人保健施設の役割があると思う」と述べ、そのような可能性を引きだし、高齢者と家族、あるいは高齢者相互のコミュニケーションを深めていくうえで、「演劇」という文化のもつ意義を強調している。[4]「演劇には介護だけではない「何か」を提供できる懐の深さがある」という川口の言葉には、実践現場での経験に裏づけられた説得力がある。

これから紹介する、高齢者劇団「ごったに」の活動の分析を通して、川口の指摘する、「演劇」という文化のもっている可能性、高齢者が演劇活動に取り組んでいくことの意義が、より鮮明なものとなるであろう。

(2)「日野ごったに劇団」の実践とその意義

高齢者演劇「日野ごったに劇団」の誕生までとその後の活動について、日野市中央公民館職員、コミュニティワーカー佐藤章夫（本稿では敬称略）を訪ね（二〇〇五年一二月二七日）、その後「日野ごったに劇団」の稽古場である日野市中央公民館高幡台分室にて、役者であり代表を勤める中根友子を訪ね（二〇〇六年四月一二日）、現在の活動についてうかがった。

① 「日野ごったに劇団」の誕生――健康体操から演劇活動へ

佐藤が日野市中央公民館に赴任したのは一四年前のことである。まず高齢者を対象とした事業を担当した佐藤は、高齢者の健康づくりについて、健康づくりの運動をいっしょになって考えてくれる演劇の専門家を求め、大多和勇（演劇企画「くすのき」代表）と出逢うことになる。演劇を取り入れた健康体操は、当初健康づくりが主、演劇を通した表現が従であったが、次第に演劇を通した表現の方に比重が置かれるようになった。

佐藤が高齢者の健康づくりに演劇を取り入れたのは、従来の高齢者健康事業で行われている健康体操に疑問をもったことがきっかけであった。高齢者に「年老いてしまった人」として接するのではなく、高齢者には高齢者の健康づくりの方法があるのではないかとの思いがあった。実際、演劇を取り入れた健康体操は、高齢者にとって未知の活動であったが、演劇を通して「ふだんなれない自分になれる」ことを実感した高齢者自身の驚きの表情、声があった。「ふだんとちがう自分に出あえること」「ひとりひとりが毎日のなかで大切な存在であること」「人間として生きていること」を実感してほしいし、それを伝えていきたいという佐藤の思いが、「日野ごったに劇団」旗揚げのきっかけのひとつとなった。劇団名の「ごったに」は、「ひとりひとりの持ち味が合わさってもといい味がでる」という思いが込められ、佐藤と劇団員とで考えられたものである。

団員は、新聞の折り込み広告などを通して五五歳以上として募集し、一九九五年に旗揚げした。現在は団員数七名である。旗揚げ当初からのメンバーは三名。公募を見て、九〇歳を超える男性も参加した。新潟県越後湯沢に引っ越したメンバーは、現在も週一回の稽古に新幹線で通っている。

② 現在の活動

当初は、日野市中央公民館を稽古場の拠点としていたが、いまは主として日野市中央公民館高幡台分室を使っている。月二回、午前一〇時から午後五時までを稽古時間に当て、公演が近くなると月二回が週一回、さらに週二回になる。

一九九五年の旗揚げ以来、宮澤賢治、小川未明、新美南吉などの作品をできるかぎり原作のまま、「読み、語り、演ずる」というスタイルで公演を続けている。立川市で開催される「たちかわ・真夏の夜の演劇祭」には、一九九六年から毎年参加し、二〇〇六年は「花さき山」「大人のためのグリム童話」の上演を予定している。そのほか、地域の保育園、児童館、公民館、通所介護施設などでの上演も、劇団のライフワークとして取り組んでいる。二〇〇五年には、これに加えて、「オレオレ詐欺の手口」というタイトルで、立川市警察の現役警察官とともに舞台をつくり、振り込め詐欺撃退キャンペーン活動を行っている。

③ ごったに劇団の活動が結んだ地域交流

地域の保育園から毎年依頼があり「桃太郎」を上演したりしているが、東大和市や小金井市の公民館祭りに招待され演じたりと、活動は地元地域を越えて行われている。昨年は、小学校から依頼があり、「はちかつぎひめ」を体育館で上演した。小学校という空間で、できるだけ早い時期に、ふだんの生活のなかで美しく響く日本語の表現、失われつつある言葉の美、仕草の美について知り接してもらいたい、という願いを込めての上演であった。

最近ブームとなっているさまざまな朗読の会や「声に出して読みたい日本語」から始まった日本語を見直す運動

は、「ごったに劇団」が発足以来変わらずに実践していることである。そのままにしていれば、時とともに消え去ってしまう市井のことば、仕草、文化を伝えていく活動を、ささやかであるが、声高でなく小さな声で続けている。これは、文化の世代間継承の取組みとしても重要な意味をもっており、今後も小学校でのより多くの上演が待たれる。

④ 参加者の学びと変化

「ごったに劇団」を通しての学びについて、旗揚げのきっかけとなった「健康体操」の講座を担当したコミュニティワーカーの佐藤、劇団代表を務める中根、それから団員であり広報担当の藤井に話をうかがった。

佐藤は、「演劇を通じて団員は劇的な変化をとげるんです。スポットライトが当たる場所で、稽古を積み重ねてきたことを発表する、実践する。そしてそれが終わったときの爽快感。私はこんなことができた、という実感から自分自身が変わっていくんです」と語った。

中根は、「舞台で上演しようとするときには、どんなに小さい舞台でも演じ手自身が達成感を味わうものでありたい。稽古ではもっといいもの、もっといいものをめざし、必死でがんばる瞬間があり、本番では、やってきたことを表現した後の達成感を味わう。たとえ一瞬でも、その一瞬をより完成度の高いものにする。役者は一瞬でも、おお、と思ってもらうことがないと、むなしい」と語る。中根は「ごったに劇団」のほか、「和組（わぐみ）」という演劇集団の代表でもあり、歌舞伎などの日本伝統芸能にみられる固有の所作、日本語のもつ伝統的な五七調の響き、調べの美しさを追求し、公演を重ねている。

藤井は、自らの学びについて次のように語ってくれた。「舞台に上がり役を演じるというよりは、舞台をつくるところのゼロからスタートし、みんなで本番にもっていく、その過程が一番楽しい。その後にうまくいけば達成感が楽しい。役に関係なく、一人ではやりとげることができないことを、みんなの力でつくり上げていくおもしろさがある。」このように演劇を通した出逢い、かかわりのなかで創造するという過程そのものに意味を見いだしている。「毎年毎年、自分のなかでハードルを高く上げていく。ここまでいける。自分自身への要求度が上がっていく。年齢とともに上がっていく。ちょっときつめで、ちょっとたいへん、というところを目標にする。それを超えたときの嬉しさがある。それが自分の生活や生き方にも反映してくる。どうでもいいと思い始めたら、家のなかのこともどうでもいいと思うようになってしまう。誰も文句を言う人はいない。だからこそしっかりやらないと、と思う。」活動を通して自分自身の生活を見直していること、積極的な日常への参加と前向きな生き方に結びついていること、がうかがえる。

「演劇をやっていると病気もしてはいけない。毎日の生き方、過ごし方一つ一つを意識する。続けることは本当にむずかしいが、演劇のための訓練やヨガは夜中にやり、筋力トレーニングにつなげていく。舞台で自分を人前にさらす。だから見えない部分で努力する。せりふがあってしゃべることは楽であり、かえってせりふがなくじっと舞台に立っていることはむずかしい。舞台の上で見せるだけで形になるためには、歩き方一つでもむずかしいし、それは生き方、日常生活につながっている。おじいさんを演じるとき、おじいさんを毎日観察する。一日中男の人の歩き方、タバコの吸い方、電車の中の様子を、目を凝らして観察する。すると何気なく見過ごしているなかに大事なことがあることに気づく。」演劇は藤井にとって舞台の上の自己のみならず、日常生活の自己を自律的なものへと誘っている。また、「観察」は役づくりの視点を超えて、たしかに生きている自分自身と同時代に生きている他者とのかかわりを実感することへとつながっている。

⑤　高齢者が演じることの意味

最後に、高齢者が演じることの意味、高齢者だからこそできる表現について尋ねた。「ささやかで小さな活動だけれども、何か発信できることを続けていきたい」という藤井の思いは、団員の高齢者観にもつながる。常に何かを与えられるもの、保護される立場、というよりもむしろ、自分から発信していく存在であることを団員全員が自覚している。藤井は続けて「そしてなにより、いっしょに同じ方向をめざしてやっていく人間の集まりが『日野ごったに劇団』なのです」とも言う。

さらに昨今の日本語をとりまく状況について、「ひと昔前は市井でも、着物をきて生活するというのが普通のことだったの。ことばや仕草は、それぞれの時代の人々が使う流動的で創造的なもので、留めることはできないものだけれど、だからといってただ黙って見ているわけにはいかない」という自らの思いを語る。藤井は「けっして声高でなく、小さな声で発信し続けていくこと」を大切にして齢を重ねているからであろう、「排除されたもののなかにこそ小さな宝物がある」と言う。

この結びに語ってくれた「排除されたもののなかにこそ小さな宝物がある」ということばが印象的であった。

2　障害者の表現・文化活動の展開とその意義

(1)　障害者の表現・文化活動の地域的展開

現在、社会福祉をはじめインフォーマル・ノンフォーマルな地域福祉、芸術家・団体の実践など、さまざまな領域で障害者と芸術文化の関係を創出する実践がなされている。障害者の文化的な生活を養護学校などの施設の中だけにとどめず、日常生活においても保障していくという試みは、社会教育の領域では障害者青年学級の実践が代表としてあげられよう。津田英二・大石洋子は、町田市障害者青年学級での表現活動の取組みから、障害者の表現活動を育てることを考える際、技術的側面にのみ目を奪われるのではなく、演ずることにより内部に育つものを重視し、そのために心を自由に解放することが大切であると述べている。またその取組みに、緊張感、安定感、解放感、満足感といった感情体験を通した人格形成、それらを共有することでの地域における「共」空間の創出、といった意義を見いだしている。[5] また辻浩は、「住民参加型福祉」という観点から、生活を見つめることが文化・表現活動と結びつき、当事者自らが主体性を獲得していく過程に注目している。[6]

福祉や芸術分野においても、芸術の療法的な価値を一対一の治療的な関係や施設内での活動にとどめず、地域社会や日常生活を拠点に展開する実践が広がりはじめている。障害者と芸術の関係のあり方を探り続けている「エイブルアート・ジャパン」や本論で紹介する「ゆきわりそう」のように、NPO化しての活動展開も多くなっている。また近年では、地域での療育活動を担う専門家を育成する制度面での整備もすすんでいる。埼玉県富士見市立の障害乳幼児通園施設であるみずほ学園は、東邦音楽大学から実習生を受け入れながら、親を交えた音楽療法の実践を行っており、障害児と親たち、そして学生にとっての楽しみと学びの場になっている協働事例である。岐阜県や奈良市などにみられる、自治体が育成・認定する音楽療法士の福祉施設や地域への派遣の活動も注目されよう。さらに海外に眼を向けると、欧米では人形劇セラピーの実践や専門家としての育成システムが存在しており、日本との交流もすすんでいる。[7] また、音楽療法を地域で展開していくコミュニティ・ミュージックセラピーという実践が、従来の施設中心の音楽療法観を問い直すものとして注目されている。[8]

以下にみる「ゆきわりそう」は、通所介護をはじめとする日常生活を支援する多くの事業のなかに文化を位置づけており、その実践は行政との協働にとどまらず、平和文化の提唱といった公共的なメッセージを発信するまでに成長している。合唱指導の草原哲弘の「差別しない」という言葉にみられるように、きびしい芸術的課題を自らの課題意識をもってぶつけるなかで、障害者は表現することの辛さと喜びを学び取る。この経験は指導者たちにとっても、プロフェッショナルであろうとするがゆえに見落としてきた人間としての自分自身の生き方や、芸術の「美しさ」とは何か、芸術とどうかかわって生きるか、といった芸術観を問い直す契機になっている。

こうした日々の練習の過程には多くの困難が伴う一方で、主宰者・姥山寛代の言葉を借りれば「当たり前」のこととして行われている。障害者の芸術を特殊領域としてとらえ、芸術による「癒し」の意義を理想的に論じることはゆきわりそうの意図ではなく、また本論の目的でもない。佐藤学は、プロの療法士のかかわりは別にして、「「療法」というかたちでアプローチしたとき、大切なものが半分くらい消えてしまっているようでならないのです」[9]と述べる。また宗教学者の島薗進は、「癒し」や「心のケア」などの言葉に代表される「セラピー文化」が、「あたかも個々人の自立と他者との安定した関係の双方を提供するものとして振る舞っていながら、実は個々人の自立を妨げ、他者との好ましいつながりのあり方を阻害する方向に寄与していないかどうか、再吟味する必要がある」と述べる。[10]「療法」の概念が、ますますその性格を強める管理社会の補完として機能してしまうといった指摘もみられる。[11]また、現在、既存の教育学の枠組みでは読み解けず、打開への糸口をつかむことのできない時代の閉塞感や教育のゆきづまりに対し、心理学や心理療法と教育の関係を問う試みや「臨床の知」への注目など、従来の教育・学習の概念の問い直しも構想されている。[12]

二〇〇六年五月六日の東京芸術劇場において、スタッフや家族による手づくりのぬくもりに支えられ、ベートーヴェンの第九によりつながった多くの団体とともに舞台に立ち歌った「私たちは心で歌う目で歌う合唱団」には、ひときわ大きな拍手が送られた。芸術の非日常性を味わい楽しむことで、日常を豊かに生き直すことを、姥山が言う「当たり前」の関係性のなかでめざすゆきわりそうの試みは、従来の「美しい」芸術、あるいは「治療的」な芸術、さらには医療、福祉、教育における表現主体のあり方を問い直し、また、見えにくい心身の病、生き苦しさに対して、地域の日常性のレベルではたらきかける表現・文化活動の力というものを、静かに提起している。

(2) 「ゆきわりそう・私たちは心で歌う目で歌う合唱団」の実践

「NPOゆきわりそう」の合唱活動「ゆきわりそう・私たちは心で歌う目で歌う合唱団」について、練習場所である豊島区立椎名町小学校「椎の木ホール」を訪ね、練習時間から入らせていただき、その後主催者姥山寛代と指導者の草原哲弘から話をうかがった（二〇〇六年二月一二日午後）。

① なぜ「第九」なのか

（i）それは、姥山の歓びの生活実感から始まった

姥山は、過去に苦悩を乗り超え克服したとき、何度も歓喜を味わった。その幸福感は生命の実感そのものであった。誰でも一生のうちに、一度や二度はそんな歓喜を味わうことがある。では、障害者の場合はどうか。狭い環境のなかで何度歓喜を自分のものにすることがあるだろうか。その機会をつくることで、なんとか一歩道が拓けないだろうか。

（ii）姥山と墨田区第九との出逢い

ケースワーカーから障害者の地域福祉を考えはじめた姥山は、彼らのために何かできないだろうかと思っていたところに、墨田区の五〇〇〇人の「第九」のニュースを耳にする。聴覚の障害をもったベートーヴェンの「第九」は障害者により理解され共感されるのではないだろうか。いつも聴く側ばかりにある障害者が、オーケストラとともにステージに立ち、「第九」を歌うことは、どれほど生きる歓びと希望を灯すことになるだろうか。そして、「すべての人が兄弟になる」、「歓喜」というのがいい、と直感し、いままで「第九」に縁遠かった人々が歌う「第九」の素晴らしさを障害者にも、と思い立った。姥山が名づけた「心で歌う目で歌う合唱団」とは、障害者は声が出ない、出しにくい。だから、私たちは心や目を通して歌い伝えていく。心は生命に満ち満ちていて歌っているのだ、ということを表現したものである。一九八九年九月、「人間宣言」「平和宣言」を掲げた「私たちは心で歌う目で歌う合唱団」が誕生した。

そして、重度の障害者六〇名を含む総勢二五〇名による合唱が、一九九〇年四月二九日、チケット完売となった上野の森東京文化会館に響きわたった。しかし、手放しの大成功に終わったわけでは決してない。終了後、練習の辛さから「もうやりたくない」という一人のメンバーの感想を耳にし、姥山はその場から逃げ出したい思いに駆られた。そして一カ月後、池袋の街を歩きながら突然気づいた。日常生活の中に閉じ込められている障害者にとって、東京文化会館の舞台は周りが理想的に考えているような人生の夜明けでも何でもなかったのだ、という主催者のエゴを思い知る。そうしたなか、「歌うのはいやだがベートーヴェンは尊敬している」というメンバーの声を励みに、合唱指揮の新田信弘ほか周囲と協力し、ベートーヴェンの生地であるドイツ＝ボンでの公演を思い立ち、合唱団は新たな目標を得た。途中メンバーや新田の死を体験し、悲しみを分かちあいながら、今日に至るまでに世界各地で公演を成功させている。

（iii）ベートーヴェンの生き方に共感して

姥山は、「ベートーヴェンは同じ障害者として尊敬している」と語る。さらに一九九〇年四月二九日の東京文化会館での挨拶で、「私たちの第九合唱で特筆すべきこと。それは、第九に障害者を近づけるのではなく、障害者に第九を近づけた「第五パート」の誕生があったことです。第五パートをいく人もの障害者のメンバーが熱心に練習しました。通常のパートに熱心に取り組んだ障害者もいました。それは、私たちの想像をはるかに超えた姿でした……。そして今日、心や目で全身で歓喜を歌う、彼らの「人間宣言」に、私たちは私たち自身の魂を揺さぶられます。折り重なる苦しみのなかで、ベートーヴェンはこんなに素晴らしい曲を私たちに贈ってくれました。いま、私たちは、ベートーヴェンを天才としてではなく、耳の聴こえないひとりの障害者として身近に思います。そして、舞台と会場がともにつくった今日の演奏会は、まさにシラーが、ベートーヴェンが叫びたかった言葉……人はみな、兄弟となる（Alle Menschen werden Brüder）……という言葉にふさわしいものだといえるでしょう」と述べている。

なぜ「第九」なのか、という問いに姥山は、「直感的にです。第九の歓喜の歌、というのがいいと思ったんです。障害者にはとくに喜びを感じる機会がたくさんあることがいい、と思うのです」と語った。

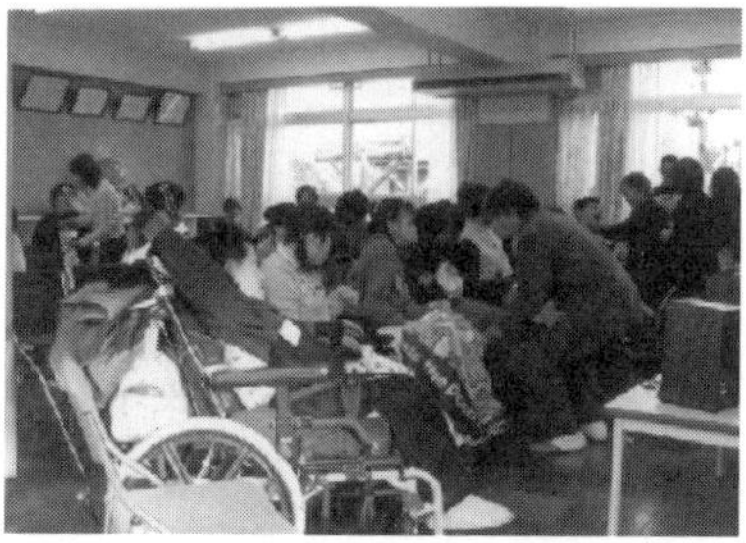

②「地域福祉研究会ゆきわりそう」の誕生、そして現在

姥山は、都内地域病院内の医療社会事業部でケースワーカーとして二六年間勤務するなかで、実際に障害者とその家族がかかえている問題を直接知るため、障害者の家族、親たちへの聞き取りを行った。そのなかで家族の不定愁訴が予想以上に多く根深いことに驚き、障害のある人を背に負い、ともに生活することのたいへんさを実感した。そのことから「なぜ障害者をかかえた家族だけが困難を強いられるのだろうか、なぜ周りの人々や社会は手を貸さないのだろうか」という思いが募った。実際に障害者の親たちは、心、からだが健やかではない環境にあった。障害のある人自身は、基本的人権が保障されているとは言いがたい生活、文化度、ＱＯＬをいうにははるかに遠い生活レベルにあった、と姥山は振りかえる。

その後、障害者が列車で旅をするひまわり号を全国的に走らせたほか、木製の便器椅子（コモードチェアー）を創作するなかで「コアラ通信」を発信、障害のある人とその家族からさまざまな相談が寄せられ交流の場となった。これを経て、現場をもちたい、現場づくりの活動をしたいという思いが、一九八七年七月一日「地域福祉研究会ゆきわりそう」となって実現した。

ゆきわりそうは、障害をもつ人や高齢者を「ともに生きる生活者」とし、町でふつうに生活をすることをめざす非営利活動をしている。活動グループは三つある。合唱やアスリート増田明美さんが会長を務める「夢伝（ゆめでん）マラソン大会」の開催、障害者乗馬・イルカと泳ぐセラピーなどの事業を展開する「NPOゆきわりそう」。デイサービスやグループホーム・授産施設などを営む社会福祉法人「地球郷」。そして「地域福祉研究会ゆきわりそう」。この三つでトータルに人生を支えるシステムをつくった。ゆきわりそうの理念は次の四つを核とする。

(1) 可能な限り枠を取り払った考え方と方法論。
(2) 利用者を生活者としてみること。
(3) 小集団構成で活動をすすめること。
(4) 年金暮らし、公的介護保障で生きていけるシステムづくり。

③ 練習の風景

豊島区立椎名町小学校の椎の木ホールで、毎週日曜日に練習がある。合唱指揮の草原は、この合唱団の設立時からかかわっている。当時は草原の師である故新田信弘が指導にあたり、障害者が発声できるように工夫された、しかしけっして易しくはない、ゆきわりそうオリジナルの「第五パート」がつくられた。

この日の練習は、第五パートを歌う障害者一五名、ソプラノ六名、アルト八名。男声パートの参加者は少ない。今日は、"Seid umschlungen, Millionen! / Diesen Küss der ganzen Welt!"のくだりを、一語ずつ身振り手振り、発音を確認しながらさまざまなアプローチですすめていく。真剣そのものであり、障害者たちに草原は大きなからだごとぶつかる。今回めざすのは二〇〇六年五月六日に東京芸術劇場で行われる「今、わたしたち二一世紀の平和のためにうたう第九コンサート」。これにとどまらず彼らのコンサートには「平和」を願うものが多い。

練習はとてもきびしいが、「差別はしない」という指揮者草原の強い哲学が貫かれている。誰でもが難解と感じる第九のドイツ語歌詞を大きく書いた模造紙を黒板に貼り、少しずつ根気よくおぼえていく。日本語にしたり語呂を合わせたりなど、工夫はするが、簡単ではない。発音記号で原語の発声を求め、「休符という音楽があるんだよ」といった音楽的解釈まで教える。しかし、「できる」ことは求めない。ある程度までいったら「できた」と言わずに次にいく。ここで手を抜くと、緊張感がなくなり、信頼関係もなくなるという。

ほかにもピアニスト、声楽家、音楽療法士など、小さな場に多くの専門家がかかわっている。必要に応じて声の小さいパートを補佐したり、草原に合いの手を入れたりと細やかに動く。彼らにとってこうした障害者とのふれあいは、それぞれに自身の障害観や芸術観を問い直す契機になっている（ゆきわりそうパンフレットより）。手づくりの温かい空気感を皆で楽しんでいることも伝わってくる。

④ 合唱団の学びと変化

（i）参加者の学びと変化

毎回の練習の積み重ねは、障害者や家族の日常生活にさまざまな変化をもたらしている。

第一に、意思の表現。言葉が出せず、発音ができなかった子が、腹式呼吸をすることで、声が出、呂律が回るようになっている。声が出せることで、自分の気持ちを相手に伝えることができ、自分の危険を自分で家族や周囲に知らせることができるようになった。第九の言葉をもじり、Freude!（フロイデ）→フロ！→風呂！といえるようになった、というエピソードもある。

第二に、代謝の促進。腹式呼吸によって言葉、声を出すことは代謝促進につながり、肺機能をいっぱいに使い、血液の循環もよくなり、腹筋がきたえられ、便秘の薬を常用していた子の便秘改善につながったケースもあるという。

第三に、社会性の獲得。自分の合唱のパート以外の発声練習には声を出してはいけない、という約束を守るトレーニングによって、約束、規則を守ることができるようになった。

第四に、障害者は「回復」ではなく「獲得」。声を出すこと、返事をすること、危険を知らせることなど、音楽を自分のものとするとき、普通の人ができていることを獲得できるようになる。障害者は今まであった機能を回復するのではなく、繰り返しの学習によって新しいことを獲得する。

第五に、体力増進。毎回の午後一時三〇分から四時までの長時間の練習をこなせるようになってきている。途中一〇分程度の休憩をとるだけで、練習中の集中力、同一姿勢を保持するための筋力が養われている。

第六に、「見られる」ことからくる変化。スポットライトを浴びて正装し、いままでとは違った視線で他から「見られる」体験を通して、自分の姿、形すなわち自分の存在にこだわるようにもなった。

第七に、障害者が変わると家族が変わる。障害者自身が変わることはその家族が変わることにつながる。障害者が決まった時間帯に地域に出て地域の人々と過ごす時をもつことは、家族にとって、時間のみならず、心のゆとりとなっている。それは、障害者と余裕をもってかかわることにもつながる。

（ii）援助者のかかわり方と学び

指揮者の草原は、障害者ができないからといって差別することはしない、と言う。障害者は深層でそれを感じ取るからだ。また、記録媒体（楽譜）を通しての練習は時間がかかるので、障害者も他も全員が記録ではなく記憶をもとに練習をする。練習に王道はないが、結果としてそれがより良い方法になっている。草原自身にとっても、障害者から多くのことを学び、自らの障害観、芸術観を問い直す場になっている。

⑤　ゆきわりそう合唱団活動が結んだ地域交流

一九九〇年四月二九日の第一回演奏会以来、ゆきわりそうはドイツ（一九九三）—ニュージーランド（一九九五）—京都（一九九六）—群馬（二〇〇〇）—アメリカ（二〇〇〇）—韓国（二〇〇二）—八丈島（二〇〇三）と各地で公演を開催している。その過程で第五パートの存在もきっかけとなって京都、韓国、八丈島、大阪、滋賀、青森、群馬の合唱団との間に交流が生まれ、「人はみな、兄弟となる（Alle Menschen werden Brüder）」の呼びかけを通した文化創造のネットワークが広がっている。

二〇〇六年五月六日東京芸術劇場で行われた「ゆきわりそう二〇周年記念—今、私たち二一世紀の平和のために歌う第九コンサート—」には、京都・大阪（命輝け第九コンサート合唱団）、八丈島（ちょんこめ作業所合唱団）、練馬区（いずみ寮合唱団）、群馬県前橋（わーくはうす すてっぷ）、宮城県角田（第九「喜びのうた」を歌おう会）、青森県（青森第九の会）、大阪（ふれあいサークル「手話隊」）、東京都武蔵野市（日本獣医生命科学大学 混声合唱団「赤とんぼ」）の団体が合流した。戦争は不幸な人をつくる。だから二一世紀の平和のために、戦争がない日本が、自分なりのやり方で平和を発信しなければ、という願いがコンサートには込められている。プログラムの姥山の挨拶は、「障害の有無にかかわらず文化はすべての人々のもの」という言葉で結ばれていた。

おわりに――地域から「共感と共生の文化」の創造を

日本では、毎年暮れになると、ベートーヴェンの「第九」が演奏されることが恒例となってきた。これまでの一年の苦労や成果を振りかえり、来るべき新しい年への期待や希望をこめて、人々は、この曲を歌い、聴くのであろう。年間の自殺者が三万人を超えるという事実が示しているように、現代の日本社会においては、深い絶望、孤独、苦悩に打ちひしがれている人々、生きる意欲や気力を失っている人々が多く存在している。こうした社会のなかで、地域から、人々の共感・共生の感覚を育んでいくような文化活動の展開が、切実に求められている。

本稿で取り上げてきた、高齢者・障害者の文化活動は、こうした「共感・共生の文化」を創造していくという視点からみて、貴重な意味をもっている。表現・文化活動には、人間の心と身体を貫く感動の経験と持続を通して、世界に対する人間の姿勢・生き方の変革を促し、人間相互の関係を組み替えていく契機が無数に埋め込まれている。自己表現の経験や芸術との出会いは、加齢や障害というハンディキャップを負っている人々にとっても、新しい自分自身の可能性を自覚し、他者とのつながりを実感する貴重な意味をもっている。そのことが、二つの実践事例からも読み取れるであろう。

いわゆる「団塊の世代」が定年退職を迎える二〇〇七年以降、ますます地域社会の人間関係のあり方に注目が集まり、新しい関係創造が大きな課題となってくるであろう。高齢者や障害者の文化活動は、こうした地域に生きる人間同士の出会いの場を豊かなものとし、地域に「共感・共生の文化」を広げていくうえで、大切なきっかけとなるにちがいない。格差社会、リスク社会といわれる現在、「希望や理想をもって生きていく」ことがむずかしくなってきているなかで、文化活動によって共有される時間と空間は、困難な課題にみちた日常の現実を相対化し、それをのりこえる想像力や構想力を人々の内面に、静かに、しかし着実に育んでいくであろう。

注

（1）一番ヶ瀬康子「福祉文化とは何か」一番ヶ瀬康子他編『福祉文化論』有斐閣、一九九七年

（2）栗原彬「障害者のアートは市民社会をつなぐ」『月刊社会教育』二〇〇二年一〇月号

（3）『朝日新聞』夕刊、二〇〇六年四月二一日付

（4）川口淳一「介護老人保健施設での演劇活動」『月刊社会教育』二〇〇二年一〇月号

（5）津田英二・大石洋子「障害者の学びと表現活動」日本社会教育学会編『講座現代社会教育の理論Ⅱ　現代的人権と社会教育の価値』東洋館出版社、二〇〇四年

（6）辻浩『住民参加型福祉と生涯学習』ミネルヴァ書房、二〇〇四年

（7）高村豊「人形劇セラピーと障害児教育」佐藤一子・増山均『子どもの文化権と文化的参加』第一書林、一九九五年

（8）岩尾裕『音楽療法を考える』音楽之友社、二〇〇六年

（9）佐藤学「現代における『アート教育』の意義と可能性」『月刊社会教育』国土社、二〇〇三年一一月号

（10）島薗進「セラピー文化のゆくえ」田邊信太郎・島薗進編『つながりのなかの癒し―セラピー文化の展開』専修大学出版局、二〇〇二年

（11）真壁宏幹「音楽療法との対話―音楽の力についての一試論」佐藤学・今井康雄編『子どもたちの想像力を育む　アート教育の思想と実践』東京大学出版会、二〇〇三年、一一二頁

（12）小林剛・皇紀夫・田中孝彦編『臨床教育学序説』柏書房、二〇〇二年など。

第8章　芸術文化活動と価値への参加

張　智恩

はじめに――課題提起

人が、芸術文化を学び、楽しみながら芸術文化活動に参加することにはどういう意味があるのか。これは社会教育における長年の探求課題であり、その研究成果も哲学的、美学的、実証的な面から多くの蓄積がある。これまでの研究成果は大きく二つの面から掘り下げられてきた。ひとつは、宮原誠一、碓井正久[1]、北田耕也[2]等による、芸術文化活動と人間形成を論じる観点で、文化あるいは表現の主体としての自己形成、生活創造の能動性の側面が浮き彫りにされてきた。他方では、佐藤一子により、地域の非営利的な芸術文化の普及と享受のシステムが、地域における生活協同のような、文化の価値そのものとは異なる社会的価値を生み出す側面が指摘されている[3]。こうした研究成果は、芸術文化活動が生活の豊かさの創造に寄与できるという結果を多様に整理した点で大きな意義がある。

しかし、芸術文化活動を成人学習という観点から理解するにあたり、芸術文化が個人や地域社会にもたらす成果を明らかにすることにとどまることは、肝心なプロセスを欠落するという問題を残す。すなわち、成人教育学の対象としての芸術文化活動に対する探求は、未成長から成長を生み出すプロセスに注目し、芸術文化活動が人間形成および生き方を豊かにするメカニズムを明らかにすることが求められる。

1　芸術文化活動にかかわることの成人学習としての意味

芸術文化活動は創造・普及・鑑賞など多様な側面から論じることができる。これらの一連の活動は、まずは芸術文化活動を学びながら楽しみ、その有意義性に自覚的になることにより、普及という社会的条件の形成に関与することまでを含むものである。このことは、良質の芸術文化活動の創造と普及には、芸術文化活動に対する徹底した理解と享受能力が前提とされなければならないという課題を示している。要するに、芸術文化活動と学習との関係が深いということができる。

学びを基本にしている成人の芸術文化活動は、二つの段階に分けて説明できる。まず第一に、社会学において、社会的に認められるべき芸術的価値は無いが、社会の特定集団により行われる芸術行動の場合を「前文化行動」とさしていることにあたるものである[4]。すなわち、個人がそれぞれの芸術文化が持っているスキルや価値体系に最初から少しずつまなびながら接していく面を指す「前文化活動段階」という過程である。そして第二には、すでにある程度それぞれの芸術文化が持つスキルや価値体系を理解し、それを楽しみうる身体的、知的条件を備えたレベルで活動する場合を指し、「前文化活動段階」と区別される「主体的活動段階」という過程である。成人教育の対象としての芸術文化活動はほとんどが、「前文化活動段階」から「主体的活動段階」へ移行しながら自己開発をしている人々の活動を踏まえているといって良い。

それでは、芸術文化を学びながら、次第に芸術文化の主体的な享受と普及が可能になる活動のプロセスは、なぜ成人教育学的に意義があるのか。なぜ、それらの活動は、人間形成・生活創造の能動性・生きる力の獲得などのような個人的価値、さらに地域文化の活性化のような社会的価値までを生み出すようになるのか。そのエッセンスを明らかにするのが本稿のねらいである。

(1) 没入と精選

芸術文化活動を学び、楽しむということは、どのような成人学習的意義があるのか。まず、成人の日常生活の特性から考えてみよう。成人の日常生活は多様な役割とそれに対する責任を持つ社会的に拘束された活動の連続であるということ、少なくともそうした生活を志向する生き方を余儀なくされていることには、異論の余地はないと思われる。そのため、成人性を論じる文脈で指摘されているように、ほとんどの成人は生活していくうえで必然的にかかわりをもたなくてはならないさまざまな生活課題と環境から生じるストレス、およびそれに対する心理的反応を含めた過程[5]としての日常生活を営んでおり、成人の意識に複雑さと多忙さが伴われることはある程度自明であろう。より詳しくいえば、生活営為の主体としての成人の日常意識は、多様な欲求の絡み合い、関係の交差、戦略的自我と自然な自我との混在などのなかで、さまざまな役割や課題に従い、膨張しているともいえる。こうした側面は、交通、情報、さまざまな関係網の発達といった現代社会の特性とともにより強められていることも理解できる[6]。しかし、考えてみると、こうした成人の日常生活意識における複雑さこそ、芸術文化活動における単純性との対比を通して、芸術文化活動を成人学習活動として意義づけ得る手がかりになりうる。

まず、芸術文化活動が、成人の日常意識における緊張・多忙さ・疲労により分散され、乱れている意識から一線を画し、現実との断絶を通して意識の平明さ、元気さを取り戻す時間になりうる点に注目したい。大人の芸術文化活動はほとんどが自由な活動として行われており、仕事や義務のように何かの目的のために、自分の自由を犠牲しなくても良いため、かかわる個人の意識をより素直で自由にしてくれる。さらに、この時間には休みに与えられた自由時間がすぐ、休んだ後の現実におけるエネルギー源として活用されるという実用的意識により方向づけられるレクリエーションとは異なり、自由な時間に自由な意識をもち活動に取り組む。さらに、その活動が特定の本質的な価値を踏まえている有意義な活動となっているため、自分を新しく変革し、構築していく創造的時間となりうる。

ところで、現実との断絶は、こうした日常生活における課題や義務とは異なる時間に対するかかわり方からのみ可能になるわけではない。しかし、芸術文化活動の場合、スキルや価値の体系があり、その活動への注意深い集中なしでは活動遂行が難しいため、こうした活動への集中が、現実における複雑な状況から自然に人間の意識を切り離し、活動のなかで意識の清明性を回復できる機会を与えうる面がよりつよい。

なお、芸術文化活動は、活動を享受する条件として、芸術文化がもつスキルに自覚的に適応しなければならず、精神的な集中のみならず、身体的な組織にも注意を払わなければならなくなり、人間の心身がともに有意義な方向にむけて自覚的に動く経験になりうる。むろん、こうした自覚的な自己組織は現実の多様な義務・課題遂行や欲求の充足においても常に行われているのであるが、ある目的のためのプロセスの操作化および省略化など、他者や功利的目的のための他律的な遂行と異なる点が特徴的である。すなわち、芸術文化活動における心身の能力の組織はまず自発的であり、手段としての活動ではなく、綺麗な音、美しいバランス、意味を圧縮したイメージなどのような洗練された美を生み出す原理や規則性に適応し、得られる経験である。同時に、そういう美しい表現を生み出す身体的能力を身につけていくプロセスを、徹底して吟味しながら、心身の能力の分化と深化を再発見する過程でもあるため、人間の成長を自覚する活動になりうるという点で成人学習的意義が大きい。こうした側面から芸術文化活動は人間の意識や身体的能力を、美的な価値に向けて練磨していく活動になり、混沌とした現実において分散していた意識をとらえなおし、鍛える過程になりうるといえる。

(2) 有意義な身体的活動

次に、芸術文化活動が上記の有意義な成果を生み出しうる根拠は芸術文化活動が観念的、抽象的な様態ではなく、具体的な身体活動を必要とする面からより強調できる。大きく二つの側面が指摘できる。

第一は、自覚的な身体的組織の経験の側面である。楽器を習うこと、ダンスを習うこと、習字を習うことなど、これらの活動に共通したことは、労働のように、かなりの身体的活動を必要とする点である。さらに特定の美的な結果を生み出すことと、活動を遂行する際における身体的操作との関係性が密接であり、精神的な集中とともに多くのエネルギーを必要とする自覚的な身体活動であるという点である。すなわち、特定の洗練された美が生まれるまで、何回も自分の身体を規律し、調整しなければならず、美的な価値を具現化することを身体的・知的に理解することを通して、心身の能力が次第に高くなる活動であるといえよう。こうした活動の過程では一つ一つの動きの意味が次の段階にいたる成長を意味する連続性をもち、活動を構成するあらゆる身体的動きが意味を持ち総合されているため、完璧な適応と練磨というプロセスが重要性をもってくる。

たとえば、現在の空腹を満たすために即席につくるラーメンと、売るためにつくる商品としてのラーメンと、美味しさと良質の中身を競争するために作る作品としてのラーメンとにおけるプロセスの意味が違うように、芸術文化活動における人間の活動は、誰が見ても認める社会的価値（たとえば美）の具現化との関係で意味づけられている。そのため、人間の自覚的な身体的能力の蓄積と意味ある発揮が求められるが、こうした活動経験の蓄積は、ある価値に向けて心身を組織する能動性をはぐくむことに寄与できると考えられる。

第二に、活動におけるエネルギーの調節・管理能力によるカタルシスの側面である。芸術文化活動が意識における平明性や健康に有意義にはたらきうる理由は、一つにはその活動においてエネルギーを消耗することにより、カタルシスを経験できる面である。そして、二つ目に、有意義に知的・身体的能力を発揮することにより、エネルギーを発散、調節、備蓄できる管理能力が育てられる側面である。ピアノを弾くことは、ピアノという機械から音が出るメカニズムを理解して、直接物理的にピアノの鍵盤を叩くことにより、そのメカニズムを統制するというかなりの労働である。さらに、ただ叩くのみならず、曲想をつくり出すために、多様なスキルに注意を払うことをも必要とする。こうした精神的集中と身体的な動きは、ピアノという機械に取り組み自覚的に動く人間のエネルギーの調節により可能になり、こうしたエネルギーの操作と身体的動きの望ましい統制により、音楽的な美しさを響かせるようになり、ピアノ奏者に満足感を与える。

そのため、芸術文化活動は次の三つの点において、成人学習としての意義をもつ。一つは、身体的・精神的活動のバランスによる美的な価値の体験、二つは、価値創造者としての自己の能力における成長を自覚することから生まれる積極的な精神、三つは、自分の所有した内的満足感と能力の社会的共有という新たな要求を自覚すること等である。

以下では上記のような芸術文化活動が持つ成人学習としての意義を、映画鑑賞および普及活動に限定して、人間形成や社会的価値の創造に寄与する部分を、より詳しく吟味していく。

2 映画と人間形成

(1) 映画の手法がもたらす映画体験

映画のような、鑑賞を中心とする芸術文化は、それほど人間の身体的・知的能力の鍛錬に関係していないと一般的には理解されている。しかし、映画は必ず特定の生活および社会環境を反映しているため、視聴覚的な集中を通してのかかわり方は、他の芸術文化活動においてよりも、人間の身体と知覚をより活動的・社会的に拡大させうる。ただし、そうした能力の拡大が潜在力として心身に残っているという未発の可能性となっているだけである。なぜこうしたことがいえるのか。

第一に、映画は、仮想の現実を通じて多くの情報を組織しており、われわれが経験できる世界の多様性・具象性・感情移入性が豊かであり、多様な他者と世界の理解を可能にする。映画理論家であるベラ・バラージュ（Bela Balazs）によると、映画鑑賞において、私たちはカメラが移動する焦点に従い、われわれの感覚が同時に動いているため、スクリーンにおける自然、社会、登場人物を作家が描く観点から具体的に理解し、感じることができるとされている。[7] こうして、われわれは、誰か（作家）の認識に基づき、徹底的にある世界を知り、感じる。さらに、映画鑑賞は二時間前後の限定された時間の活動として、生活世界の時間と場所とは次元を異にする別の世界への旅であり、その旅が終わると、現実に戻り、土産話を楽しむように距離をもち、作品を再吟味することもできる。それにより、経験を自律的に現実と突き合わせてみることができ、観客が自覚的になる機会を与えるということができる。こうした映画の手法により、映画鑑賞は現実の狭い生活世界では経験できない自然、社会様式、多様な他者の生活と内面を、日常生活とは異なる別の視点をもち、経験する手がかりを、観客に与えてくれる。

第二に、映画は、スクリーンという四角の空間を用い、歴史や社会、そして人間の心理などを自覚できる映像とセリフで構成されており、普通の生活に埋没し、自分の状況をより多重の現実のなかで客観的に眺望できる機会が不充分な日常意識に、「見られる自分」、「あるべき自分」という観点から抽象的思考を深める機会を与える。さらに、映画の編集機能は、映画のストーリーを歴史的に構成しているため、人間の行動や働きかけがもたらす後の結果とのつながりを悟らせる多様な意味であふれている。そのため、映画を読み取ることは観客の認識を活性化し、歴史的、客観的思考を促す活動になりうる。

第三に、映画鑑賞は、自分を自覚的に表現する能力の必要性に気づかせる可能性があるといえよう。バラージュの言説から理解できるように、映画はクローズアップの手法により、登場人物の顔を詳しく映すことにより、人間の内面的な変化が、どのように身体化して現れるかを認識できる手がかりを与える。(8) このことは、他者を理解できるという利点を与えているが、同時に、自分を表現する演技能力の啓発を刺激する、多様な表現の駆使に気づく機会となることをも意味する。望ましくない表現がもたらす誤解、表現できなかった真実により起る矛盾、表現と演技がもつ、それぞれの葛藤と知恵などのように、映画では表現をめぐる人間のさまざまな能力が試みられるようになり、表現の主体としての自分を意識できる機会となりうる。

以上で取り上げた映画の手法がもつ特徴は、知的・身体的能力の向上に直接つながるより、映画の鑑賞により人間の認識というフィルターを通して観客に何か自覚が起ったとき、人間の認識と行動における重要な変化を生み出しうる点であるといえよう。

(2) 映画認識と実践

一方、芸術文化活動が人間形成に影響を及ぼしうる側面は、以上で述べてきたような、芸術文化が持つ独自の機能的・価値的体系に対する適応から見いだすこともできるが、他方ではこうした芸術文化活動からいかなる価値を創造していくかという、文化に対する認識およびその実践からも指摘できる。すなわち、それぞれの芸術文化がもつ独自の様式や価値を、いかに人間生活に有益な活動として活用していくかという芸術文化の外部的、社会的な活用についての認識である。こうした文化認識は「はじめに」で紹介しているような、文化をめぐる哲学的な認識と実用的な認識として区別できる。映画認識についての理論的研究はまだ十分に試みられていないが、実態においては映画認識の差異および発展により、映画文化の創造とともに、多様な社会的価値を生み出す活動とその社会的主体の育成に寄与する場合が少なくない。こうした活動は二つに大別できる。

第一は、映画の徹底した理解と享受の機会を広げる文化の本質的価値の追求である。すなわち、映画を見ることの意味をより豊かにするために、映画鑑賞を前後にして、映画専門家による解説や映画上映会の後における話し合いを開催し、みんなの鑑賞のポイントを全体のものにしている実践である。これらの実践では、映画批評会、映画関係者との学習・交流会をもち、映画そのものの知識と教養を得る機会を豊富にし、映画リテラシーを高めていく。文京区の小石川図書館の映画実践は、映画斜陽期にわたり、日本における名画および独立プロ作品を映画評論家の解説つきの上映会を開催することにより、観客から映画理解と鑑賞の楽しさに気づくという高い反響をもたらした[9]。こうした例は、すでに戦後三〇年以上の歴史をもつ多くの映画サークル協議会の実践でも見られている[10]。

すなわち、各地の映画サークル協議会および鑑賞団体は、それぞれ映画鑑賞の独自の価値を踏まえて、明確な作品選定基準の設定（たとえば、神戸映画サークル協議会の場合、健康で平明で素直に人の心を打つ作品）、日常的な例会における研究者や映画評論家の講演、学習会の開催（神戸映画サークル協議会）や、撮影所見学など（清水映画サークル協議会）の実践を行っている。こうした地域における映画鑑賞団体は全国的なサークル連合体を持ち、定期的なイベントとしての大規模な集会（映画サークル協議会の場合は映画大学）を開催し、映画理論、映画運動史、シナリオの書き方、映画の楽しみ方・見方などの、映画の徹底した理解のために必要な知識と教養を提供する、学習および交流の機会を組織している[11]。

第二は、映画の社会的活用を通して、集団および地域の共同の利益につながる社会的価値を創造する映画活動の実践を指摘できる。こうした映画実践は、とくに一九八〇年代以後、主に芸術・娯楽・文化として理解されてきた映画に対して、異文化理解、地域活性化、市民活動育成のために活用が期待されるという、社会的要求が高まることから形成されてきた。

たとえば、映画祭を通しての地域再生は、夕張をはじめとして各地の自治体が展開する大規模な映画祭から理解できる。夕張における実践は、地域における産業構造の変動により、石炭産業を支えた炭鉱村が閉鎖され、急激に人口が減少しつづけた地域が、国際映画祭の開催を通して明るく活気づいた例である。[12] 市民活動の育成の例としては、市民ボランティアが運営委員になっている多くの映画祭で、映画活動におけるベテランとして市民が成長する過程で行われる、多様なインフォーマルな学習の成果などから指摘できる（島根映画祭、しんゆり映画祭など）。[13] 映画作りを通しての映画の社会的課題への関与は、家族内における葛藤と解決過程を社会的に共有しようと、観客により展開された『折り梅』制作運動[14]や、合理性を越えた根源的な価値・世界観を行政理念として樹立し、地域をあげてそうした価値を共有しようとした群馬県の『眠る男』映画制作および上映活動[15]などに見られた、芸術の社会参加からも理解できる。

二〇〇〇年度以後には、こうした映画を通してのさまざまな価値創造の可能性を踏まえ、非劇場上映あるいは非営利上映組織のネットワークとしてのコミュニティシネマの構築が、非劇場上映主体の全国的連合体といえる映画上映ネットワーク会議（事務局：国際文化交流推進協会〈エース・ジャパン〉）において具現化された。そしてその具体的な活動として、良質の映画の普及における集客効果を通して、空洞化している商店街に活気を与え、映画祭および映画館運営における地域住民の参加を促し、交流と活動の機会をつくり、映画リテラシーにつながる多様な学習関連イベントを開催している。[16] このような映画活動は、独自の映画認識をもつ集団や団体の実践を通し、価値創造的な社会的活動を広げ、参加者たちの社会的活動能力を高揚させていくことにも寄与しており、インフォーマルな成人学習の成果を示している。

むすび――共感的な思考と行動を通しての価値への参加

以上を通して、芸術文化活動が人間形成に関係している一側面を検討してきた。これらの内容を要約していえば、すでに、成人教育の学習論の主要な視点となっている自己主導性に基づく学習観、すなわち個人の内在的条件としての要求や欲求の実現として遂行されている学習とその成果の享受とは異なる側面がある点である。すなわち、個人の要求や認識を抑えて、すでに社会的な評価を得ているある価値へ参加しようとする、精神的・身体的意志の具現化を通して、新しく体験する学習を意味する。こうした学習は、無数な個性のようにさまざまな生活世界をもっている個人の異質性や多様性が点的なものとすれば、すでに形態や方向性をもち、異質な他者同士がお互いに共鳴できる社会的価値や行動のような共感的なものに近い。芸術文化活動は、人々の主観性を保留しつつ、普遍的な価値を経験していくことができる、最も典型的な人間の活動である。こうした側面は、ただ単に、美への適応が、没個性的・機械的な適応態勢を促すものとして批判されることもできよう。しかし、より積極的に考えれば、個人がさまざまな共同的な活動を経験し、共に存在する社会的生活の享受を重視する価値意識に対する思慮と能力を高める機会となりうると理解できる。

美・善・秩序のような普遍的価値を追求していく精神的活動は、過剰な自意識や自己流から脱皮して、自己省察とともに、ありのままの生活の改善を試みる能動性を生み出すことへつながる。こうした能動性の発現が、普遍的な価値を理解し、実践する、充実した過去の経験に裏づけられていることはいうまでもない。たとえば、ダンスで修得した優雅な感性や身のこなしは、生活における親切さ、やさしさに身体化される。また、真剣に、美意識を深めながら、道具の操作性の高い楽器との長いつきあいをした経験は、繊細な生活感覚の形成につながるであろう。芸術文化活動が、生活の創造に影響を及ぼす原動力は、「感動」という内面的な経験のみならず、その感動を生み出す普遍的な美の創造に到達するまでの、多様なルールへの適応・訓練の過程から生まれるものである。それゆえに、個体としての自分へのこだわりや、主観性、日常的な習慣をのりこえ、価値への参加を可能にする成人学習としての意義をもつといえよう。さらに、こうした普遍的価値の実践能力が、他者・共同・関係性を配慮して自己の欲求との距離を保つ余裕を与え、共感的な思考と価値への参加を促すことへと発展していく可能性をもっている。

こうした共感的な思考および行動は、成人学習ではこれまで、混沌とした生活のなかでかかえる、生活人としての課題や問題の共有の面で考察されてきたのであるが、本稿では、多様な点的存在としての個人や個人の生活世界を文化の共有および価値の享受を通して社会的関係性の充実さへと昇華させる可能性が、芸術文化活動にあるということを意義づけた。

注

(1) 宮原誠一「芸術と社会教育」『月刊社会教育』一九六二年一一月号、一二五頁。碓井正久「社会教育の内容と方法」小川利夫・倉内史郎編『社会教育講義』明治図書出版、一九八一年、一一四頁

(2) 北田耕也『大衆文化を越えて』国土社、一九八六年、一二一—一四頁。北田耕也『自己という課題』学文社、一九九九年、一二一—一四頁

(3) 佐藤一子『文化協同の時代—文化的享受の復権—』青木書店、一九八九年、「まえがき」

(4) 品川清治「芸術行動」作田啓一他『文化と行動』培風館、一九六三年、一四七—一四八頁

(5) 三川俊樹「成人期における精神的健康の問題」社会教育基礎理論研究会編著『生涯学習Ⅶ 成人性の発達』雄松堂出版、一九八九年、一八〇頁

(6) 白石克己「余暇教育の領域」江橋慎四郎編『余暇教育学』垣内出版、一九七八年、一九六—一九七頁

（7）Bela Balazs, *Der Film—Wesen und Werden einer neuen Kunst*—:Globus（佐々木基一訳『映画の理論』、講談社、一九五九年、七一頁） Bela Balazs, Der Sichtbare *Mensch Oder Die Kultur Des Films*: 1924（佐々木基一・高村宏訳『視覚的人間―映画のドラマツルギー―』岩波書店、一九八六年、三五頁、八九―九三頁）

（8）ベラ・バラージュ『視覚的人間―映画のドラマツルギー―』前掲書、三五頁

（9）一九九六―二〇〇一年の小石川図書館の「優秀映画を見る会」の七回分のアンケートの結果参照。

（10）「映サの歩み」編集委員会『京都映画サークル協議会五十年の歩み』京都映画サークル協議会、一九九九年。神戸一〇〇年映画祭実行委員会、神戸映画サークル協議会編『神戸とシネマの一世紀』神戸新聞総合センター。一九八八年、清水映画サークル協議会機関紙集『霧笛』（1996年―1998年）等参照。

（11）同上

（12）張智恩「文化の普及と活用の社会的条件―夕張における映画の普及と活用を支える市民活動を事例として―」文化経済学会〈日本〉『文化経済学』第四巻四号参照。

（13）しまね映画祭実行委員会編・発行『シマネ映画祭10周年記念誌、しまねの映画と文化』参照。しんゆり映画祭運営委員、映画学校講師からのヒアリング、二〇〇三年五月

（14）羽渕三良『現代日本映画論』光陽出版社、二〇〇二年

（15）上毛新聞社編・発行『「眠る男」の記録』一九九七年、三―二九頁

（16）第一回全国コミュニティシネマ会議（二〇〇四年六月四日、川崎市民ミュージアムにて）会場資料「Japan Communitly Cinema Centerコミュニティシネマ支援センター規約」、国際文化交流推進協会編・発行『地域における映画上映状況調査　映画上映活動年鑑2003』二〇〇四年、二五―八〇頁参照。

第4部　現代文化と民衆文化運動の歴史

今、直接的な人間関係が薄れつつあり、人間性破壊を象徴するような事件が、子どもや大人の社会に多発している。そのなかで、民衆の表現・文化活動が、人間性の回復を促している状況も生まれている。

本編では、こうした民衆の表現・文化活動が、戦後日本において、人間性の回復、平和や豊かさ、生きる希望や未来への夢の実現に果たしてきた歴史を分析し、民衆の表現・文化活動の実践を紹介しながら、人間とは何か、文化とは何か、人間の学習とは何かについて迫ってみたい。

一つ目は、大学での社会教育の講義という実践とその考察であり、学習・教育の本質が、単なる知識の伝達・獲得にあるのではなく、生身の人間同士が「出会う」こと、「交換すること」、「表現する」ことにあるということを考えさせる。とくに学生との往復書簡は、心に響くものがある。

二つ目は、日本の独自な民衆文化であり、共感・応答の文化である紙芝居を取り上げている。戦後の一時期衰退した紙芝居が、再び日本の民衆の心をとらえてきているとともに、アジアをはじめ、ヨーロッパ世界にも広がりはじめていることに注目したい。

最後は、時代の転換期にある現在、民衆の表現・文化活動という視点を基底に、戦後日本の社会教育の歩みをとらえ直したものである。ここでは、戦後の職場・地域サークル文化運動の果たした役割と戦前・戦後と受継がれてきた「平和文化の創造」の視点から、これら民衆の表現・創造活動の意義と未来を明らかにしている。

第9章　日常生活における表現活動とその文化的価値

片野　親義

はじめに

私は、二〇〇五年三月にさいたま市の公民館職員を定年退職し、同年四月から大東文化大学で非常勤講師として社会教育の講義を担当している。

公民館の職員を経験した者が、大学で学生たちに社会教育を語る意味はどこにあるのであろう。どうしたら、その意味を明確なものにしながら、公民館職員を体験した者でなければ語れない講義を展開していくことが可能になるのだろう。そのことが講師を依頼されたときからの私の課題であった。私は、とりあえず、次の三点を大切にしながら講義を組み立ててみることにした。

第一に、公民館における社会教育の学びの営みを具体的に再現しリアルに伝える。

第二に、社会教育職員としての自分の自己形成の体験をわかりやすく語る。

第三に、学生たちが社会教育を学びながら、社会教育を実体験出来るように工夫する。

最初の講義を行ったのは、四月一三日のことである。そのとき、私は、簡単な自己紹介をしたあと、いい講義をするために一生懸命努力をしたいという気持を学生たちに伝えた。そして、「いい授業は、私だけが努力をしても実現出来ないものである。だから、みなさんにも努力をしてほしいことがある。それは、授業中に私語をしないでほしいということである。私語は、講義を聴くことを拒否するという意思表示である。そういう人がいる教室で、私は、講義をしようとは思わない。だから、講義の途中で私語をしたくなったら教室から出ていってほしい。最初から私語をするつもりの人は、講義を聴く資格のない人だから、来週からこの教室に来ないでほしい」というお願いをした。

1　Sさんとの出会い

最初の講義を終えて、講師控室に向かっていたときのことである。一年生の二人の女子学生に〝先生〟と呼び止められた。大東文化大学で〝先生〟と呼ばれたのは、そのときがはじめてだったので、私は、一瞬びっくりした。振り向くと背の高い方のSさんが、ハンカチを目に当てて泣いていた。

「先生、授業中に泣いてしまって申し訳ありませんでした」Sさんが、そう言った。

私は、その日がはじめての講義であり、聴講の学生も多かったので、そのなかに泣いているSさんがいることに気がついていなかった。Sさんは、講義を聴きながら何かを感じて涙を流していたのであろう。

私は、Sさんに、「泣きたくなったら、泣いてもいいんですよ」と言った。「泣くことは恥ずかしいことでもないし、いけないことでもないんだから、授業中に泣きたくなったら、泣いていいんですよ」そう話した。そしたら、Sさんは、「どうして涙が出てきたのか、自分でもわからないんです」とつぶやくように言った。何が原因で涙が出てきたのか、自分で自覚出来なかったとしても、Sさんは、授業中に何かを感じていたにちがいない。何もないのに泣くはずがないからである。

しばらくしてから、Sさんは、「私、中学生のときいじめにあって、とても苦しい思いをしたことがあります。どうしていいかわからなくて、お母さんと一緒に自殺をしようと考えたことがあるんです」と語ってくれた。私は、その話を聴かせてもらいながら、自分の辛かった体験と、私が講義で語った人間としての生きざまが、Sさんの心のなかで重なって、自然に涙がわいてきたのだろうと思った。

私は、Sさんに、「いろいろなことがあって、そのときは辛かったでしょうね。でも、泣いているいまの自分を大切にした方がいいですよ」と言った。「そのときは辛かったと思うけど、たとえどんなに辛くても、自分にしか出来ない体験は、自分の大切な宝物だと思った方がいいですよ。だから、そういう体験は大切にしないとね」そう言ったら、Sさんは、大粒の涙を流しながら、再び泣き出してしまった。そして、「浪人をしながら、この一年間考えたんです。やっと、自分の力で、いまの自分を冷静に見つめられるようになったし、自分を乗り越えられる自信もついたので、今年、この大学に入学しました。過去の体験をバネにして、もう一度元気を出したいんです。勉強をしてみたいんです」と話してくれた。

Sさんは、自分の辛い体験を乗り越えて、人生に対する夢と、学ぶことに対する自分なりの憧れをいだきはじめているのだと思った。私は、「とてもよいお話を聴かせてもらって、どうもありがとう。いい授業になるよう、お互いに頑張りましょうね」と語りかけた。私は、そのとき、Sさんの意識のなかに人生を生きるためのドラマが生まれ始めていると思った。講義を聴きながら、Sさんは、生きる土台を揺さぶられている。授業を受けながら過去の苦しかった体験と未来に対して自信と夢を持ちはじめた自分の現在が重なり合って泣いていたのであろう。

その後、Sさんは、毎回の講義を聴きながら、新しい自分を探し始めている。講義を聴いているときのSさんの表情が、そのことを私に伝えてくれている。社会教育の現場でのささやかな体験が、Sさんの学びの役に立っているのかもしれない。もしかしたら、社会教育の体験を語ることによって、Sさんの人生を励ますことが出来るのかもしれない。そんな希望を持つことが出来た。

2 Sさんとの往復書簡

Sさんとの出会いは、大学での仕事始めの日に体験した嬉しい出来事であった。

退職してまだ間もないころ、公民館職員と地域住民の仲間たちから、ある研究会で三八年間の公民館人生を語ってほしいという依頼を受けたことがある。私は、そのとき、一九六七年四月に浦和市教育委員会に就職してから、定年退職するまでの自分を語りながら、最近、経験した嬉しい出来事として、大学におけるSさんとの印象深い出会いについて語った。後日、仲間たちが二時間にわたった講話の記録テープを起こし、『人生のドラマづくりに夢を託して』（社会教育推進全国協議会埼玉県南支部ブックレット）という表題の冊子を作成してくれたのである。その冊子には、最初の講義の日にSさんと交わした会話も、そのまま収録されている。私は、冊子が出来るまでの経過を簡単にメモした手紙を添えて、Sさんに、その冊子を一冊プレゼントした。それから数日後、講義のときにSさんから手紙をいただいた。Sさんからの手紙である。

片野先生、お手紙と『人生のドラマづくりに夢を託して』の本、どうもありがとうございました。『人生のドラマづくりに夢を託して』は、本の題名も内容も、とても素敵で感動してしまいました。本を読み終わって、やっぱり涙が止まりませんでした。

この感動を人に伝えたいのに、いざ伝えようとすると言葉が出てこなくて、すごく困りました。この感動は、私が人に伝えるより、この本を読んでもらった方が、一番まっすぐに伝わるのではないかと思いました。この本をいただいた時の嬉しい気持と驚きをいつまでも忘れないようにします。

本を読むことによって、片野先生の優しい言葉にまた出会えて、すごく嬉しかったです。片野先生の言葉には、すごく力があると思います。自然な言葉なのに、何故か目に飛び込んできて胸が温かくなってきます。片野先生は、誰かの話を聞く時、姿勢だけでなく心まで隣に立って話を聞いてくれますよね。誰よりも心の距離を近くに置いて話を聞いてくれる気がします。だから、私が泣いてしまったのも、片野先生のせいなんですよ。（笑）

私は、この本を読んで、自分の過去を振り返る機会にも出会えました。そして、これまで私なりに、たくさんの人たちに出会ってきたんだと実感して、すごく驚きました。片野先生は、〝出会い〟をすごく大切にする方ですよね。私は、片野先生と出会って、今までそんなことを考えたことがなかったこと、そして、自分がどんなに〝出会い〟を軽視していたかということに気づかされました。もしかしたら、過去になってしまった〝出会い〟から、もっと得られるものがあったのかもしれません。きっとまだ遅くないはずなので、私もこれから〝出会い〟を大切にして生きていきたいです。

私は、とても嬉しかったので、Sさんにすぐ返事の手紙を書いた。

お手紙ありがとうございました。

とても嬉しく、そして感動しながら読ませていただきました。

確かに私は、人との出会いを大切にして生きてきました。社会教育の学びは、人との出会いからスタートすると考えているからです。いい出会いというのは、他人から見ると信じられないように思われる場合が多いのではないかと思います。Sさんと私の出会いもそうです。ある所でSさんとの出会いの話をしたら、「一回目の講義で学生が涙を流すなんて信じられない。初対面の先生と学生が、そのような会話を交わすなんて、本当のことですか?」という感想が出されました。だから、私とSさんとの出会いも、第三者から見たら嘘のような話なんです。だけど、本当のことですよね。いい出会いというのは、そういう出会いのことを言うのだと思います。他人には、信じられないように思える出会いです。だから私は、Sさんと本当にいい出会いをさせてもらったと思います。一生忘れられない出会いになりました。

人に出会うということは、その人から何かを学ぶということです。Sさんも今まで自覚してこなかったのかも知れませんが、過去に出会った人たちからたくさんのことを学んでいるのだと思います。だから、今のSさんがいるのだと思います。私もそうです。生きるということは、自分ときちんと向き合うこと、そして、他人から学ぶことの積み重ねのように思います。

Sさんが、「片野先生の言葉にはすごく力がある」し、「自然な言葉なのに何故か目に飛び込んできて胸が温かくなってきます」と書いてくれているので、とても嬉しく思いました。私は、人間はいつも相手の立場に立って物事を考えること、お互いに信じ合うことが大切だと思っているので、私のそんな気持がSさんの心に届いたのかもしれません。

私は、最初の講義のあと、Sさんが泣きながら自分の中学生時代の辛くて苦しかった体験を語ってくれたことに感謝しています。あの時、私がSさんを信じて話したのと同じように、Sさんも初対面の私を信じて語ってくれているのだと思いました。人間同士がお互いに信じ合って、思っていることを語り合えるというのは、人間の持っている宝物です。これからも、授業で感じたこと、読んだ本の感想、生きていて思うことなど……なんでもかまいませんので書きたくなったら、いつでも手紙を書いてください。

しばらくして、講義の時に、Sさんから再び手紙をいただいた。

お手紙、どうもありがとうございました。

先生が、私の手紙に感動したと書いてくださって、とても驚いています。思ったことを正直に書いただけなんですが……。きっと、片野先生が素晴らしい方なので、私の手紙もその力をもらって〝いいモノ〟になれたのかもしれません。

人を感動させることは、とても難しいことだと思います。映画にしても、音楽にしても、本当に心に届く〝モノ〟に出会えることは、滅多にありません。それを片野先生は、ご自身の体験を授業で話すことによってされてしまうのだから、本当にすごいと思います。でも、一番大切なことは、人を感動させることより、何かを体験し、そこから何か大切なことを得て、感動出来る人間になることではないかと、片野先生を見ていて思いました。

片野先生と出会って、私のなかのいい出会いと呼べるものを探してみました。

それはとても少なかったけど、私にとっては、すべてかけがえのないものです。そのうちの出会いの一つが、私が、高校一年生の時に出会った大切な友人との出会いです。本当は、この出会いについて、片野先生に話していいのだろうかと悩んでいました。それは、私だけの問題ではないし、軽々しく書いていいことではなく、またこれを書いたら片野先生を悲しませてしまうと思ったからです。けれど、私は、ずっと片野先生の第一回目の講義であったこと（注・泣いたこと）について考えていました。その答えに、私の友人の話は欠かすことが出来ません。

私の友人は、私と外見も性格も全然違うのに、私と本質的にとてもよく似ています。彼女は完璧主義で、どんな小さな悩みも決して誰かに頼ろうとせず一人で解決しようとします。

（途中省略＝Sさんの友人とその家族の深刻な悩みが克明に綴られているので……）

彼女は、とても強い子です。倒れる一歩手前まで完璧な優等生を演じ続ける、そんな子です。私は、彼女と彼女の家族をそんな状況に追いやった大人と社会が許せなくて悲しかったです。

壊れかけた社会に絶望して、どうしようもないのかと諦めていた時、片野先生の授業がありました。あの時、どうして自分が泣いてしまったのかわからなかったのですが、今だったら少しわかる気がします。世の中に片野先生のような人がいると知って、出会えて嬉しかったのだと思います。

私は、悲しい涙を止める方法は知っているし、かなりの意地っ張りなので、人前で泣くなんて滅多にありません。歯をかみ締めて相手を睨みつけるような目でいれば、涙を流さずにいられます。

でも私は、嬉しい涙を止める方法を知りませんでした。片野先生は、いつも相手のことを本当に思って会話をなさいますよね。私には、それがとても嬉しくて、涙を止めることが出来ませんでした。私は、同情に似た優しさなんて嫌悪していますし、そんな感情を自分に向けられたら、きっと内心では相手を蔑んでしまうでしょう。でも、片野先生の優しさは、今まで私が体験した、どの優しさとも違いました。だから、とても嬉しくて、親友以外の人には話していない過去を話してしまいました。

本当は、私にあまり非がないとわかっていても、自分自身の存在が否定されていたことなんて他人に話したくないです。私の友人のことも、本来なら話すことではないかもしれません。これは、私の悲しみだけでなく、友人の悲しみでもあるのだから。そして、この手紙で片野先生を少しでも悲しませてしまったらと思うと、とても悲しいです。私は、片野先生と出会って、自分のなかに存在していた圧倒的な絶望感が薄らいだ気がします。

先月、交通量の多い十字路の横断歩道で倒れているおじいさんを、周りのたくさんの人たちが誰一人助けようしない現場に遭遇して、とても悲しい思いをしました。私にとって、倒れている人を助けるのは当たり前のことなのに、他の人にとっては〝助ける理由〟を必要とする行為なんですね。多くの人は、違った意味で自分自身を大切にし過ぎているんだと思います。幸い、そのおじいさんに怪我はなく、お酒をのみすぎて歩けなくなってしまったということでした。

「一人暮らしで、寂しくて飲みすぎてしまって……」

世界には、いろいろな悲しみがあらゆる所にあります。そのうちのいくつかは、一人一人の勇気と行動があれば、なくすことの出来る悲しみだと思います。けれど、今の世の中でそういうことが出来る人は少ないのではないでしょうか。その方が、今の世の中を〝上手に〟生きていけるんだと思います。

ある文芸家は、私たちの世代を「傷ついた若者の世代」と呼ぶそうです。傷ついて自己防衛しようとする行動は当たり前なんですが、多くの人たちは、その方法を間違っているのではないでしょうか。私には、まだ、どうしていいのかという答えは見つかっていません。けれど、きっと、また倒れている人を見たら、私は、何も考えずに駆け寄ってしまうと思います。

私は、Sさんにもう一度、返事の手紙を書いた。

お手紙、とても嬉しく読ませていただきました。

Sさんが、今までの出会いのなかで、いい出会いというものを探してみたことは、とても良かったのではないかと思います。人間は、毎日、さまざまな出会いを繰り返しながら生きている動物です。意識しないと素晴らしい出会いを経験していても、気がつかないまま月日が過ぎ去ってしまうということがよくあるものです。

高校一年生の時に出会った大切な友人のことを話してくださって、ありがとうございました。いい友人を持っていて幸せですね。彼女にとっても、Sさんは、一生の友人になっているのだと思います。お互いが出会ったことを大切にしながら、これからも友情の絆を深めていってほしいと思いました。

人間は、どんな人であってもみんな不完全です。友人の彼女が完璧に見せかけて人生を生きようと思っても、それは無理な話だと思います。無理をすると人間は疲れます。だから、野原に立っている柳のように生きていくことが大切なのではないでしょうか。周りを流れる風に身をまかせて揺られながら、しかし、自分のなかに芽生えた新しい芽は、しっかりと成長させていく、あの野原の柳のように……。

そう考えると自分を完璧な優等生と思う必要もないし、無理をしながら生きる必要もなくなるのではないでしょうか。ありのままの人生を生きるということが大切なのです。ありのままの自分と向き合いながら、一生懸命に生きていくことが、その人の人生を輝かせるのだと思います。一回目の授業のあとに、Sさんが泣いていた理由が、私なりによくわかりました。ありがとうございました。


私は、二〇〇六年一月一一日、その年度の最後の講義を行った。

その日、Sさんは、出席カードの裏に小さな文字で、びっしりと一年間の感想をメモにして書き綴っている。

Sさんの感想メモである。

講義の時、片野先生が私たちの書いた出席カードの裏の感想を全てファイルに入れて、とても大切そうに保存しているのを見て驚きました。今日の一年間のまとめの講義を受けて、片野先生と初めて、この教室で出会った日のことを思い出しました。最初、初めて片野先生に出会った時、先生の持つ強いオーラに驚き、一瞬思考が止まりました。今でも、先生が、初めてこの教室に入って来た時の驚きを覚えています。講義のあと、廊下で私が、片野先生のことを〝先生〃と呼んだら、片野先生は一瞬驚いた顔をして、そのあとすぐ暖かい笑顔になってくれたのを覚えています。あの時、私は〝ああ、この人は普通の学校の先生とは違う人なんだな〃ということを感じて嬉しく思いました。

一年間、講義などありがとうございました。先生は、お忙しい方なので、お体に気をつけてください。

さらにSさんは、「提出レポート」の最後に、一年間の授業を受けての感想を次のように記している。

社会教育とは、ある問題を一人で解決出来ず、また広い目で見た時、自分だけの問題でなかったのなら、それをどうやって解決していくのか、お互いに手助けをし合う場なのではないか。そして、そこで問題の解決策を模索している間に、さまざまなことを勉強していくのだろう。それは、その人の考え方を変えていくことにつながり、それは、今後のその人の人生を変えていくことになる。社会教育とは、学びの営みの場だが、その学びが始まるひとつのスタート地点は、こういったところからでも始まるのだろう。

たとえ、その人が学ぼうと始めたのではなくても、社会教育に関わっていくうちに、その人の心のなかで何かが変わっていくはずだ。その学びは知識だけではなく、人というものはどういうものなのか、支え合うとはどういうことなのか、といったことを実感し、学ぶ場なのだろう。それは、詰め込むだけの知識ではない。そのことは、もっとも人の生活に密着した学びなのだ。私は、社会教育というものを知るまで、こういったことまでが学びだとは思わなかった。この社会教育の授業を受け、そして、このレポートを書きながら、私のなかでも少しずつ何かが変わってきているような気がする。私のなかでの社会教育は、学びの場でもあるが、人と人とが支え合う場だとも思っている。

片野先生のおかげで、社会教育に出会い、社会教育というものを知ることが出来た。片野先生の社会教育の授業を受けられて、本当に幸運だったと思う。これからの課題は、この社会教育の考え方を私のなかで、いかにいい方に活用していくかではないかと思う。たとえ、将来、社会教育の仕事に就かなくても、この社会教育的なものの考え方は、私のなかで消えたりはしないだろう。それは、社会教育の歴史や現状など、社会教育についての知識よりも、私にとっては、もっとも大きな宝物のように思える。私のなかでの社会教育の考え方は、輪郭が曖昧で、まだ固まっていない。しかし、だからこそ、固まっていない間に、いろんなものを吸収出来るのではないか。固まった考え方を持つことも大切だと思うが、固まった考え方になっても、素晴らしいものを素直に受け入れる柔軟性を、いつまでも持ち続けていたいと思う。これからも、私のなかでの社会教育を確実なものにするために、それらに関係する本を読んで勉強していきたい。一年間にわたるご指導、本当にありがとうございました。

3　日常生活における表現の文化的価値

『広辞苑』では、文化とは、「人間が自然に手を加えて形成してきた物心両面の成果」であり、西洋では「人間の精神的生活にかかわるもの」をさす。

ここでは、これまで述べてきた私とSさんとの日常的な人間的交流を例に、日常生活における表現が持つ文化的意味について考えてみたい。

人間の精神的生活が豊かになることに作用するはたらきかけを文化と位置づけると、私とSさんとの人間的交流のなかに、注目しなければならない三つの文化的要素が存在していることに気がつく。第一は、「出会う」ということである。第二は、「交換する」ということである。そして、第三は、「表現する」ということである。

「出会う」ということは、人間の日常生活にとって欠かすことの出来ない営みである。生活のすべてが出会うことから始まるといっても過言ではないからである。どんな人の何に出会うか、そして出会いのなかで何を発見するか、その人から何を感じ取るかは、出会いのあとに生じる人間の精神的生活のあり方を決定するキーワードである。

私とSさんは、初対面のわずかな時間で、お互いに信じ合える人間的関係をつくり上げることに成功した。Sさんは、手紙と感想文のなかで、お互いが信じ合えることを可能にした条件として、私に対して「普通の学校の先生とは違う人」だと感じたこと、「相手のことを本当に思って会話をする人」だと思ったこと、「優しさの質が違う」と思ったこと、「心の距離を近くにおいて話を聞いてくれる人」だと思ったことをあげている。私がSさんを信じられる人だと判断した理由は、Sさんが初対面の私に、泣きながら自分の本当に辛くて苦しかった過去を語ってくれたからである。

お互いが信じ合える人間関係を構築するということの意味は、どこに存在しているのだろう。「出会う」という行動は、間違いなく新しい文化的価値を生み出す行為である。私とSさんは、出会って信じ合うという関係を築きながら、お互いに自分が持っていない相手の人間的価値に触れるという新しい体験をすることが出来た。お互いが自分の持ち合わせていない人間的価値に出会い、それを共有し合うという体験である。そのことは、お互いが人間としての精神的生活を豊かにしていくうえで大きな役割を果たしているように思える。そうした役割の内実を明らかにしていくためにも、もっと、日常生活における「出会う」という行動の持つ文化的意味とその価値について、掘り下げた議論が必要なのではなかろうか。人間同士が信じ合うことによって、豊かな精神的生活をおくることが出来る状態は、ひとつの文化の形態である。だから、「出会う」ことによって信じ合える人間関係を構築することは、すぐれた文化創造の活動そのものなのである。

一方、「交換する」という行為は、お互いの言動を通して、お互いが保持しているものをやりとりするという行動である。それは、自分と相手を見つめるということでもあり、自分の持っているものを相手に伝えるということでもある。同時に、相手の立場に立って物事を考えるということにもつながる行為である。この「交換する」という行為は、あいさつなどの表面的な行動に代表されるように、日常生活のなかで数多く繰り返されていることである。そうした「交換する」という行為を人間の精神的生活を豊かにするという側面から考えると、お互いに何を交換し合うかという、交換するものの質を考えることが大切であるということになる。そのことの意味についても、文化を論じる場合、意外に見過ごされてきているのではなかろうか。映画や紙芝居や絵本や絵画などのように人間が創造してきたものと、生きている人間との間に交わされる精神的価値や意味については、これまでも、さまざまな角度から論じられてきている。しかし、生きている人間同士がお互いの持っているものを交換し合うという行為に内包されている文化的意味については、そう深まった議論がなされてこなかったのではなかろうか。

私とSさんは、手紙を交換するという行為を通して、人間的価値の何を交換することが出来たのであろう。私は、手紙を「交換する」という行為を通じて、Sさんと、「人間が支え合うことの大切さ」と「人間は変わり合えるものであるという実感」を交換することが出来たように思える。そのことは、人間として相手の役に立ちたいという感情と、そうした自我の芽生えを生じさせることにもなる。そして、その感情は人間が相手に注ぐべき人間愛としての感情を持つことの大切さを自覚することに発展していくのである。そのように考えてみると、人間がお互いに保持している資質や考え方を「交換する」という行為のなかに、とても重要な意味が内包されているように思える。このことについても、その文化的価値を深める議論が必要なのではなかろうか。

また、「表現する」という行為も日常生活には欠かせないことである。私とSさんとの間で交わされた具体的な表現としての行動は、語り合うこと、手紙を書くこと、感想文を書くことであった。表現としての手段は、会話、文字、映像、写真、絵画などさまざまであるが、なかでも文字による表現は、人間の表現活動のなかでも、その中核に位置づけられなければならない行為であろう。同じ文字表現であっても、パソコンの文字と直筆の文字では、伝わってくるものが違うように感じられるのはなぜなのだろう。それは、パソコンの文字では伝えることが出来ないもの、直筆でなければ伝えられないものがあるからなのではなかろうか。たとえば、人間の生きた感情は、パソコンなどのつくられた活字によって、そのすべてを伝えることが出来るものなのであろうか。本来、人間的感情をパソコンの文字などのつくられた活字で、正確に伝えることは、不可能なことなのかもしれない。もしかしたら、伝えることに一定の限界があるのかもしれないのである。私たちは、現代社会の便利さに流されて、つくられた活字によって、相手にすべての生きた感情が伝わっているはずだという思い込み、つまり錯覚をしているだけなのではなかろうか。本当は、パソコンなどの文字で伝えることが出来るのは、事務的な要件だけの世界なのかもしれないのである。

人間が持っている生きた感情は、機械によってつくられた活字としての文字によって伝わるものではなく、身体を駆使した直筆という表現の手段によって、より完全に伝わるものなのではなかろうか。写真ではなく、直接、顔を会わせることによって、生きた感情が相手に伝わるのと同じようにである。そう考えると、直筆による表現とパソコンなどによる活字の表現の違いについても、「表現すること」と「人間的感情の伝達」という観点から議論を深める必要があるように思える。だから、「表現する」という行為が持つ文化的意味は、とても重要なものとして位置づけられなければならないのである。

人間が人間たるゆえんは、お互いの持っている感情を、生きたまま相手に伝えることが出来るということである。私とSさんは、直筆で手紙の交換を行った。もちろん、パソコンやメールなどのつくられた活字によって、お互いの意志を伝え合うことも可能であった。しかし、私もSさんも直筆による表現方法を選んだ。私は、自分の生きた感情を、直接、Sさんに伝えるためには、それが一番有効な方法だと考えたからである。気持がそのまま伝わるのではないかと思ったからである。Sさんも、きっと、そう考えたにちがいない。私と同じように、自分の生きた感情を、飾らずに、そのまま素直に、私に伝えたいと思ったのではなかろうか。それは、便利とか、早いとか、文字がうまいとか、下手とか、綺麗とかという次元の問題ではない。もし、便利さと綺麗さを優先することによって、人間の生活から感情表現としての直筆の文字が消えたとしたら、それは、恐るべき人間的感情の退廃と文化的荒廃を招くことになるのではなかろうか。人間の精神的生活に大きな打撃を与えることになるのではなかろうか。

第10章　共感と応答の文化「紙芝居」を見直す
——児童文学作家・川崎大治の「教育紙芝居」活動にもふれて

穂積　健児

はじめに——なぜ今、「紙芝居」か

(1) 紙芝居への注目と広がり

「「次はどんな絵が出てくるかな」とわくわくして、絵が抜かれるのを待つ子どもたち。紙芝居は見る側の子どもも演じる側の大人も、みんなの心が共感しあう児童文化だ」

この記事は、東京三多摩のタウン紙「アサヒタウンズ」（二〇〇五年九月八日付）の一面トップに載ったものである。そこにはさらに、「最近、若いお母さんたちに紙芝居が注目されている」「紙芝居はセリフが中心なので、臨場感がある。作品の世界が現実の空間に広がる」「演じ手と観客がコミュニケーションすることで作品の世界への共感が生まれてくる」と書かれ、三多摩各地で実施されている各種の「紙芝居講座」も紹介されている。

二〇〇五年現在、全国的な研究会・交流会も、全国紙芝居まつり、箕面《みのお》紙芝居コンクール（大阪）、紙芝居サミット（埼玉）、紙芝居文化推進協議会（神奈川）、出前紙芝居大学（紙芝居文化の会）等が活動し、地域的には北は北海道から南は沖縄まで、大小さまざまなグループ・サークル、そして高校生の部活動（愛知県黄柳野《つげの》高校）や大学の授業にまでなっている。[1] また、ベトナム、ラオス、フィリピン、インド、中国、韓国、アメリカ、スウェーデン、イギリス、そしてイタリアやオランダ等諸外国でも作品紹介や講座が実施されている。[2]

子どもの文化研究所所長の寺内定夫は「紙芝居には肩を寄せ、いっしょに笑ったりする楽しさがある」[3]と言い、埼玉県蕨市で生まれた紙芝居グループ「紙ふうせん」の代表・中平順子は「紙芝居には心を解き放したり、温かい気持ちにさせたりする力がある。だから子どもにも、お年寄りにも喜ばれるのでしょう[4]」と話す。まさに、一方通行で、テンポの速い現代のテレビやコンピューターゲーム文化にはない「人間同士の心の通い合い、人間としての根源的なもの、人間の本質」がそこにはある。だから国境を越えて受け入れられるのではないか。

(2) 人間の「根源的能力」と紙芝居

「人間は自己表現なしには生きていけない存在」だといわれている。人間の最初の自己表現は「オギャア」という産声だともいわれている。それは生命維持のための呼吸ができたことを、周囲の大人に知らせるが、哺乳類のなかで、もっとも弱い生きものとして生き延びるために「オギャア」という産声で「他者の助けを求める」「他者とともに生きる」ことが不可欠な存在であることを証明してもいる。[5]

つまり、人間にとって、生きることと自己存在表現とは表裏一体である。一方、こうした人間の根源的能力が、現代の機械を媒体としたハイテク文化や表現行為、現代的豊かさや過度の競争社会、何者かに追われるような忙しさのなかで衰退しつつあり、感情表現がとぼしく、他者との信頼や連帯の意味が見いだせない人間が多くなっている。

このような時期に、人間の「五官」(目、耳、鼻、舌、皮膚の機械を媒体としない生の感覚)を通して表現、伝達し、「五感」(見る、聞く、嗅ぐ、味わう、触れる感性)に訴え、大勢の仲間とそれを享受し、演じ手と受け手の交流や共感をつくり出す、日本の独自な、伝統的な紙芝居は、衰退しつつある人間の「根源的能力」（自己表現能力・他者との共生なしには生きられない共感・応答の能力）を取り戻すさまざまな文化・芸術活動の重要な一分野だと考える。

1　紙芝居とは何か――日本独自の児童文化

⑴ 紙芝居の源流はアジア

紙芝居は日本独特の児童文化・文化財であり、日本人が創造した「表現媒体」だといわれている。しかし、その源流をたどっていくと、アジアや欧米の文化との深いかかわりが見えてくる。インドから伝わり、日本のお寺で行われた「絵解き」（絵を見せながら語る）やオランダから入ってきたレンズを使った「写し絵」「錦影絵」、大道芸の「のぞきからくり」などから「立絵（たちえ）」と呼ばれる「紙人形芝居」が生まれ、のちに「平絵（ひらえ）」と呼ばれる「紙芝居」が誕生した。[6] 紙芝居はアジアの文化を親にもち、日本で生まれ育った日本独特の「児童文化・文化財」であるといえよう。その紙芝居が最近、アジアのベトナム、ラオス、インド、中国をはじめ、欧米各国へ広がり始めているのも不思議なめぐり合わせだと思う。

⑵ 「街頭紙芝居」と「教育紙芝居」

日本の紙芝居を語るとき、「街頭紙芝居」と呼ばれる紙芝居と「教育紙芝居」と呼ばれる紙芝居をぬきには語れない。

「街頭紙芝居」は、自転車の荷台に紙芝居の舞台を載せて街角、路地裏で拍子木をたたいて子どもたちを集め、アメなどを売り、いつでも「悪漢に追われるメリーさんの運命やいかに！」「そこに現われたのは正義の味方黄金バット!」という語り口調で「はい、続きは明日ね」で終わった。現在、五〇～六〇歳以上の年代はワクワク、ドキドキしながら明日をまっていたものだった。

『紙芝居昭和史』[7]によれば、「街頭紙芝居」が全国に普及したのは一九三一（昭和六）年ごろだとされている。「蟻友会」という紙芝居製作所がスタートで、肉筆の絵で一組しかつくらない紙芝居（原画）は、貸元から順番に貸し出されて演じられた。「蟻友会」におけるシステムとしては、絵の貸出しと飴の卸売りはテキヤのやり方が踏襲された。当時、関東大震災や世界経済恐慌などで失業者した人々が集まり、町角、路地裏、公園で、紙芝居を演じながら、アメやセンベイといったお菓子を売って、日銭を稼ぐ「紙芝居屋」という商売がまたたくまに出来上がっていった。

ところが、大衆児童文化としてスタートした「紙芝居」は、その生い立ち、商売の方法、売っている飴などの取り扱い等で「非難」を浴びることになる。当時の新聞紙上では、「①街角などに子どもたちが群がるので、交通の邪魔になる。②紙芝居屋が汚い手で飴など扱うので、非衛生的。③内容が荒唐無稽、画面は刺激的で、教育的に害がある」[8]とされた。

こうした状況に対して、子どもたちの心をとらえる紙芝居をキリスト教の布教、幼児教育、学校教育、校外教育に活用しよう、教育的紙芝居をつくろう、文化・芸術性の高い作品をつくろうという機運が盛り上がった。これが、教育紙芝居運動といわれるものである。

「教育紙芝居」は、「街頭紙芝居」のように手書きの原画を貸し出すのではなく、大量に「印刷された紙芝居」として出版されたため、「印刷紙芝居」「出版紙芝居」ともいわれた。教育紙芝居は、全国の学校、保育実践（農繁期保育所運動等）、校外教育活動（セツルメント活動等）などでおおいに活用され、綴り方教育運動、北方性教育運動の教員たちとも結びつき、芸術性の高い作品も生み出された。

(3)《主食》ではなく《おやつ》——大衆的児童文化

心理学者の乾孝は「幅広い可能性をもった普段着の媒体のひとつ」が紙芝居であり、テレビやアニメなどの他の視聴覚媒体とムリに区別する必要はないと述べている。しかし、大勢で観たり、演じ手の動作や言葉づかいによって紙自身が芝居をするのは、紙芝居以外にない。乾は、お噺だけでなく科学の問題、環境問題、生活課題等を紙芝居にすれば、よく伝わり、見た人たちの心をつなぐことが可能だといっている。[9]

また、詩人の畑中圭一は「街頭紙芝居」を中心に、紙芝居の魅力を①「開放的で自由な雰囲気」②「共に楽しむ喜び」③「夢中にさせる娯楽性」と三つに整理し、紙芝居は「子ども向けの《大道芸的大衆文化》だ」と述べ、芸術的な香りの高い児童文学作品が「主食」とすれば紙芝居は軽い「オヤツ」だと表現し、いずれも子どもたちにとって必要なものだと主張している。[10]

あるいは、紙芝居作家であり指導者でもある堀尾青史は「紙芝居は絵本の文章とちがって「語り」と「せりふ」によったドラマ」であり、「主人公やワキがいて、何ごとかの事件を通じて結末へ進み、作品の目的をはっきり打ちだすようにできている」ので、子どもたちは、「見はじめるとたちまち物語の発端を知り、どうなることかとひきずられ、見終わったとき、みんなが共通して心のなかに変化がおこる」から、よい紙芝居は「かならず心の変革、進展、情操が深まる」ものだと記している。[11]

さらに、児童文化・文学研究者の菅忠道は、「紙芝居のよいところはドラマツルギー（演出法）もあり、大衆性と芸術性の統一をやってきた」（カッコ内は著者注）ことであり、「演劇とおなじで観客がなくてはなりたたない」が「演者は身近な形で、機械の操作とちがう親しさ」があり「やる方がはりきれば観客も感動する」という魅力がある、と述べている。[12]

(4) 戦後のＧＨＱの占領政策でも注目

日本の伝統的な子どもの文化・文化財である紙芝居は、ＧＨＱ[13]の占領政策のなかでも、子どもを中心とした大衆的なメディアとして注目された。

「紙芝居はタテ一八インチ、ヨコ二フィートの大きさのプラカードに描いたもので構成されている。紙の表側に絵が描かれ、裏側に会話や説明文が書いてある。二〇枚から三〇枚のプラカードで一つの劇を完成させている。旅芸人のような男は材料いっぱいつめたトランクを運び、小さな村や大きな町にスタンドをつくって一つの劇を演じている。観客の大部分は子どもで、芝居を見た後に金を払う。[14]」

これは、ＧＨＱが占領政策の一環として、日本の紙芝居のメディア的価値に注目して調査した担当官の報告である。ＧＨＱは、戦前の「国策紙芝居」、戦後の「街頭紙芝居」の隆盛や、「左翼プロパガンダ」の登場を目の当たりにして、紙芝居を他のメディア規制と同様、検閲の対象にした。[15]公表禁止処分の紙芝居は大量に廃棄したが、なかには検印を偽造する者も現われ、見せしめのために、紙芝居業者を軍事裁判にかけるということまで実施した。

(5) 「紙芝居」と「絵本」の違い

絵本作家であり紙芝居作家でもある、まついのりこは、絵本と紙芝居の違いを明らかにすることによって紙芝居とは何かを述べ、絵本と紙芝居は「車の両輪」のように、どちらも大切なものであると述べている。

つまり、絵本とは「本の中に読者が入っていき、自分という個の存在で作家の世界を自分自身のものにしていく、そのよろこびによって個の感性が育まれていく」ものであり、紙芝居とは「現実の空間に、作家の世界が出ていきひろがる中で観客が共感によって作家の世界を自分自身のものにしていく、そのよろこびによって共感の感性が育まれていく」ものであると整理し、「個の感性は共感の感性の中で解き放たれ、ひびきあい、共感の感性は個の感性の中で深められ、生きていくことのすばらしさが高められていく」「個と共感というふたつの感性は、人間が、人間らしく生きていくために」車の両輪のように大切なものだと主張している。[16]

2　紙芝居の歴史と現状

(1)　発生――日本独自の文化として

紙芝居のルーツは、アジアや欧米にまで遡るが、日本のなかでは「絵巻」や「物語絵」「絵解き」につきあたるといわれている。いずれも「絵を見せながら語る」という享受方法は同じで、のちの「覗きからくり」や「写し絵」の源流になったといわれている。

江戸末期から明治・大正期にかけて、これらは評判の見世物だったということである。写し絵から「立絵」が誕生した。立絵は「紙芝居」とも呼ばれ、紙人形が芝居をするからそう名づけられたと伝えられている。これが、紙芝居の直接的な前身とされている。

(2)　街頭紙芝居時代

一九三〇（昭和五）年、東京の下町に現在の形式の紙芝居が出現する。一枚の画面に人物も背景も平面的に描かれているので、「立絵」に対して「平絵」と呼ばれた。街頭で演じられた「黄金バット」や「少年王者」などは子どもたちの人気を集め、演じ手も、関東大震災や不況で失業者が紙芝居屋に転じるなど、隆盛を見せ、一九三一（昭和六）年末の東京で、二〇〇〇人ほどの紙芝居屋がいたといわれている。[17]（この時代の主な作品や作家は、鈴木一郎・永松武雄「黄金バット」、山川惣治「少年タイガー」、伊藤正美・加太こうじ「ハカバキタロー」等である。[18]）

(3) 昭和初期の紙芝居隆盛期

一九三〇（昭和五）年の「街頭紙芝居」に触発されて、また、非教育的という非難をふまえ、昭和初期（昭和六年～一〇年）にはさまざまな系譜の紙芝居が誕生した。

一九三一（昭和六）年、キリスト教社会運動家の今井よねがキリストの教えを広めるため作成した福音紙芝居・「紙芝居伝導団」の活動や「童心主義[19]」による高橋五山の幼稚園紙芝居・仏教紙芝居が続いた。また、東大セツルメントにいた松永健哉は一九三三（昭和八）年、当時のソ連映画の話題作「人生案内」を紙芝居にしてセツルのキャンプなどで演じ、注目された。（この時代の主な作品や作家は、今井よね「獅子穴のダニエル」、高橋五山「金のさかな」「魂まつり」、松永健哉「人生案内」等である。[20]）

(4) 日本教育紙芝居協会の設立

松永が推進した校外教育紙芝居は、紙芝居自身のもつ「大衆性」「教育的効用性」を背景に、これまで幼児に限られていた対象を「青年および一般」にまで広げ、一九三七（昭和一二）年に「日本教育紙芝居連盟」を、翌一九三八（昭和一三）年には「日本教育紙芝居協会」という組織を結成した。（この時代の主な作品や作家は、堀尾青史「うづら」、川崎大治「オサルノラッパ」、奈街三郎・菅忠道「タンポポの三ツの種子」等である。[21]）

(5) 国策紙芝居の時代

ところが、当時の日本の情勢のなか、紙芝居はその簡便性、訴求力、大衆性のゆえに、日本の戦争遂行の手段として「国策紙芝居」に変遷していく。子どもの感性を伸ばし夢を与えた紙芝居は、一転して「軍国少年」づくりに手を貸し、当時のほとんどの紙芝居作家たちは「国策紙芝居」作家に転落した。しかし、皮肉にも「国策」であったがために、紙芝居は組織的に、急速に普及し、「国策紙芝居」を「軍国紙芝居」と批判した街頭紙芝居のグループも「国策紙芝居」をつくるようになり、一九四三（昭和一八）年の統計では印刷紙芝居の版元一八社、部数約八四万部という数字がでている。[22]（この時代の主な作品や作家は、鈴木紀子「軍神の母」、松永健哉「爪文字」、稲庭桂子「櫛」等である。[23]）

(6) 非国策紙芝居

戦時色が強まるなかでも、城戸幡太郎らが設立した保育問題研究会のメンバーを中心に、幼児紙芝居の分野では、ファシズムに対抗する良心的な動きがあった。[24] 川崎大治はその代表的な作家である。川崎は、農村での「農繁期保育所」の実践をもとに一九四二（昭和一七）年に「太郎熊、次郎熊」（前・中・後編）を教育紙芝居協会から出版した。

戦時下の当時であっても、国策紙芝居だけでは喜ばれなかったため、戦争とは無縁の文芸作品が求められたという背景もあった。[25]（戦時下で良心的な作品は、川崎大治「太郎熊、次郎熊」、堀尾青史「芭蕉」「一茶」「キツネノゲントウ」、濱田廣介「泣いた赤鬼」、芥川龍之介原作、鈴木景山脚本「蜘蛛の糸」等である。[26]）

(7) 敗戦直後の紙芝居

敗戦後、焼け野が原のなかでいち早く街頭紙芝居はよみがえる。家を焼かれた人、復員後職のない人が手軽に日銭の稼げる紙芝居屋になり、また楽しみが何もない子どもたちが、唯一街頭紙芝居を楽しみにしたこともあり、街頭紙芝居は紙芝居の歴史上、二度目の隆盛を極めた。

敗戦翌年の東京では貸元六社、紙芝居屋一五〇〇人ほど、大阪でも、一九四九（昭和二四）年には貸元八〇社、紙芝居屋一五〇〇人という数字がでている。[27]

一方、教育紙芝居は国策紙芝居として戦争に協力したことを認め、その反省からの出発となった。また、GHQも日本独特のメディアである紙芝居に着目し、調査・研究、検閲等を実施したことは、先に述べた通りである。

戦後、教育紙芝居は街頭紙芝居と合流するが、稲庭佳子や加太こうじらによって「民主紙芝居人集団」が組織され、一九五〇（昭和二五）年には街頭紙芝居の浄化と戦後の民主化をめざした「教育紙芝居研究会」に発展し、紙芝居出版を目的とした「日本紙芝居幻灯」も併設され活動が開始された。（この時代の主な作品や作家は、稲庭佳子「平和のちかい」、高橋五山「こねこのちろちゃん」、川崎大治「おおかみの王さま」、加古里子「わっしょい　わっしょい　ぶんぶんぶん」等である。[28]）

(8) 現状――「街頭紙芝居」の衰退と「教育紙芝居」の広がり

昭和三〇年代後半になると、いわゆる「電気紙芝居」と呼ばれたテレビが普及し、街頭紙芝居は急激に衰退していった。現在街頭紙芝居としては、大阪府に二〇人近い業者が演じているという情報があるが[29]、全国ほとんどの地域で紙芝居屋さんはいなくなってしまった。こうした状況を反映して、当時、街頭紙芝居の加太こうじの元にいた白戸三平、水木しげる、小島剛夕らは、街頭紙芝居の手法をひきついで漫画家になり、それが現在の「アニメ映画」につながっている、という指摘がある。[30]

一九六七（昭和四二）年度から文部省により実施された「第一次教材整備十カ年計画」によって紙芝居が学校から締め出され、紙芝居出版社の「童心社」と「教育画劇」は保育紙芝居、幼児紙芝居に活路を見いだしていった。

一方、童心社の稲庭、堀尾、川崎らは出版紙芝居を褒賞する「五山賞」を制定し、紙芝居活動を励ますとともに、現在、紙芝居活動が元気になってきている土台をつくった。

また、一九六九（昭和四四）年に稲庭、堀尾、川崎らが紙芝居関係者と創立した「子どもの文化研究所」の活動や、絵本・紙芝居作家の「まついのりこ」や童心社社長の酒井京子らによって、二〇〇一年に結成された「紙芝居文化の会」の活動で、紙芝居の歴史や理論の研究、セミナーや講座の開催、作品や資料の所蔵・保管、交流なども盛んになり、外国（ベトナム、オランダ、イタリア、ドイツ、スイス等）にも広がりはじめている。ハイテク文化やバーチャルな人間関係が問題になっている現代、まさに人と人との生身の共感関係をもつ「紙芝居の力」（朝日新聞、二〇〇二年一月）があらためて見直されている。新しい紙芝居運動のはじまりといえるのではないだろうか。（現在の主な作品や作家は、松谷みよ子「松谷みよ子民話紙芝居」、香山美子「どうぞのいす」、堀尾青史「くじらのしま」、まついのりこ「おおきくおおきくおおきくなあれ」等である。[31]）

3 児童文学作家・川崎大治と紙芝居実践

(1) 児童文学者が子どものなかへ（子どもの実態調査）

川崎大治は「口演童話」の巌谷小波に師事して、児童文学作家をめざし、プロレタリア児童文学運動に参加した。常に「子どもに学ぶ」という姿勢で直接子どもたちのいるなかに飛び込み、子どもたちと遊びながら子どもたちを観察していた。一九三一（昭和六）年、槙本楠郎とともに「小さい同志」を出して知られるが、その後も「太陽をかこむ子供たち」、「ピリピリ電車」、「夕焼けの雲の下」と、常に働く子どもや労働者・農民の子どもたちを生活に即して描きだし、その裏に川崎の主義主張を込めながら、抒情や理想を追い求めていた。川崎のこうした創作姿勢や活動を評して、堀尾青史は「文学者ではあるが実践運動家であることが川崎さんの重味のあるところだ[32]」と言っている。

(2) 農繁期保育所と紙芝居

川崎大治はプロレタリア児童文学運動に参加したことで、一度検束されている。しかし、それ以降、ますます子どもたちの生活そのものの実態をつかみ、彼らを苦しめている原因をあばき倒していこうと、子どもたちとすぐに仲良くなれる紙芝居を一生懸命実演・製作した。紙芝居は文化運動の好材料であり、手軽に持ち運べて、見物する子どもたちの反応がすぐわかり、説得力もあり、児童文学を書いて見えない読者をまつよりも積極性があり手ごたえがある。秋田県、新潟県、埼玉県、神奈川県等の農村で農繁期保育所運動に携わった川崎は、そこでおおいに紙芝居を活用し、自分自身も、戦前・戦中・戦後、教育紙芝居協会や童心社により、一五〇編近くの紙芝居を製作し、演じている。

農繁期保育所とは、農繁期に農家の乳幼児を預かる一時的な保育運動で昭和初期から実施されていた。地域の公会堂などに子どもたちを集め、小学校の女子教員や地元の若い女性が保育にあたった。川崎は、一九三六（昭和一一）年から活動をはじめ、これまでも子どもを集める手段として活用していた紙芝居を持ち込み、演じていた。最初は絵噺トーキーでレコードつきの紙芝居などを使っていたが、そのうち自分自身でつくるようになり、子どもたちの興味や要望に応じてつくる紙芝居は喜ばれた。川崎は「紙芝居の独自性は絵と文が一体となって、それが芝居をするところ[33]」だとし、文と絵が互いに生かしあいながらドラマをつくることを求め、製作や演じ方にも各種の工夫をこらしていた。一場面のなかで一部が変わる、いわゆるサシコミをつくったのは、その工夫の一例である。作品は「オサルノラッパ」「コグマノボウケン」「太郎熊次郎熊　前・中・後編」等が有名で、働くこと、団結すること、親・兄弟姉妹・仲間が仲よくすることを、鳥獣戯画よろしく動物に託して描いている。

(3) 川崎大治の良心とGHQの評価

川崎は一九三五（昭和一〇）年の最初の作品「オサルノラッパ」以降、七八歳で亡くなる年の一九八〇（昭和五五）年までに、一五〇巻以上の紙芝居を制作したが、兵隊、戦争にかかわる作品はほとんどない[34]。このことは、戦時中、大政翼賛会や少国民文化協会などがきびしい統制・指導・介入を加えた状況下で、児童文学作家としての良心を守ったものといえよう。しかし、家族の生活はたいへんだった。川崎の当時の日記には、とりあえず売れる紙芝居や借金で生活をつないだ様子が記されている[35]。まさに、生活を賭けて良心を貫いたのである。当時の川崎の創作姿勢を、「民主主義をどう描くかに苦労した。戦時中でも農業生産、工場労働は必要なもの。その意味で働くことの大切さと団結、友情、親子、兄弟、夫婦の絆や温かさを描いた。しかも、人間の子どもをそのまま描くと検閲にひっかかるので動物に託した。それで、戦時中の軍部からも、戦後のGHQからも作品を没収されたことがない。それが、川崎の誇りだったようです」と妻の池田トシ子は語っている[36]。

また、戦時中、日本教育紙芝居協会の専務理事を勤め、東京裁判の証人として「国策紙芝居」の反省をした佐木秋夫は、川崎の追悼に寄せて「作品のどの一つも、今の日本の子ども文化の世界にりっぱに生きることのできないものはない。十五年戦争の真最中だったのに、これはたいへんなことだった[37]」と述べている。前述の堀尾青史の川崎評とともに、川崎が戦時中、軍国主義に加担することなく自分の創作姿勢・良心を貫いた証だと思う。

(4) 日の出村平井の子どもの手による「子ども会」と紙芝居

戦争が激しくなると、川崎は家族とともに東京郊外の西多摩郡日の出村平井に疎開し、創作活動、紙芝居づくりで生計をたてていた。敗戦後、お寺に身をよせながら、いち早く「子どもの自治」による「子ども会」をたちあげた。[38]

当時の『朝日新聞』（一九四六年六月三日付）には、「僕らで〝民主化〟」と題して小学校の自治会と村の少年団の民主化の取組みが報道されている。川崎の日記には、小学校に出かけては教員を組織したり、婦人会の民主化や自治的子ども会づくりをしたこと、さらに平井のお寺で農繁期保育所の実践も計画していたことなどが記されているが、それぞれの活動に紙芝居が大きくかかわっている。[39] 戦前・戦中における農繁期保育所運動の実践から、川崎は、紙芝居を子どもだけの文化とはせず、青年や大人も含む日本の文化財としてとらえ、学校教育・社会教育の実践家を育てる意味でも必要なものだという認識になっていったのではないかと思う。こうした実践をふまえて小学校の先生たちと「西多摩子供の生活研究会」をつくって子ども会の民主化について勉強会をしたり、「西多摩夏期大学」にもかかわっていた。

4 社会教育活動における紙芝居

(1) 過去と現在（松永健哉の校外教育紙芝居〜現在の紙芝居実践）

社会教育の分野において、表現・文化創造活動は、公民館や図書館、地域のサークル活動や民間文化運動、文化ホールでの取組み等、多くの実践が積み重ねられてきている。そのなかでも、「声の文化」（語り、歌う）といわれている文化活動が、人間にとってもっとも根源的な能力を回復するものとして、注目されてきている。[40] 演劇や音楽、落語や講談、民謡や語り物、人形劇や絵本の読み聞かせ、そして紙芝居である。

「紙芝居」を教育活動、社会教育活動に活用しようとした最初の人間は松永健哉である。東大の学生時代、セツルメント活動をしていた松永は、児童部の夏のキャンプでソ連映画「人生案内」を原作とした紙芝居をつくって公演しているが、浦辺史、菅忠道らと「児童問題研究会」を結成して校外教育の理論と実践をはかり、紙芝居をそこに位置づけた。さらに、小学校の教員になった松永は教育分野に紙芝居を普及させ、また松永が提唱し、文部省や東京市、帝国少年団協会、学者、文化人などが参加して設立された「日本教育紙芝居協会」では、紙芝居を校外教育のみならず、社会教育、幼稚園、託児所にも広げて位置づけ、対象を青年及び一般も含めたものにすることを提案している。(41)

松永は、紙芝居のもつ「大衆性」「教育的効用性」を強調し、新しい展開をめざしたが、結果的に、軍国主義高揚、戦争遂行の道具になった「国策紙芝居」をつくった。「紙芝居」が軍国主義普及、社会教化の手段として利用されたのだった。

敗戦後の一時期、学校教育の教材として使われた以外は、紙芝居の主流は保育紙芝居に傾斜していったが、社会教育の側面から見ると戦後まもなくから始められた山形の紙芝居活動があげられる。また、稲庭、堀尾、川崎ら紙芝居関係者によって創立された「子どもの文化研究所」は、紙芝居教室やセミナー、研究会などを実施し、紙芝居の創造と普及活動を展開した。「子どもの文化研究所」にかかわる人々を中心に、大阪、神奈川、北海道、宮城、愛媛などでも紙芝居のグループが結成され、それぞれ出発した時期は異なるが、地域文化運動を推進する役割を担っている。(42)

さらに、図書館の視聴覚資料として紙芝居が置かれるようになり、のちに、児童図書資料として児童室に置かれてからは、飛躍的に貸出しが伸びていった。一九八〇年代に入り、各地の紙芝居活動を反映して公民館等で紙芝居講座が開催され、図書館の主催や公民館の後押しで、神奈川、箕面、愛媛などで「手づくり紙芝居コンクール」が開催されたり、全国紙芝居まつり、紙芝居サミット等が開催されるようになった。最近では、公民館、図書館、さらに大学の講義や紙芝居出版社である童心社などの活動により、北は北海道から南は沖縄に到るまで、日本全国で無数の紙芝居サークルが活動している。[43]

(2) 送り手と受け手の「共感・応答」——人間における「双方向性文化」の重要性

最近の子ども（あるいは大人も）をめぐる事件の特徴を「他者と現実の喪失」と評した門脇厚司は、人間が人間社会のなかで人間として生活するための諸能力を「社会力」とし、社会的相互行為能力（人間が社会をつくり、維持、運営し変革していくための諸能力＝他者認識、他者との共感・応答）を高めることが大切であると説く。[44]人間にとって知識以上に感性が大切だとする研究者（アメリカの海洋学者だったレイチェル・カーソン）[45]もいる。社会教育が、人間が「自分たち自身の歴史を創造する主体[46]」へ変わることを援助するものとするならば、そこには豊かな共感・応答が可能な諸活動が必要となる。

そういう意味で、送り手と受け手の一体感があり、双方向の視聴覚媒体であり、共感・応答の文化である紙芝居を、「他者と現実の喪失」という状態を回復する重要な文化として、社会教育活動の重要な一分野として再発見し、位置づけていく必要を感ずる。

また、紙芝居はその生い立ちから、大衆娯楽、子ども対象というイメージをもち、映画や演劇、絵本等の視聴覚文化と比較して内容、芸術性が低いと受けとめられがちである。しかし、乾孝が言うように「芸術作品というものは、その根っこのところで、「表現」の媒体——つまり伝えあいの仲立ちのためのもの[47]」だとすれば、紙芝居はいちばん幅広い可能性をもった表現の媒体だといえるのではないだろうか。その意味で、紙芝居の芸術性・文化性についても再吟味が必要である。

おわりに

過去に、子どもたちを中心に人気のあった紙芝居には、子どもたちを「イキイキ、ワクワク、ハラハラ、ドキドキ」させながら、「生きる力を根源から活性化[48]」させていく力があるのではないかと思う。そのことは、生まれたばかりの子どもが母親に抱かれ、乳房を含みながら「五官」を通して「五感」を発達させ、人と人との「根源的なコミュニケーション能力[49]」を身につけた遠い過去につながっているように思う。だからこそ、いま再び、紙芝居が子どものみならず、成人や高齢者、障害のある人々、病人などのケアや癒しとしても見直されているのではないだろうか？

現代社会における携帯電話やパソコンの急激な普及は、人と人とのコミュニケーションや表現手段を飛躍的に拡大させた。しかし他方で、「肉声」を通した人と人との根源的なコミュニケーション能力を衰退させ、これまで考えもつかなかったような事件やトラブルを引き起こしており、人間社会の持続可能性は危機に瀕しているように思う。

紙芝居は作品と演じ手と観客の共感・応答で成り立つ日本独自の民衆の文化・文化財である。直接に受け手と向き合い、演じ手の肉声で表現し、受け手の声を聴き取ってともに中味をつくっていく（伝え合い、応答しあう）紙芝居は、まさに人間性を回復し、人間の「社会的相互行為能力」を高め豊かにする仕組み（機能）そのものである。作者と演じ手と観客を結ぶメディアとして、二一世紀にはますます大事な文化・文化財のひとつとなるのではないかと思う。

先日、ひとつの新聞記事[50]に出会ったのをキッカケに、大阪市西成区の釜ケ崎という日本最大の日雇い労働者と路上生活者の暮らす街を訪ねた。昨年（二〇〇五年）七月に、元の路上生活者・日雇い労働者たちが結成したサークル「むすび」という紙芝居グループを訪問するためである。[51]

グループの居場所である「むすび」についたら、ちょうどオリジナル紙芝居「ぶんちゃんの冥土めぐり」の練習中だった。平均年齢七〇歳の八人のメンバーは、よく通る元気な声で、ナレーターをはじめそれぞれの役割分担をして皆でつくる「紙芝居劇」を演じていた。代表の浅田浩さんによると、これまで、老人ホームや保育園、大学の学園祭等で公演し、ＮＨＫや雑誌、新聞等の取材も受けているという。「これからも、メンバーの健康・生きがいを大切にし、お年寄りに心の平安を、子どもや若者に将来の希望をもたらすよう、多くの人とむすびあっていきたい」[52]と話された。このメンバーが活動ができるのは、ＮＰＯ法人「こえとことばとこころの部屋」をはじめ、「むすびバックアップの会」等、多くの支援があってのことだが、一度、人間の応答・共感関係を失い、それを必要としている人々が、民衆がつくり出した「応答・共感」の文化・文化財である紙芝居活動を通して仲間を得、人々とつながり、生きる力を回復しているのである。メンバーすべてがなんらかのかたちで参加し「紙芝居劇」をつくり上げた様子は、民衆が語り、唄い、集いながらつくり上げる民衆文化の底力を感じさせた。

注

（１）「茨城大学の実践」『子どもの文化』二〇〇三年一一月号、上地ちづ子「さまざまな可能性を求めて」阿部明子・上地ちづ子・堀尾青史共編『心をつなぐ紙芝居』童心社、一九九一年（名寄短期大学、東京家政大学、白百合女子大学、共立女子大学等）

（２）上地ちづ子『紙芝居の歴史』久山社、一九九七年、前掲『心をつなぐ紙芝居』

（３）前掲『子どもの文化』

（４）さいたま市の中平宅で、中平順子氏本人に聞き取り（二〇〇五年一〇月二〇日）

（５）小森陽一『表現する人びと』新日本出版社、二〇〇四年

（６）小冊子「ぷらたなす四九号」（東京都立多摩図書館：街頭紙芝居と子どもたち／畑中圭一）

（７）加太こうじ『紙芝居昭和史』岩波現代文庫、二〇〇四年

（8）前掲『紙芝居の歴史』
（9）前掲『心をつなぐ紙芝居』
（10）前掲「ぷらたなす四九号」
（11）子どもの文化研究所編『子どもの文化／未来へのかけ橋』童心社、一九八〇年
（12）同上
（13）General Headquartersの略、戦後日本の占領軍総司令部
（14）山本武利『紙芝居　街角のメディア』吉川弘文館、二〇〇〇年
（15）同上
（16）まついのりこ『紙芝居・共感のよろこび』童心社、一九九八年、傍点は筆者。
（17）前掲『紙芝居昭和史』
（18）前掲『紙芝居の歴史』、前掲『心をつなぐ紙芝居』
（19）同上
（20）同上
（21）同上
（22）前掲『紙芝居昭和史』
（23）小冊子「山梨大学附属図書館子ども図書室主催紙芝居展」資料（山梨大学附属図書館／二〇〇四年一月）
（24）同上
（25）同上
（26）前掲『紙芝居昭和史』
（27）前掲『紙芝居　街角のメディア』
（28）前掲『紙芝居の歴史』、前掲『心をつなぐ紙芝居』
（29）前掲「ぷらたなす四九号」
（30）前掲『紙芝居　街角のメディア』
（31）前掲「山梨大学附属図書館子ども図書室主催紙芝居展」資料
（32）『子どもの文化』「川崎大治追悼号」一九八〇年一〇月号

(33) 同上
(34) 小冊子「川崎大治紙芝居作品目録」(一九七九年一月/子どもの文化研究所)
(35) 川崎大治の日記から。
(36) 川崎大治の妻、池田トシ子からの聞き取り(武蔵野市北町の池田宅にて、二〇〇五年一二月一二日)
(37) 『子どもの文化』一九八〇年一〇月号
(38) 川崎大治の日記から。当時の川崎大治の子ども会については、増山均『子ども研究と社会教育』(青木教育叢書)一九八九年に詳しい。
(39) 同上
(40) 草野滋之「表現・文化創造活動と社会教育」『月刊社会教育』二〇〇三年一一月号
(41) 前掲『紙芝居の歴史』、前掲『心をつなぐ紙芝居』
(42) 同上
(43) 同上
(44) 門脇厚司『子どもの社会力』岩波新書、一九九九年
(45) レイチェル・カーソン『センス・オブ・ワンダー』上遠恵子訳・新潮社、一九九六年
(46) 「学習権/第四回ユネスコ国際成人教育会議宣言」(一九八五年)
(47) 前掲『心をつなぐ紙芝居』
(48) 白井慎監修、小木美代子・姥貝荘一・立柳聡編著『子どもの豊かな育ちと地域支援』(佐藤涼子論文)学文社、二〇〇二年
(49) 同上
(50) 『しんぶん赤旗(日曜版)』二〇〇六年二月一二日号
(51) 紙芝居劇・西成案内「むすび」のチラシ
(52) 「むすび」のメンバーからの聞き取り(二〇〇六年三月一七日)

第11章　戦後日本における民衆の文化活動・表現活動の展開とその意義

草野　滋之

はじめに

第二次世界大戦が終結してから六〇年が経過した一昨年来、あらためて「戦後」とは何であったのかを問う動きが高まっている[①]。そして、憲法・教育基本法の「改正」問題に示されているように、戦争に対する深い反省を土台にして確立されてきた、戦後日本の社会と教育の基本的な枠組みが、大きく揺らぎつつある。こうした、まさに時代の大きな転換期にある現在、戦後日本の社会教育の歩みを、民衆の表現・文化活動という視点からとらえ直し、未来へと生かしていく遺産を見いだしていきたい。この試みにあたって、とくに意識したのは、次の四つの点である。

第一には、戦後史を、大きく、①戦後初期～一九五〇年代、②一九六〇～七〇年代、③一九八〇～九〇年代、の三つの時期に区分して、それぞれの時代における民衆と文化をめぐる問題状況を把握しつつ、民衆の表現・文化活動が、どのような価値を生み出し、社会的なインパクトをもたらしたのか、を考察しようとしたことである。

第二には、民衆の表現・文化活動の展開により、社会教育の概念・領域がどう広げられ、豊かなものにされてきたかを検討することである。明治以降の、日本の近代教育の特質として、初代文部大臣である森有礼が述べた「学問・文化と教育は別のもの」ということがあった。歴史学などの科学的な学問の成果や、音楽・美術などの芸術文化は、教育の世界に十分に生かされることがなく、音楽の領域では「教育音楽」という言葉にも示されているように、独特の学校文化が生み出された。[2] このような反省から、教育基本法の前文では、「普遍的にしてしかも個性ゆたかな文化の創造をめざす教育」が理念として掲げられ、また、同法第二条（教育の方針）では、学問・文化と教育が密接に結びつくことにより「文化の創造と発展に貢献する」ことがうたわれた。このように、教育基本法には、文化と教育を一体のものとして把握する精神が流れている。戦後の社会教育の展開は、この精神に照らしてみたとき、どのようにとらえることができるであろうか。文化活動・表現活動の教育的価値が自覚されていくことによる、社会教育概念の深まりを、各時期の展開を通して考察していきたい。

第三には、戦後の民衆の文化運動が生み出した社会的価値、とりわけ「民衆文化」の創造という点への注目である。たとえば、戦後初期～一九五〇年代にかけて、うたごえ・生活記録・国民的歴史学・労音・労演など、地域・職場のサークルを基盤とした文化運動が活発に展開され、国民文化の創造に向けての可能性が模索された。こうした運動は、その後、しだいに停滞していくが、またかたちを変えて再生し、新たな形態で運動が継承されていく。これらの民衆文化運動が掲げていた理念や、提起された課題が、戦後の歴史のなかでどう継承され、今日に息づいているのかを跡づけることにも留意した。[3]

第四には、「平和文化の創造」という視点から、民衆の表現・創造活動の意義をとらえようとしたことである。二〇世紀末に、国連が採択した「平和の文化宣言」（国連総会決議「平和の文化に関する宣言」、一九九九・九・一三）は、大規模な戦争と暴力・環境破壊の世紀であった二〇世紀の反省にたち、二一世紀を「平和の世紀」にしたいという人類的な願いがこめられている。この宣言に示されている「平和の文化」の概念は、かなり広範囲な内容を含んでいるが、世界に先駆けて「平和国家」の理念を掲げた日本において、「平和の文化」の創造がどう積み重ねられてきたのかを考察していきたい。(4)

隣国である韓国では、いま、過去の歴史に対する検証・見直しがすすめられ、人々の歴史への関心・感覚は鋭いものになっているという。(5) また、ドイツをはじめとする欧州においても、「過去の克服」に向けての真摯な取組みがすすんでいる。(6) 一方、日本では、過去の歴史を歪曲した独善的な言動が横行しつつあり、それは国際的な孤立化を招く大きな要因となっている。このような現在、あらためて、過去の歴史に向き合い、そのなかで生きてきた人々の声に耳を澄まし、未来を描く想像力・構想力を豊かなものにしていく必要があるのではないだろうか。

1 戦後初期～一九五〇年代における表現・文化活動

(1) 戦争からの解放と民衆の表現活動

一九四五年八月一五日、アジアをはじめ、世界の民衆に多大の犠牲をもたらした長い戦争が終結し、明治以来、天皇制軍国主義国家として、アジアに覇権を拡大し膨張をとげてきた「帝国」日本は解体し、戦後の新しい歩みが始まった。民衆の精神と思想・行動を、長い間呪縛してきた軍国主義的・半封建的な古い制度や価値観が崩れていくなかで、新しい社会・価値・生き方を模索する動きが、日本の地域社会に、しだいに広がっていった。当時、青年文化会議(7)の活動に参加し、三島庶民大学の講師として、民衆の学習活動に積極的に協力していた政治学者・丸山眞男は、「開国」という点で、明治初期と敗戦直後の時期に共通する時代的な雰囲気を指摘しながら、当時の民衆の「学ぶ」ということに対する渇望や熱気を回想している。(8) 古い社会の構造、価値観、国の体制が解体されていく一方で、いまだ、新しい社会のすがたが判然とは見えてこない状況において、自らの生きていく拠り所を、必死になって探し求めていた人々が数多く存在していたのである。

敗戦直後から数年間における、民衆の表現・文化活動の特徴として指摘できるのは、次のことである。第一には、戦時下に展開された、大政翼賛会文化部の指導による地方文化運動や、「勤労文化の創造」のスローガンのもとに、産業報国会の指導により展開された厚生文化運動と連続性をもった文化活動が、地域や職場において展開されたことである。職場の自立楽団や合唱団の急速な普及、農村における〝やくざ踊り〟の爆発的な広がりの背景のひとつは、こうした戦時下の活動の蓄積があったのではないだろうか。近年の文化運動史研究においても、このことは実証されつつある。[9]

第二には、当時の文化活動の実態として、こうした戦時期との連続性が指摘できる一方で、農村や職場で文化活動の指導を行い、啓蒙的な活動を組織していた文化人の意識と行動には、自らの戦争責任を反省・自覚しつつ、民主化が急速にすすむ社会のなかで、新しい文化を創造していく意欲と理想があふれていることである。たとえば、音楽の領域では、一九四五年一二月に、新聞紙上において、音楽評論家・山根銀二と作曲家・山田耕筰との間で「音楽戦犯論争」[10]がかわされて、音楽文化人の戦争責任の問題が提起されている。そして、やはり音楽評論家である園部三郎も、戦争に抵抗しえなかった、戦時下における自らも含めた音楽文化人の思想と精神の弱さをきびしく反省しながら、新しい社会に生きる音楽文化人の使命と責任を述べている。[11]また、広島県尾道市に疎開して、図書館を拠点とした文化活動を展開していた哲学者・中井正一は、アジアの民衆に多大な犠牲をもたらした日本人の戦争責任と、その土台にある精神構造を問題としていた。[12]

第三には、これは、アメリカの対日占領政策の方針が大きく変化していく一九四八年ごろから顕著になってくる動きであるが、日本の民族的な独立、民族文化の確立を求めていく方向性が、文化運動の新たな課題として提起されてくることである。一九四八年四〜一〇月までにわたった東宝争議のなかで、「日本の文化を守る会」が結成されたことが、こうした動きを推進していく大きな力となった。日本民主主義文化連盟の機関雑誌である『文化革命』では、一九四八年一一月号において、座談会「文化運動と民主民族戦線」が掲載され、文化における民族性、大衆性、伝統性を重視し、そこに根ざす文化の確立をめざしていくことが、今後の文化運動の課題であることが提起された。[13] さらに、同誌一九四九年一月号の座談会「新しい音楽について」[14] では、出席していた原太郎、園部三郎らが、農民の間に残っている日本民謡、日本の伝統歌謡、日本人の伝統的な音感覚に着目し、音楽運動をすすめるうえで、こうした日本の民衆音楽の伝統に根ざすことの重要性を強調した。この時期に提起された、民族的な国民文化の確立・創造という課題は、一九五〇年代以降におけるサークル運動の展開のなかで、実践的・理論的に追求されていくことになった。

(2) サークルの組織化と文化活動

米・ソの冷戦体制の激化による、アメリカの対日占領政策の変化、中国革命の成功によるアジアの共産主義勢力の拡大など、国内外の情勢が大きく変化していく一九四八〜四九年にかけて、五〇年代に本格的に展開されていく、戦後の新しい文化運動の芽生えが生まれてくる。たとえば、勤労者演劇協議会〔労演〕(一九四八年)、勤労者音楽協議会〔労音〕(一九四九年)の結成、関鑑子《せきあきこ》を指導者とする中央合唱団の結成とうたごえ運動の始まり(一九四八年二月)、歴史学者・石母田正による「村の歴史・工場の歴史」[15] の提唱と国民的歴史学運動の芽生え(一九四八年)、などである。これらの新しい文化運動に共通した性格、注目されるべき特徴は、どのようなものであったか。

第一には、職場・農村・地域・学校などでのサークルを基盤とした文化活動であったことである。そして、この「サークル」の性格としては、戦前から戦後初期にかけての文化サークル運動を源流としながらも、それとは質的に区別されるべき性格をもっていた。すなわち、政治運動や労働運動と関連をもちながらも、文化運動としての独自性を大切にし、文化活動を通して、人間性を回復し仲間と連帯して生きていく、新しい人間像の追求がめざされていた、といえるだろう。

第二には、民衆自身が表現・創造活動の主体として位置づけられ、それを土台とする国民文化の創造がめざされていたことである。そこには、近代の日本の歴史において、学問や文化が、民衆の生活や意識とは切り離されたところで発展し、その結果、日本の学問や文化が民衆に根をもたない、底の浅いものになっていることへの批判と反省があった。「国民的歴史学」を提唱した石母田正、うたごえ運動に積極的に協力した作曲家・芥川也寸志ら、当時の文化サークル運動をリードした学者・文化人の意識には、既存の学問・文化のあり方に対するラディカルな批判精神があった。

第三には、こうした文化サークル運動の担い手になったのは、主に青年たちであったことである。幼・少年期に過酷な戦争を体験し、純粋に日本の「聖戦」とその勝利を信じていた彼らは、一〇代半ばにして日本の敗戦と占領という社会の激変を経験し、自らの生きる拠り所を求めて悩み模索していく過程で、サークル活動と出会い、新しい生き方・価値観・社会観を形成していったと考えられる。一九五〇年代に生きた青年たちの自己形成にとって、サークルはかけがえのない意味をもち、表現・創造の活動は、彼らの生き方を形成していくことと不可分の関連をもつものであった。

第四には、これらの文化運動が、当時の平和運動と深い結びつきをもち、人々の平和意識を形成していくうえで、大きな役割を果たしたことである。たとえば、うたごえ運動の場合、「うたごえは平和の力」というスローガンにもみられるように、平和運動と密接な関連をもちながら発展していった。当時、「隠れたベストセラー」ともいわれるほど広く普及した『青年歌集』に収録された歌には、ロシア民謡、日本民謡をはじめ、世界各国の民謡や歌曲が多かったが、同時に、当時の青年たちの生活や意識を反映した創作曲が、専門音楽家や青年たち自身によって創られ、広く歌われた。青年たちに愛唱された「祖国の山河に」「原爆許すまじ」「アジア平和行進曲」などには、平和に対する強い思いがうかがえる。また、生活記録や国民的歴史学の題材としても、戦争体験の問題は、しばしば取り上げられている。朝鮮戦争の勃発によるアジアを戦場とした世界大戦の危機、日本の再軍備化、米軍基地の拡張と軍事演習の活発化、米・ソの核兵器開発競争と核実験による被害の深刻化など、一九五〇年代前半は、まさに平和をめぐる危機が最大の社会問題となっており、「平和な世界の創造」は、戦争体験の記憶がまだ生々しく残っていた当時の青年たちにとっては、広く共有される理念であった。(16)

(3) 国民文化運動の展開

一九五〇年代に展開されたさまざまな領域での文化運動は、今日からみても、きわめて注目すべき意義をもっており、現代的に発展させるべき重要な課題を提起していた。

第一には、サークルを基盤とした、生活記録・うたごえ・歴史を調べ綴る活動等を、民衆自身の生活に根ざした表現活動として高く評価し、国民文化の基盤を形成するものとして積極的に評価していく学者・文化人の議論の展開である。竹内好の国民文学論、石母田正の国民的歴史学論、芥川也寸志や林光の国民音楽論、上原専禄の国民文化論、そして、生活記録運動や地方文化運動に注目しつつ、積極的な協力を惜しまなかった鶴見和子や木下順二らの所論が注目される。

たとえば、劇作家の木下順二は、サークル運動の意義について、「演劇にしても、或いは生活綴り方運動にしても、うたごえの運動にしても、小説、詩、その他さまざまの形で、非常に広く、いままでは書くとか、歌うということを考えなかった人たちが、本当に自分たちのために、人から強いられたものとしてではなく、また観念的、概念的に頭の中で受け入れられた結果としてではなくて、自分たちの内側から出てくるものとして広汎な国民的な創造活動をやり始めたのです」と述べ、これらの活動は「「日本文化」の基本的な問題」を問いかけていると、その重要な社会的意義を強調している[17]。

第二には、これらの文化サークル運動に教師が参加し、学校教育との交流がはかられるなかで、教師自身の文化意識が変化し、学校の教材研究や教育方法の研究へと生かされて、学校文化のあり方を変えていく契機となったことである。生活綴り方と生活記録、学校の音楽教育とうたごえ運動、演劇教育と演劇運動、歴史教育と国民的歴史学運動との密接な関係に、それはよくあらわれている。

第三には、こうした文化サークル運動に積極的に参加し協力した若い学生・研究者・文化人の自己形成にも大きな影響を与え、彼らのその後の学問研究や芸術創造の姿勢を形成していくうえで、重要な意味をもったことである。たとえば、歴史学者・網野善彦は、学生時代に国民的歴史学運動に積極的に参加した一人だが、彼のその後の研究者としての歩みに、この運動への参加の経験は重要な意味をもっていた[18]。また、うたごえ運動に積極的に協力した、作曲家の林光、間宮芳生、外山雄三ら、当時の青年音楽家たちのその後の歩みをみていくと、日本の民衆音楽である民謡を取り入れた音楽作品、また、広島の被爆者の生き方をテーマにした社会性の高い音楽作品を創造するなど、その影響の深さがうかがえる。また、教育学者・山住正己は、大学院生時代に、当時のうたごえ運動にあって中心的な役割を果たしていた合唱団のひとつである「東大音感合唱研究会」に参加し、その経験を土台として、日本の音楽文化・音楽教育のあり方についての考察研究を深めることになる。「文化と教育をつなぐ」という、山住の生涯を貫く学問研究のテーマの源泉は、この合唱団活動の経験にあったと考えられる[19]。

2 一九六〇〜七〇年代における民衆の文化活動の展開

(1) 地域に根ざす文化運動の展開

一九六〇年代は、戦後における文化運動のひとつの転換点としての意味をもつ時期である。たとえば、戦後初期に発足した、職場を拠点とした労働者文化運動の代表的なもののひとつである「労音」(勤労者音楽協議会)運動の場合をみてみよう。最近刊行された、戦後の労音の運動史[20]によれば、労音の職場サークルの数は、一九六〇年代半ばにピークを迎えるが、その後、急速に減少・停滞していく。その要因としては、次の事柄が考えられるであろう。

第一には、この時期にレジャー産業が本格的に成立・発展しはじめることである。社会心理学者の石川弘義の表現によれば、「民衆主導型余暇」の時代から「産業主導型余暇」への転換[21]が、この時期に進行したことである。余暇や娯楽の産業化がすすんでいくことにより、人々の余暇生活は、集団創造的なものから、個人消費的なものへと変化していった。第二には、五〇年代末から、日経連が提唱した新しい労務管理方式としての「ヒューマンリレーションズ」の導入が、各職場ですすみ、経営側に対抗する職場サークルへの抑圧が強化されていったことである。さらに、この時期は、政治学者・渡辺治が述べているように[22]、労働者の企業への忠誠心や貢献意欲を引き出し高めていく、日本型企業社会の構造が確立していくときであり、労働者側の意識の面で、経営側と対抗する労働者としての仲間意識・連帯意識が形成しにくくなってきたことがあるだろう。そして第三には、音楽文化のうえでも、ビートルズの登場、ロック音楽、フォークソング運動など、新しいジャンルの音楽が若者たちを惹きつけて、古い世代の価値観やライフスタイルへの批判的な意識・感覚を、彼らのあいだに広げていったことがあると考えられる。こうした、世界的な新しい民衆音楽の勃興とその意義についての評価を十分にできず、これを商業主義的な音楽として一面的に批判するにとどまったことも、職場における音楽文化運動の停滞を招いた一つの要因ではないか。[23]

職場を拠点とした文化サークル運動が、しだいに「冬の時代」を迎えていく一方で、地域社会を基盤とした文化運動が着実に広がっていく。戦後六〇余年の歴史を通じて、地域社会の変貌がもっとも急激に進行したのは、この時期であったのではないだろうか。地域の自然・文化・人間関係・遊び・生活様式など、いわば、人間の生活の基本的な土台（人間の自己形成空間）が大きく変貌した。経済の論理、開発の論理が支配的になるなかで、疎外された人間性を奪還しようとする地域住民の切実な思いに支えられて、地域文化運動は発展していった。[24] その意義として、次のことがあげられよう。一つには、子どもをとりまく地域の生活・文化の崩れと貧困化を鋭くとらえて、生の演劇・音楽・文学を通して、子どもと文化の新たな出会いの場を創造し、子ども自身のなかに内在している想像力・創造力・表現力・共感能力を引き出し、高めていったことである。二つめには、親自身が、子どもの文化・地域の文化に関心をもち、文化の質を見きわめ評価していく見識と力量を高め、地域文化を創造していく担い手として自らを形成していったことである。親の自己形成、地域の親同士・家族相互の人間関係づくりという面でも、地域文化運動が果たした役割は大きい。三つめには、地域の文化ホール、児童図書館、遊び場づくりの運動への広がりや、マスコミ・テレビ文化に対する批判運動への発展にみられるように、「子どもの成長と文化」の視点から、地域の文化環境や社会のあり方を問い直し、社会に能動的に参加していく自覚的な市民を多く生み出していったことである。これは、世界人権宣言に示されている「文化権」の、日本における民衆的な自覚を示すものであった。

(2) 社会教育実践における文化活動の教育的価値の自覚化

戦後初期における寺中作雄の初期公民館構想にもみられたように、社会教育において、芸術文化活動・レクリエーション活動・社交と娯楽の活動は、重要な要素を占めるものであった。[25] しかし、その後の社会教育活動の展開過程において、こうした活動は十分な意義づけを与えられていたとはいえない。時には、単なる人集めの手段として考えられたり、あるいは、人々の意識を解放し、仲間意識を高めるはたらきをするが、その後の本格的な学習活動への発展を促す前段階として位置づけられるにとどまることもあった。芸術文化活動・表現活動それ自体を、市民の重要な自己教育活動としてとらえ、積極的に評価していくという姿勢は十分ではなかった。理論的には、一九六〇年代前半において、宮原誠一、碓井正久、勝田守一らの教育学研究者が、芸術文化活動のもつ独自な意義について鋭い論究を試みていたが、[26] それを自覚的に深め発展させていく努力は、理論・実践の両面において不足していた。

一九六〇年代初頭に組織された社会教育推進全国協議会（社全協）の運動においても、六〇年代までは社会科学学習に重点をおいた社会教育実践に注目が集り、芸術文化活動、表現活動の意義については十分に論じられなかった。しかし、一九七〇年代に入り、高度経済成長の歪が、地域社会と人間の人格に深刻なかたちであらわれてくるなかで、人間性の全面的な疎外を回復していくうえで、芸術・スポーツなどの感情と身体にかかわる活動の重要性に、ようやく目が向けられてくる。[27]

一九七一年にはじめて、社全協の夏の全国研究集会で「文化・スポーツ」の分科会が設置され、七三年からは、それぞれが独立した分科会となり、現在にいたるまで継続した議論が展開されている。分科会の発足当初から、中心的な世話人としてかかわり、分科会の発展をリードしてきた北田耕也は、宮原・碓井・勝田の議論を引き継ぎ、社会教育の実践と理論を、民衆文化の創造と民衆の自己形成の視点からとらえなおし、深く追求していった。

その仕事は、「北田教育学」ともいうべき、独自の学問的世界を構築する営みであり、現代においてさらに発展させるべき、貴重な遺産を含んでいる。(28)

(3) 生活記録運動の遺産の継承と再生をめざす動き

一九五〇年代にひとつの高揚期を迎えた生活記録運動は、五〇年代末ごろから、その限界と停滞が指摘されはじめ、新しい発展の形態が模索されていく。そして、六〇年代末〜七〇年代にかけて、再び、その意義が評価されはじめ、自分史学習・自己形成史学習・生い立ち学習などのかたちで、社会教育実践においても脚光を浴びるようになってきた。また、学校教育の領域においても、六〇年代の教育実践・運動のスローガンであった「科学と教育の結合」の批判的問い直しが始まり、「生活と教育」「地域と教育」という視点がクローズアップされ、そのなかで、五〇年代の教育実践の中心的なもののひとつであった生活綴り方教育の意義が注目されていく。

さらに、ベトナム戦争の泥沼化と、それに対する反戦運動が世界に広がっていく過程で、日本の過去の戦争責任、日本人の戦争体験の記憶が呼び覚まされて、過去の戦争体験の掘り起こしと記録化の活動が広がっていった。(29)これは、広島・長崎の被爆体験に象徴される、日本人の被害体験の側面だけでなく、中国をはじめとするアジア諸国の民衆に多大な犠牲と苦難の経験をもたらした加害責任の問題、そして、そのような侵略戦争を批判し阻止できなかった日本の民衆の戦争責任をも問う視点を含むものであった。ここには、歴史認識、日本人の自己認識の深化を通して、「過去の克服」をめざし、世界に開かれた目をもった日本人の自己形成に向けての志向がある。このような学びの営みは、まさに文化が育つ土壌を深く耕す貴重な意義をもっていた。

(4) 文化行政の展開

第二次世界大戦後の日本の文化政策・行政の歴史において、一九六〇年代後半～七〇年代という時期は、国・自治体の本格的な文化に対する政策的な取組みが進行していく点で、注目すべきである。世界人権宣言の第二四条（余暇権）、第二七条（文化的生活に参加する権利）の規定は、第二六条で示された「教育への権利」とは相対的に区別される「文化への権利」の理念を指し示すものであり、ヨーロッパ諸国においては、この理念のもとに、福祉国家形成の一環として積極的な文化政策が展開されてきた[30]。

しかし、日本においては、戦時下の国民の精神・行動の統制として行われた国家による強権的な文化政策の記憶が強烈に残存していたこと、戦後において、文化よりも、まず経済の復興と成長に国の政策が収斂していったことなどの要因により、国・自治体の文化政策は消極的なものとなった。そして、高度経済成長が一段落して、低成長時代へと移行していく七〇年代半ばごろから、ようやく文化政策・行政への関心が高まり、本格的な取組みが開始されていくのである。

当時は、革新自治体が多数誕生していた時代であり、自治体の福祉・環境政策が前進し、住民の自治意識も高まっていた。そして、それと関連して、文化の問題も重要な行政課題として意識されるようになり、文化ホール、美術館、図書館、博物館など、地域の文化的な施設の建設、文化的な地域づくりへの動きが芽生えてきた。

3 一九八〇～九〇年代における「文化」への注目と民衆文化創造の展開

(1) 「豊かな社会」と民衆の文化的貧困

生活経済学者である暉峻淑子《てるおかいつこ》は、バブル経済に日本が沸きかえっていた一九八九年、『豊かさとは何か』（岩波新書）を著わして、日本社会の過剰なまでの「豊かさ」の背後にある、ゆとりを失った日本人の生活の貧困化の実相を描き、「豊かさ」の本質的な意味を鋭く問いかけた。この本は、多くの人々の共感を呼び、岩波新書としては異例のベストセラーとなった。それから一四年が経った二〇〇三年、暉峻は『豊かさの条件』（岩波新書）を著わして、バブル崩壊から出口の見えない長期的な経済不況に陥り、経済・政治・教育・文化などさまざまな側面に閉塞感が漂う日本社会の姿を描きながら、「真の豊かさ」を創る条件とは何かを問い、NGO・NPO・ボランティアなどの、社会的に周辺化され弱い立場におかれている人々を支援していく活動、相互扶助の活動の広がりに未来への希望を見いだしている。

暉峻が、「豊かさとは何か」を問い、「豊かな社会を創る条件」を模索した、この一〇数年の日本社会において進行したのは、民衆の経済的・文化的貧困のいっそうの深化と、日米の軍事同盟の強化により、平和憲法の理念を投げ捨てて、戦争のできる「ふつうの国」へと社会を転換していく動きであった。これは、二宮厚美が述べているように(31)、憲法第九条と第二五条という、戦後日本社会のあり方を規定する二つの理念の空洞化であり、人々の「平和的生存権」を根本から掘り崩していく意味をもつものであった。

こうした、民衆の生活・労働の疎外状況が深刻化し、平和な生活・社会が脅かされていく一方で、この時期は、「文化の時代」というスローガンが喧伝され、国・自治体の文化政策・行政が進展し、二〇〇一年には、文化芸術振興基本法が制定されて、市民の文化的生活の実現に向けての法制度の整備がすすんでいく。そして、文化経済学会、福祉文化学会、社会文化学会等、「文化」に関連した学際的な学問追求の動きが広がり、それらの概論書も多く出版されるようになってきている。このような「文化」をめぐる政策・行政の動向、学問的・理論的な探求の深まりと、先に述べた民衆の生活・労働をめぐる実態とは、どのように関連しているのか。民衆の文化的生活の貧困化状況は、どのように問題とされ、その克服の筋道はどう解明されようとしているのか。これは、まさに、現代の社会教育実践及び研究の重要な課題であり、具体的に検証していくことが求められているであろう。

(2) 「平和の文化」の実現と表現・文化活動

新しい世紀へと移行していく節目の時期に、国連は、「戦争と暴力・環境破壊の世紀」であった二〇世紀の反省のもとに、「平和の文化」という新しい理念を掲げて、二一世紀の世界がすすむべき道を指し示した。しかし、それからの七年間は、相次ぐテロと報復戦争、各地域の民族対立・紛争の多発等、「平和の文化」の理念とは逆行する現実が進行している。このような時代において、地域のなかで、地道に平和への意識を形成していく取組みは、きわめて重要なものになっている。

「文化」というものは、人々の平和への意識を高め深めていくうえで重要な意味をもっていると考えられる。このことを裏づける、最近の注目すべきものを、いくつかあげておこう。音楽の領域では、一九八〇年代半ば以降から九〇年代にかけて広がった、合唱組曲『ぞう列車がやってきた』の上演活動が、まずあげられる。[32] 第二次世界大戦下の日本において、命がけで動物園のゾウを守りぬいた人々の愛と勇気をテーマにしたこの合唱曲は、全国各地で公演活動が取り組まれ、大人から子どもまで世代をこえた人々が参加して、歌うことを通して平和や命の大切さについての意識を深めていった。また、美術の領域では、戦争で亡くなった画学生の作品を展示している長野県・上田の「無言館」の活動が注目される。[33] 「平和・人権・共生」という視点から、現在の地球時代を生きる教養のあり方を論じている堀尾輝久は、「初めて訪ねた無言館の印象は、たいへん強烈なもので」あったとし、展示されている、戦争で亡くなっていった画学生の作品や、家族にあてた手紙から発するメッセージを深く聴き取っていくことの重要性を力説している。[34] かつて、ドイツの元大統領ヴァイツゼッカーは、ドイツの敗戦四〇周年にあたり連邦議会で行った有名な演説のなかで、「過去を心に刻む」ことの大切さを強調し、「心に刻むというのは、ある出来事が自らの内面の一部となるよう、これを信誠かつ純粋に思い浮かべることであります」と述べている。[35] 合唱曲を歌い、絵画作品を鑑賞するという行為は、いわば芸術作品を通して、過去の時代に生きた人々と対話を交わし、過去を心に刻み込んでいくことなのではないか。このような行為を絶えず繰り返していくことによって、その人自身の内面に深く根づいた真の教養というものが形成されてくるのではないだろうか。そして、こうした自己教育の活動が活発に展開されていくことこそ、「平和の文化」を形成する基礎となるであろう。

(3) 文化ホールと地域文化の創造

一九八〇年代~九〇年代にかけては、自治体における文化行政が新しい発展の段階を迎え、地域文化創造の拠点として各地で文化ホールの建設がすすんでいった。代表的な社会教育施設である公民館・図書館・博物館に関しては、戦後教育改革のなかで、それぞれ独自の法制度の整備がすすめられ、また各学会や研究会活動のなかで学問的な蓄積も行われてきた。しかし、文化ホールの場合、法制度上の規定がきわめて不十分なことや、社会教育行政と文化行政が分断されてすすめられてきたことなどにより、社会教育学の側からの研究的なアプローチは十分に行われてこなかった。一九八〇年代に入って以降、市町村自治体の文化行政への関心の高まり、市民の文化活動への参加意識の高まりにより、文化ホールの建設が各地で進行し、従来の多目的型の文化ホールのイメージを一新するような、音楽・演劇・バレエなどの舞台芸術の上演を目的とした劇場型のホールが多数登場してくる。そして、それに刺激を受けるかたちで、建築学・自治体学・文化経済学・社会教育学・芸術学の専門家や、地域文化運動団体や芸術家たちによる、文化ホールに対する学問的・理論的なアプローチも、ようやく活発化してきた。

日本における文化ホールの源流は、戦前の東京・日比谷公会堂、大阪・中之島公会堂、名古屋市公会堂など、都市における集会施設として生まれたものであり、舞台芸術の上演を目的としたものではなかった。一九五〇年代後半～六〇年代にかけて、神奈川県立音楽堂、東京文化会館など舞台芸術の上演を目的とした高水準の設備をもつホールが建設され、一九七〇年代には、各県立・市立の文化会館が続々とオープンしていった。しかし、それらの施設は、舞台芸術の上演を含めたさまざまな目的に対応できる「多目的ホール」としての性格をもち、「どこかで作られたものを上演したり、発表したりする場として計画され、そこで何かを創造するという意識は希薄」[36]であるという、貸し館的な機能に傾斜しがちであった。

一九八〇年代～九〇年代に入ると、こうした多目的型・貸し館型の文化ホールのあり方を再考し、新しい魅力的な地域文化創造の拠点となるホールづくりの動きが、徐々にすすんでいった。たとえば、ホール独自の自主事業の取組み、事業の企画・運営への市民の積極的な参加、舞台芸術の専門家とホールとの密接な結びつき、地域文化を育てることを意識したアウトリーチの活動やワークショップ・教育事業の展開等である。清水裕之は、こうした文化ホールの性格の変化を、「行政主導の多目的管理型公立文化施設から市民とのパートナーシップによる舞台芸術の創造を目的としたパブリックシアターへの動き」と特徴づけて、公共圏の形成という視点から文化ホールの未来像を描いている。[37] このようなホールづくりの試みは、現在、さまざまな地域で模索が行われており、内発的な地域づくりをすすめていくうえで、今後さらにその重要性が増してくるであろう。[38]

(4) 福祉と文化の接点を広げていく実践・運動の展開

近年における「福祉文化」という言葉・概念の広がりは、福祉や文化活動の新しいとらえ直しを背景にしている。日本における「福祉文化学会」の創設に尽力した一番ヶ瀬康子によれば、「福祉文化」の一般的な概念は、「自己実現をめざしての普遍化された〝福祉〟の質（ＱＯＬ）を問うなかで、文化的な在り方を実現する過程及びその成果であり、民衆のなかから生み出された文化」[39]であるという。

このような、「福祉」と「文化」の接近は、戦後において積極的な文化政策が展開されてきたヨーロッパでも共通した動向であるようだ。河島伸子によれば、すでに、一九八〇年代ごろから、教育・福祉と芸術文化の結びつきがみられ、学校・病院・障害者養護の施設・刑務所などに文化団体が出かけて、ワークショップを開くなどの事業が行われてきていたが、九〇年代以降になると、通常の文化団体にも、同様の役割が期待されるようになったという。

ヨーロッパにおいては、この時期から、「社会的統合」の一環として、生活保護・雇用確保・住宅政策などの経済的な側面からの支援だけでなく、文化的なアイデンティティや誇り、文化的な豊かさを創るきっかけづくりの重要性が認識されはじめた、というのである。[40]

「格差社会」「リスク社会」といわれる現代日本社会においても、豊かな自己実現の可能性を閉ざされ、未来への希望や生きる意欲を失い、社会的に周辺化されている人々は、ますます増加している。[41] 本書の第7章で取り上げた、高齢者・障害者の文化活動は、当事者自身の自己形成にとっても、地域社会の人間関係創造という点においても、貴重な意味をもつものである。現代における「人間と社会の再生」という視点から、あらためて、福祉と文化の接点の広がりがもつ意義を再考していく必要があるだろう。

注

（1）たとえば、中村政則『戦後史』（岩波新書、二〇〇五年）、『世界』編集部編『戦後六〇年を問い直す』（岩波書店、二〇〇五年）など。また、個人の自己形成の視点から戦後史をとらえ直す試みも最近の注目すべき動きである。たとえば、和田春樹『ある戦後精神の形成―一九三八～一九六五』（岩波書店、二〇〇六年）など。こうした取りくみの背景には、和田がその著書のまえがきで書いているように二一世紀に入って以降顕著になっている、戦後的な価値の否定の動きに抗して、「戦後精神を多様な、力あるものとして見直して、その働きを救い出さなければならない」という使命感ともいえる強い思いがある。

（2）山住正己「文化と教育をつなぐ」山住編『文化と教育をつなぐ』国土社、一九九四年

（3）戦後の民衆文化運動を中心的に担っていた世代が高齢化してきたこともあり、あらためて運動が生み出した意義・遺産を整理し総括しようとする動きが、近年出てきている。そのひとつの成果として、東京労音運動史の記録（『東京労音運動史―一九五三年〜二〇〇〇年―』東京労音運動史編さん委員会編、二〇〇四年）があげられる。また、天野正子『「つきあい」の戦後史』（吉川弘文館、二〇〇五年）は、戦後のサークル運動の歴史と意義を明らかにしようとする、最近の貴重な研究成果である。

（4）戦後の日本においては、世界で唯一の被爆国ということもあり、原爆や核の問題をテーマとした音楽・美術・文学・児童文学・ルポルタージュ・体験記が数多く蓄積されてきており、すぐれた文化遺産として後の世代へ伝えていくことが課題となっている。

（5）文京洙『韓国現代史』岩波新書、二〇〇五年

（6）石田勇治『過去の克服―ヒトラー後のドイツ―』白水社、二〇〇二年

（7）敗戦直後の一九四五年秋に結成された、当時の若手の進歩的学者・文化人により結成された組織であり、丸山のほかには、中村哲、野間宏、瓜生忠夫らが参加していた。

（8）丸山眞男の戦中・戦後のあゆみを、丸山の学問的業績や彼自身の映像と肉声、および関係者の証言によって描いたNHKビデオ『丸山眞男と戦後日本』（一九九七）の第一巻「民主主義の発見」で、丸山は、戦後初期の自らの活動と社会の様子を、三島庶民大学への参加の経験をもとにしながら語っている。

（9）北河賢三『戦後の出発―文化運動・青年団・戦争未亡人―』青木書店、二〇〇〇年、赤澤史朗「戦中・戦後文化論」（『岩波講座・日本通史』第19巻、一九九五年）、大串潤児「戦後の大衆文化」（日本の時代史・二六『戦後改革と逆コース』吉田裕編、吉川弘文館、二〇〇四年）等の、戦中・戦後の文化運動に関する一連の研究成果を参照。

（10）一九四五年一二月二三日〜二五日の『東京新聞』紙上において、山根は、山田を中心とする日本の楽壇批判を展開していた。

（11）戦後最初に出版された園部の著書である『音楽史の断章』（一九四七年）の序文を参照。

（12）藤田秀雄は、敗戦直後における疎開文化人の教育活動として、中井正一を取り上げて、中井と親交の深かった山代巴の文章を引用しながら、その実践の本質を「平和と民主主義をささえる意識を勤労大衆のなかに植えつけていこうとした教育の実践の一典型であった」と述べている。（藤田秀雄『社会教育の歴史と課題』学苑社、一九七九年）

（13）この座談会の出席者は、蔵原惟人、勝本清一郎、中島健蔵、松本正雄、川口浩。

(14) この座談会の出席者は、園部三郎、原太郎、箕作秋吉、蔵原惟人、栗林農夫、清瀬保二、松本正雄。

(15) 初出は、『歴史評論』第三巻一号、一九四八年

(16) 和田進『戦後日本の平和意識』（青木書店、一九九七年）では、戦後における日本人の平和意識の展開過程が五つに時期区分されて述べられている。一九五〇年代は、とくに第二期「平和運動の台頭と独特な平和意識の形成」として位置づけられ、平和運動の昂揚のなかで日本人の平和意識の基本的な特質が形成されたと述べられ、うたごえ運動についてもふれられている。

(17) 木下順二「いわゆる地方文化の持つ新しい意味について」（『文学』一九五五年五月号）

(18) 網野善彦『歴史としての戦後史学』日本エディタースクール出版部、二〇〇〇年

(19) 山住正己は、しばしば大学院生時代の合唱団活動やうたごえ運動の経験について述べた文章を書き、その後の研究者としての自己形成に与えた影響の大きさを振りかえっている。たとえば、彼が古希を迎えた年に刊行された、先達の業績を偲び追悼を述べた文章を収録した『點鬼簿―先達を偲び、先達に学ぶ―』（国土社、二〇〇一年）では、うたごえ運動に深くかかわった音楽家である、芥川也寸志、井上頼豊について、学生時代の合唱活動の経験をまじえながら追想している。

(20) 東京労音運動史編さん委員会、前掲書

(21) 石川弘義『余暇の戦後史』東京書籍、一九七九年

(22) 渡辺治『「豊かな社会」日本の構造』労働旬報社、一九九〇年

(23) 中村とうよう『ポピュラー音楽の世紀』岩波新書、一九九九年

(24) 高比良正司『夢中を生きる―子ども劇場と歩んで28年―』（第一書林、一九九四年）は、福岡で始まった子ども劇場運動の歴史と意義を、著者自身の体験を交えながら詳しく論じている。

(25) 寺中作雄『公民館の建設』公民館協会、一九四六年。

(26) たとえば、宮原誠一「芸術と社会教育」（『月刊社会教育』一九六二年一一月号）、勝田守一「認識の発達と感性の問題」（『教育』一九六四年一一月号）、勝田『能力と発達と学習』（国土社、一九六四年）、碓井正久「社会教育の内容と方法」（小川利夫・倉内史郎編『社会教育講義』（明治図書、一九六四年）。

(27) 社全協常任運営委員会「権利としての社会教育を深める視点―第一一回全国集会の討議のために―」（『月刊社会教育』一九七一年八月号）。

(28) 北田の社会教育学理論の形成過程とその特質については、拙稿「民衆文化の創造と社会教育―北田耕也氏の仕事を評す―」（『月刊社会教育』一九九九年、一〇月号）を参照。

（29）和田進、前掲書。和田は、ベトナム反戦の運動は、日本人の平和意識のあり方に重要な影響を与えることになったとし、「日本の加害者としての戦争責任の問題をよびおこす契機ともなりうるものであった」と、その意義を高く評価している。
（30）河島伸子「文化政策の歩み」後藤和子編著『文化政策学―法・経済・マネジメント―』有斐閣、二〇〇一年
（31）二宮厚美『憲法二五条＋九条の新福祉国家』かもがわ出版、二〇〇五年
（32）「ぞうれっしゃがやってきた」の合唱活動の取組みの状況については、小出隆司「合唱組曲『ぞうれっしゃがやってきた』とともに三年間」『歴史地理教育』第四四六号、一九八九年九月号
（33）窪島誠一郎『「無言館」への旅―戦没画学生巡礼記―』小沢書店、一九九七年
（34）堀尾輝久『地球時代の教養と学力』かもがわ出版、二〇〇五年
（35）『荒れ野の四〇年―ヴァイツゼッカー大統領演説・全文―』岩波ブックレット、No.五五、一九八六年
（36）清水裕之「文化ホールをめぐる自治体文化行政」『都市問題』一九九九年七月号
（37）同右。
（38）地域に根ざした文化ホールづくりの取組みについては、当事者によるさまざまな報告・記録があげられる。たとえば、美野里町文化センター物語制作委員会編『文化がみのーれ物語』茨城新聞社、二〇〇〇年。宮城光也「沖縄・佐敷町シュガーホールの実践」『月刊社会教育』二〇〇三年一一月号。また、『地域に生きる劇場』（衛紀生・本杉省三編、芸団協出版部、二〇〇〇年）では、九〇年代以降に進められてきた新しい劇場づくりの具体的な事例が多く紹介されている。
（39）一番ヶ瀬康子「福祉文化とは何か」、一番ヶ瀬康子他編『福祉文化論』有斐閣、一九九七年
（40）河島伸子、前掲論文。
（41）橘木俊詔『格差社会』（岩波新書、二〇〇六年）、中野麻美『労働ダンピング』（同、二〇〇六年）など。

資　料——文化に関する法制度の資料と解説

新藤　浩伸

はじめに

これまで文化に関する法制度は、日本においては長く教育法体系のなかに位置づいてきたため、独立的に論じられることは少なかった。しかし一九七〇年代以降の文化行政の進展にともない、既存の法体系では論じきれない新しい領域がたちあらわれようとしており、文化に関する制度的・権利的基盤を、歴史的・国際的な視野をもって考察していくことが求められている。

本稿では、戦後文化国家としての出発点を歴史的に確認しつつ、日本における文化活動を支える法制度の紹介および解説を試みる。

ただし、「文化」をどう規定するかによって、とらえる法制度の範囲や分類方法は異なってくる。これが文化の語の多義性ゆえの定義の困難さを生んでいるといえよう。小林真理は、文化法研究へのアプローチの際、こうした定義の困難さ、また文化が政治的・社会的諸状況から一定の自律性を保持してはじめて文化たりうるのであり、実定法的な規制を逃れる傾向がある、という前提を示しながら、文化を特殊法として位置づける方法と、教育法などを含めて広義の文化法として総合的に研究する方法という二つの研究方法があることを述べる。そして文化行政に関する法体系が生成途上にあることから、後者を長期的な課題とし、前者のアプローチから考察を深めている[1]。

　ここでは、資料編としての性格から、やや視点を広くとり、狭義の芸術文化を中心に、文化を教育や福祉の関連部分を含め、知的、文化的営為の全般を包み込む広義のものとしてもとらえる。そして、考察すべき視点別に項目を立て、解説を付しながら紹介する形式をとる。第一に、第二次世界大戦後、軍国主義体制の反省をふまえ文化はどのような位置づけを与えられたか、という歴史的アプローチである(1)。ここでは教育法体系も含めたやや広義の文化関連法規が検討される。さらにいえば、「文化」問題を教育、社会教育の問題として、すなわち表現・文化活動による人間形成の問題を制度面から考察することにもつながる。第二に、文化芸術振興基本法の検討を中心に、狭義の芸術・文化に関する法制度を、文化の権利的保障という近年議論がすすむ問題を考察する(2)。第三に、ユネスコの文化に関連する近年の動向を検討する(3)。第四に、地域における文化活動に密接に結びつく自治体文化振興条例の動きを考察する(4)。

　これらの問いは各々独立的に深められるべきものであり、枠組み及び各論点の掘り下げは今後の課題として残されたが、文化を法制度の観点から考える導入として参照されたい。

　なお、本稿執筆現在（二〇〇六年六月）教育基本法改正論議が進行中であり、本稿での解説内容から条文が変わる可能性が否定できない。しかし法制定当時の歴史的文脈を現代的視点から論じることは今だからこそ重要である。また法制度の名称は太字で示し、条文は適宜抜粋・引用したが、逐条的紹介は紙幅の都合で困難であった。詳細は『教育小六法』（毎年度発行、学陽書房）、小林真理『文化権の確立に向けて』（勁草書房、二〇〇四年）、根木昭『文化政策の法的基盤』（水曜社、二〇〇三年）などを参照されたい。

[1] 戦後教育制度下における「文化」――学習・文化活動の自由の保障

第二次世界大戦後から一九四〇年代後半にかけ整備された戦後教育制度において文化は、戦前の文化統制の反省から、自由や平和の概念と強く結びつけられ、制度化がすすんだ。法律ではないが、文部省の手による戦後最初期の改革書である**新教育指針**（一九四六年五月）をみると、「芸能文化の振興」の項で「新しい芸能文化は、それ自身が人生の目的として追求せらるべく、他の目的の手段であってはならない」とされ、文化が戦争を目的として統制され、言論・思想が圧迫される軍国主義の国家の反省と民主主義国家への転換が強く打ち出されている。**日本国憲法**（一九四六年一一月公布）の前文「日本国民は、恒久の平和を念願し、人間相互の関係を支配する崇高な理想を深く自覚するのであつて、平和を愛する諸国民の公正と信義に信頼して、われらの安全と生存を保持しようと決意した。われらは、平和を維持し、専制と隷従、圧迫と偏狭を地上から永遠に除去しようと努めてゐる国際社会において、名誉ある地位を占めたいと思ふ。われらは、全世界の国民が、ひとしく恐怖と欠乏から免かれ、平和のうちに生存する権利を有することを確認する。」も、同様の意味において理解することができる。憲法制定当時文部大臣であった田中耕太郎は、文化的創造は個人の創意と社会的環境の所産であるため国家に対する自主性を要求するものであり、文化に関する規定が憲法中に乏しいということは、そのこと自体が国家が文化を尊重する意図を示すことにもなると述べており、今日的な意味で示唆に富んでいる。[2]

教育基本法（一九四七年）において注目すべき点として、第一に、前文および第二条において「民主的で文化的な国家」および「普遍的にしてしかも個性ゆたかな文化の創造」が、教育の力によって国民主体で実現されることが述べられている。前文「われらは、さきに、日本国憲法を確定し、民主的で文化的な国家を建設して、世界の平和と人類の福祉に貢献しようとする決意を示した。この理想の実現は、根本において教育の力にまつべきものである。われらは、個人の尊厳を重んじ、真理と平和を希求する人間の育成を期するとともに、普遍的にしてしかも個性ゆたかな文化の創造をめざす教育を普及徹底しなければならない。」第二条「教育の目的は、あらゆる機会に、あらゆる場所において実現されなければならない。この目的を達成するためには、学問の自由を尊重し、実際生活に即し、自発的精神を養い、自他の敬愛と協力によって、文化の創造と発展に貢献するように努めなければならない。」

勝野尚行は田中耕太郎の思想との関連で「文化的な国家」「普遍的にしてしかも個性ゆたかな文化」の文言に注目する。普遍性と個性を併記した後者の文言には、戦時期における国際文化事業を、独善的・排他的な自国文化中心主義にたつものとして批判し、他国文化への尊重と理解とにもとづく相互交流を説いた田中の、国家主体の「文化国家」への批判が内在していることを指摘する。[3]

第二に、社会教育の規定である。第七条は「家庭教育及び勤労の場所その他社会において行われる教育は、国及び地方公共団体によつて奨励されなければならない。2　国及び地方公共団体は、図書館、博物館、公民館等の施設の設置、学校の施設の利用その他適当な方法によつて教育の目的の実現に努めなければならない。」としている。第七条制定過程においては、当初盛り込まれていた「新聞、出版、放送、映画、演劇、音楽その他の文化施設は教育的考慮の下に為される事が望まれる」という文化的諸活動の条項が、文化独自の事務の体系を持つことが考究課題であるとして削除された。[4]

第三に、教育行政の基本原則として内容への不干渉とそのかぎりにおいての環境整備をうたっている。第一〇条「教育は、不当な支配に服することなく、国民全体に対し直接に責任を負つて行われるべきものである。2　教育行政は、この自覚のもとに、教育の目的を遂行するに必要な諸条件の整備確立を目標として行われなければならない。」は、文化行政の基本原則を考察していくうえでも重要な条文といえよう。

一九四九年に制定された**社会教育法**に位置づけられた文化は、第三条「国及び地方公共団体は、この法律及び他の法令の定めるところにより、社会教育の奨励に必要な施設の設置及び運営、集会の開催、資料の作製、頒布その他の方法により、すべての国民があらゆる機会、あらゆる場所を利用して、自ら実際生活に即する文化的教養を高め得るような環境を醸成するように努めなければならない。」にみることができる。施設に関しては第九条「図書館及び博物館は、社会教育のための機関とする。」にみられるように、社会教育施設として図書館・博物館が位置づけられている。同法に基づき制定された**図書館法**（一九五〇年）、**博物館法**（一九五一年）は、それぞれの施設に専門職として司書、学芸員がおかれる根拠となっている。さらに市町村の教育委員会の任務として第五条第一一項に「音楽、演劇、美術その他芸術の発表会等の開催及びその奨励に関すること」が規定されているほか、公民館の事業として第二二条に展示会やレクリエーション機能などがあげられている。なお文化活動の重要な拠点となる各地の公立文化施設は、地方自治法により「公の施設」と規定されているものの、社会教育施設としては位置づけられていない。根拠とされる法律がないために、その制度的位置があいまいであるほか、専門職が不在であることが問題となっている。またこのほか、関連法としてスポーツ活動の振興として**スポーツ振興法**（一九六一年）をあげておく。

こうした歴史的な基盤のうえに、市民の学習・文化活動を保障する法整備がすすめられている。近年では**生涯学習の振興のための施策の推進体制等の整備に関する法律**（生涯学習振興整備法、一九八九年）が、民間文化産業も視野に入れた省庁横断的な政策としての「生涯学習体系」を提示している。一九九〇年代以降では、**音楽文化の振興のための学習環境の整備等に関する法律**（音楽文化振興法、一九九四年）、**文字・活字文化振興法**（二〇〇五年）などがあげられるが、市民活動全般にかかわる法として**特定非営利活動促進法**（NPO法、一九九八年）が特に重要である。同法は「特定非営利活動を行う団体に法人格を付与すること等により、ボランティア活動をはじめとする市民が行う自由な社会貢献活動としての特定非営利活動の健全な発展を促進し、もって公益の増進に寄与すること」を目的とし（第一条）、特定非営利活動のなかに「社会教育の推進を図る活動」「まちづくりの推進を図る活動」「学術、文化、芸術又はスポーツの振興を図る活動」（第二条別表）などが含まれる。法制定以来その数は激増しており、参加者の多様な学びの機会になっている。

2 文化の保護・活用および権利的保障

文化的な所産の保護や活用といった観点からの法律として、法隆寺金堂壁画焼失を期に制定された**文化財保護法**（一九五〇年）が存在している。同法は文化財の範囲を「有形文化財、無形文化財、民俗文化財、埋蔵文化財、史蹟名勝天然記念物、重要文化的景観、伝統的建造物群、文化財の保存技術の保護」としている。近年では**世界遺産条約**（世界の文化遺産及び自然遺産の保護に関する条約。一九七二年採択）を、日本は先進国では最後の一九九二年に批准し、二〇〇五年現在一三カ所が指定を受けている。また**著作権法**（現行法は一九七〇年制定）においては、「著作物並びに実演、レコード、放送及び有線放送に関し著作者の権利及びこれに隣接する権利を定め、これらの文化的所産の公正な利用に留意しつつ、著作者等の権利の保護を図り、もつて文化の発展に寄与すること。」が目的とされているが、メディア文化の進展および海外からの日本文化の注目にともない、知的財産の保護および活用が国際レベルで現代的課題となっている。

日本国憲法（一九四六年）では、一連の自由権において、広い意味での文化的な活動の保障が規定されている。すなわち幸福追求（第一三条「すべて国民は、個人として尊重される。生命、自由及び幸福追求に対する国民の権利については、公共の福祉に反しない限り、立法その他の国政の上で、最大の尊重を必要とする」。）、思想・良心の自由（第一九条「思想及び良心の自由は、これを侵してはならない」。）、表現の自由（第二一条「集会、結社及び言論、出版その他一切の表現の自由は、これを保障する。二　検閲は、これをしてはならない。通信の秘密は、これを侵してはならない」。）などである。

一方社会権的な側面に関しては、佐藤一子は、ユネスコの動向および憲法の解釈から「文化を享受する権利は、現代的に生成途上にあると認識されるべきこと。生活権と教育権の理念を総合的に発展させた高次のレベルにおいて考察されうること。憲法第二五条（引用者注：第二五条　すべて国民は、健康で文化的な最低限度の生活を営む権利を有する。二　国は、すべての生活部面について、社会福祉、社会保障及び公衆衛生の向上及び増進に努めなければならない。）と二六条（教育権。注：第二六条　すべて国民は、法律の定めるところにより、その能力に応じて、ひとしく教育を受ける権利を有する。）の内容には国際的な人権規約に明記された余暇権、文化的生活に参加する権利が包含されているという積極的な解釈がもとめられること。[5]」という三点の課題を提起している。また小林真理も、文化行政の進展の一方で文化を享受する国民の権利があいまいであり、「社会権的法理としての文化に関する権利というものは、日本国憲法の中では明確に提示されているとはいいがたい」と述べる。[6]

さらに、文化に関する権利を考察する際、「文化的生活に参加する権利」をめぐる国際的な議論に注目する必要がある。**世界人権宣言**（一九四八年）第二七条一項（「すべて人は自由に社会の文化的生活に参加し、芸術を鑑賞し、及び科学の進歩とその恩恵とにあずかる権利を有する。」）は、「休息及び余暇の権利」（第二四条）「教育に関する権利」（第二六条）とならび、すべての人間の健康で文化的な生活のあり方を規定しており、**国際人権規約**（一九六六年）においても深められた。さらにユネスコは一九七〇年代以降文化政策に関する議論を進め、第一九回ナイロビ総会で採択された**大衆の文化的生活への参加及び寄与を促進する勧告**（一九七六年）、**文化政策に関するメキシコ宣言**（一九八二年）では、基本的人権としての「文化的生活に参加する」権利を保障し、民主主義と参加の原則にたち、社会発展の基盤としての文化的発展を実現するものとして文化政策が位置づけられている。

成人教育の領域では、第四回ユネスコ国際成人教育パリ会議における**学習権宣言**（一九八五年採択）が注目される。「学習活動は、あらゆる教育活動の中心に位置付けられ、人間を、できごとのなすがままに動かされる客体から、自分たち自身の歴史を創造する主体へ変えるもの」であり、学習権は「文化的ぜいたく品」ではなく人類の「基本的権利のひとつとして認められなければならない」とされた。そして、「学習権とは、／読み書きを学ぶ権利であり、／質問し、分析する権利であり、／想像し、創造する権利であり、／自分自身の世界を読みとり、歴史を書く権利であり、／教育の機会に接する権利であり、／個人的・集団的技術をのばす権利である。」とされた。「想像し、創造する権利（the right to imagine and create）」に注目して、藤田秀雄は、子どもだけでなく大人が発達可能態としてとらえられ、創造し想像する営みがきわめて現代的な課題であると述べる。[7] 学習権宣言は、成人を文化創造の主体として考察することも求めているといえよう。

また、子どもの文化権の領域も看過できない。戦後、**児童福祉法**（一九四七年）、**児童憲章**（一九五一年。国会で制定された法律ではないが、子どもの権利を日本ではじめて確認）などが制定されている。さらに増山均は、こんにち労働権・生存権・教育権とならんで文化権の確立が不可欠になっていると述べる。増山によれば、人間一般への文化権は、①狭義の文化権としての文化・芸術の享受と参加の権利、②余暇・レクリエーション・自由時間の確保とその文化的活用の権利の両側面を含みつつ展開されてきている。これに重なりつつも、子どもの文化権の整備がすすめられてきた。ユネスコで一九八九年に採択され、一九九四年に日本が批准した**児童の権利に関する条約**（子どもの権利条約）第三一条「1　締約国は、休息及び余暇についての児童の権利並びに児童がその年齢に適した遊び及びレクリエーションの活動を行い並びに文化的な生活及び芸術に自由に参加する権利を認める。2　締約国は、児童が文化的及び芸術的な生活に十分に参加する権利を尊重しかつ促進するものとし、文化的及び芸術的な活動並びにレクリエーション及び余暇の活動のための適当かつ平等な機会の提供を奨励する。」は、大人の領域での人権規定のあゆみを子どもに敷衍し、①休息権・余暇権、②あそび権・レクリエーション権、③文化的生活・芸術への参加権　の三点を柱とするものである。(8)

近年では、二〇〇一年に制定された**文化芸術振興基本法**において、文化が生得的な権利として位置づけられた。基本理念をうたった第二条のなかの第三項「文化芸術の創造にあたっては、文化芸術を創造し、享受することが人々の生まれながらの権利であることにかんがみ、国民がその居住する地域にかかわらず等しく、文化芸術を創造し、これに参加し、又はこれを創造することができるような環境の整備が図られなければならない。」の条文である。しかし、「生まれながらの権利」と規定されている国民の文化に関する権利の規定はこれ以上の言及はなく、その位置づけは今後の議論にまつところが多い。さらに第二条では、自主性の尊重（第一項）、創造性の尊重と地位向上（第二項）、地域の人々により主体的に文化芸術活動が行われるための配慮（第六項）などが注目されよう。これらの基本原則を具体的な政策としてどのように保障し、文化的権利の明確化および実現をめざすのかが問われている。

3　文化的多様性の保障

近年のユネスコの議論をみると、「文化的多様性 Cultural Diversity」がキーワードになっているほか「人間発達 Human Development」の概念と文化の結びつきが探求されている。こうした動きは、とくに一九九〇年代以降の多文化社会化、グローバリゼーションの進展にともなう社会的排除や文化的アイデンティティ、文化産業の問題が焦点化されてきた世界情勢を反映したものでもある。日本においても、**アイヌ文化の振興並びにアイヌの伝統等**

に関する知識の普及及び啓発に関する法律（アイヌ文化振興法、一九九七年）が出されている。「アイヌ語並びにアイヌにおいて継承されてきた音楽、舞踊、工芸その他の文化的所産及びこれらから発展した文化的所産」（第二条）としての「アイヌ文化」を、「アイヌ文化の振興並びにアイヌの伝統等に関する国民に対する知識の普及及び啓発を図るための施策を推進することにより、アイヌの人々の民族としての誇りが尊重される社会の実現を図り、あわせて我が国の多様な文化の発展に寄与すること。」（第一条）がめざされている。

二〇〇一年に採択された**文化的多様性に関する世界宣言**では「アイデンティティ、多様性、多元主義」（一　文化的多様性：人間共通の財産、二　文化的多様性から文化的多元主義へ、三　発展要因としての文化的多様性）、「文化的多様性と人権」（四　文化的多様性の恩恵としての人権、五　文化的多様性を実現する環境としての文化権、六　文化的多様性へのアクセスに向けて）、「文化的多様性と創造性」（七　文化的多様性の源泉としての文化遺産、八　文化的商品およびサービス：単一種にとっての必需品、九　創造性の触媒としての文化政策）、「文化的多様性と国際的連帯」（一〇　世界レベルの創造と論説のための能力を強くする、一一　公的セクター、民間セクター、市民社会のパートナーシップの構築、一二　ユネスコの役割）という四項目一二の提言がなされている。

さらに二〇〇一年の宣言を行動に移すものとして、二〇〇二年にフランスとカナダにより提唱され制定に向け議論がすすめられていた**文化的諸表現の多様性の保護と促進に係る条約**（文化多様性条約）が、アメリカとイスラエルの反対および数カ国の棄権を除き、日本を含めた圧倒的多数の賛成により二〇〇五年一〇月に採択された[9]。「伝統文化の表現を含む文化的諸表現の多様性は、個人および諸民族に、かれらの考えおよび価値観を他者と共有することを許す重要な要素である。」「文化的活動、財およびサービスは、アイデンティティ、価値、意味を伝えるため、単に商業的価値をもつものとしてのみ扱われてはならず、経済的ならびに文化的な本質を有するものとする。」（前文より）などの条文にみられるように、文化的活動・財・サービスがもっぱら商業的価値をもつものとして扱われてはならず、各国が自国文化保護のため適切な措置を講ずることが述べられている。文化の領域に急速にすすむ商業主義化、グローバリゼーションに対しオルタナティブな軸を打ち出したものとして、今後影響力をもつものと考えられる。

4 地域における文化活動の制度的保障

地域におけるノンフォーマル・インフォーマルな文化活動を保障する制度としては、すでにみた社会教育法を中心とする学習・文化活動を支える法律に加え、文化芸術振興基本法に今後注目していく必要がある。「地域における文化芸術活動の場の充実」として第二七条では「国は、国民に身近な文化芸術活動の場の充実を図るため、各地域における文化施設、学校施設、社会教育施設等を容易に利用できるようにするための措置その他の必要な施策を講ずるものとする。」とされている。また第三一条では「国は、第八条から前条までの施策を講ずるに当たっては、芸術家等、文化芸術団体、学校、文化施設、社会教育施設その他の関係機関等の間の連携が図られるよう配慮しなければならない。2　国は、芸術家等及び文化芸術団体が、学校、文化施設、社会教育施設、福祉施設、医療機関等と協力して、地域の人々が文化芸術を鑑賞し、これに参加し、又はこれを創造する機会を提供できるようにするよう努めなければならない。」として関係諸機関の連携がうたわれている。このほか、地域の文化環境の整備や文化活動の保障に関する条文として、国民の鑑賞等の機会の充実（第二一条）、高齢者、障害者等の文化芸術活動の充実（第二二条）、青少年の文化芸術活動の充実（第二三条）、学校教育における文化芸術活動の充実（第二四条）、劇場、音楽堂等の充実（第二五条）、美術館、博物館、図書館等の充実（第二六条）、民間の支援活動の活性化等（第三一条）などが注目される。

さらに自治体レベルでは、文化芸術振興基本法の成立以後、表に見られるように二〇〇二年以降文化振興条例の整備がすすんでいる。なかでも、以下の条例の視点が現代的な可能性と課題を示すものとして注目される。第一に、文化を権利として認める**北海道文化振興条例**（一九九四年、前文「私たちは、文化が生活に潤いと豊かさをもたらし、これからの地域社会の発展にかけがえのないものであることを深く認識し、一人一人がひとしく豊かな文化的環境の中で暮らす権利を有するとともに、自らが地域文化の創造と発展のため主体的に行動する責務を有していることを確認する。」）。第二に、子ども劇場の動きと連続して、市民主体で条例策定をめざし子どもの文化権を明記した福岡県朝倉郡の**杷木町文化芸術振興条例**（二〇〇四年、第二条八項「文化芸術の振興に当たっては、子どもの文化権を保障し、その成長段階に応じて適切に文化芸術活動に参加できるよう、配慮されなければならない。」ただし朝倉市への合併により同条例をもとに見直し中）の条文および策定のプロセス。第三に、文化の多様性尊重、政策推進体制の具体化、「文化アセスメント」の実施として政策評価の問題にふれた**川崎市文化芸術振興条例**（二〇〇五年）。川崎市は多文化都市であること、これまでの文化振興指針が理念を打ち出すにとどまっていたこと、経営難に陥った川崎市民ミュージアムの問題などから、これらの視点を打ち出している。とくに政策評価の問題は他の政策領域でも起きているが、経営評価と文化の質的評価のバランス、とくに後者の評価軸の確立が、文化政策の領域では課題となっている。

これまでも自治体では七〇年代以降、公害対策やまちづくり、生涯学習など生活文化の保護・振興に関する条例が整備されてきた。しかし、文化振興条例は自治体文化政策の根拠になり、地域の文化活動に大きく関係してくる。形式的内容にとどまるものもみられるなかで、文化活動の実践と結びつきながら整備がすすむことが望まれる。文化芸術振興基本法第三四条では「国は、文化芸術の振興に関する政策形成に民意を反映し、その過程の公正性及び透明性を確保するため、芸術家等、学識経験者その他広く国民の意見を求め、これを十分考慮した上で政策形成を行う仕組みの活用等を図るものとする。」として政策形成への民意の反映を規定している。ともすると市民参加が形式的なものにとどまり、国家・行政主導、中央集権といった従来型の行政の論理での文化政策がすすめられかねないなか、本条の規定を積極的に解釈し、実質的な意味で、市民主体の文化振興計画の策定をすすめていくことが求められているといえよう。

注

(1) 小林真理『文化権の確立に向けて』勁草書房、二〇〇四年、二九—三〇頁

(2) 田中耕太郎『新憲法と文化』国立書院、一九四八年、三頁

(3) 勝野尚行『教育基本法の立法思想』法律文化社、一九八九年、一〇九—一四〇頁

(4) 教育刷新委員会第七特別部会報告、一九四七年二月七日。横山宏・小林文人編『社会教育法成立過程資料集成』昭和出版、一九八一年、一四六頁所収。

(5) 佐藤一子『文化協同の時代』青木書店、一九八九年、六頁

(6) 小林真理、前掲書、四三—四八頁

北海道文化振興条例(1994)	気仙沼市文化芸術振興条例(2002)
宮城県文化芸術振興条例(2004)	矢吹町文化・スポーツ振興条例(1995)
福島県文化振興条例(2003)	牛久市文化芸術振興条例(2002)
東京都文化振興条例(1983)	つくば市文化芸術振興基本条例(2004)
富山県民文化条例(1996)	千代田区文化芸術基本条例(2003)
京都府文化力による京都活性化推進条例(2005)	目黒区芸術文化振興条例(2002)
大阪府文化振興条例(2005)	渋谷区文化芸術振興基本条例(2004)
鳥取県文化芸術振興条例(2003)	板橋区文化芸術振興基本条例(2005)
岡山県文化振興基本条例 (2005)	練馬区文化芸術振興条例(2004)
徳島県文化振興条例(2004)	足立区文化芸術振興基本条例(2004)
熊本県文化振興基本条例(1988)	江戸川区文化振興条例(1986)
大分県文化振興条例(2003)	立川市文化芸術のまちづくり条例(2004)
鹿児島県文化芸術の振興に関する条例(2004)	松本市文化芸術振興条例(2003)
川崎市文化芸術振興条例(2003)	春日井市文化振興基本条例(2002)
京都市文化芸術都市創生条例(2005)	津市文化振興条例(1983)
大阪市芸術文化振興条例(2003)	四日市市文化振興条例(2002)
秋田市文化振興条例(1982)	八幡市文化芸術振興条例 (2004)
文化振興条例(注:横須賀市、1985)	城陽市文化芸術の振興に関する条例(2004)
士別市文化振興条例(1997)	出雲市文化のまちづくり条例(1997)
苫小牧市民文化芸術振興条例(2001)	丸亀市文化振興条例(2003)
様似町文化振興条例(1995)	太宰府市文化振興条例(1997)
釧路市文化振興条例(1974)	飯塚市文化振興基本条例(2002)
函館市文化芸術振興条例(2005)	杷木町文化芸術振興条例(2004、合併により廃止)

自治体文化振興条例　括弧内は制定年度。文化庁「文化をめぐる諸状況についての関連データ集」2006をもとに補足作成

（7）藤田秀雄「ユネスコの学習権宣言」同編『ユネスコ学習権宣言と基本的人権』教育史料出版会、二〇〇〇年、二四―二五頁
（8）増山均「子どもの文化権とアニマシオン」佐藤一子・増山均編『子どもの文化権と文化的参加』第一書林、一九九五年
（9）『文化庁月報』（特集：文化の多様性）二〇〇六年一月号、ぎょうせい参照。

文献案内

社会教育・生涯学習として表現・文化活動を実践と研究の対象とするとき、参考文献を挙げるとすれば相当数のものとなるだろう。ここではその手がかりとなる重要なものに限定し、短文で紹介することを試みる。

① **北田耕也『自己という課題』**（学文社、一九九九年）

本書は、最初の著書である『日本国民の自己形成』（国土社、一九七一）以来、「成人の自己形成と社会教育」というテーマを一貫して追求してきた著者の思索の集大成ともいうべきものである。教育学はもとより、社会学・心理学・文化人類学・思想史・文学などの、関連する諸学問領域の研究成果に学びながら、広い視野で、成人の自己形成と社会教育の関連を問いつづけている本書を読むと、あらためて、「社会教育」という営みのもつ底の深さ、魅力を実感させられる。現代において求められている「総合的人間学」としての社会教育学を構想していくうえでも、貴重な示唆を与えてくれるであろう。（草野）

② **北田耕也・朝田泰編『社会教育における地域文化の創造』**（国土社、一九九〇年）

本書は国土社の社会教育実践双書のひとつとして刊行されている。その意味で、本書は社会教育の現場で検証されてきた実践の結晶を編集したものである。ここで取りあげられている内容は、社会教育研究全国集会の分科会「地域文化の創造と社会教育」の世話人集団の研究活動で報告された実践と討論を中心につくられている。序は「人の人らしさの共感と加担」として編者の北田耕也が執筆し、今日的課題である自己表現に内在する共感と主体の形成にふれ、一章「文化・人間・地域」では現場職員が執筆し、芸術・文化活動と主体形成や地域の変革と社会教育活動の理論化を実践に基づいて行っている。二章「芸術文化活動の可能性」では、版画・映像・自分史・読書・演劇・音楽などの表現活動の実践を紹介している。附論として「生涯学習政策における文化論の位置と役割」を畑潤が執筆している。本書は、社会教育として現場実践を基礎に芸術や文化の課題に正面から取り組んだはじめての本でもある。（山崎）

③ **北田・草野・畑・山崎編著『地域と社会教育—伝統と創造—』**（学文社、一九九八年）

本書は、三地域すなわち昭島グループ、浦和グループ、富士見グループの研究によって構成されている。それぞれが、地域に根ざした社会教育実践の新たな展望を求めての共同研究の栞となっている。昭島グループは、三多摩地域の長い歴史を通し「民衆の文化活動の伝統と継承や創造」の成り立ちを振り返る。浦和グループは、一九五〇年代の「ロハ台の実践」で知られる青年学級の記録の調査研究を中心に、市民の学ぶ権利の自己形成や学びの意味の検証を試みる。富士見グループは、戦前における渋谷定輔の思想形成の究明を行い、学びと市民の生活課題との関係における学習体験の「意識化」を考察している。（東海林）

④ **佐藤一子『文化協同の時代』**（青木書店、一九八九年）

国際的な動向から「文化的権利」の概念にいち早く注目する一方、一九七〇年代以降の草の根地域文化運動を「文化協同」の実践として位置づけ、グローバルな理論とローカルな実践の両面から文化行政の充実を提起しており、社会教育研究にとどまらない新領域を開拓した。現在文化政策論やアーツマネジメント論の図書は数多く出ているが、いまだ類書がないオリジナルな方法意識に貫かれている。なお、文化政策は一九九〇年代以降変化が著しいため、近年の動向および研究成果の集約として後藤和子編『文化政策学』（有斐閣、二〇〇〇年）、小林真理『文化権の確立に向けて』（勁草書房、二〇〇四年）などを本書とあわせて参照されたい。（新藤）

⑤ **佐藤一子・増山均編『子どもの文化権と文化的参加』**（第一書林、一九九五年）

一九八九年に国連で採択、一九九四年に日本で批准された「子どもの権利条約」をどう実現していくかという観点から、現状を分析し、その実践的、理論的展望を描き出している。とくに、条約第三一条に規定されている「休息・余暇、遊び・レクリエーション、文化的・芸術的生活への参加」の権利を基軸としてとらえていることの現代的意義は大きい。子どもの社会生活史や各地の具体的実践の教訓に触れながら、子どもの「文化権」の内実を問い、その発展と権利保障の方向に対する筋道を明らかに

している。子どもの「文化権」と「文化的参加」に関心をもつ実践者や研究者にロマンをいだかせる好著である。（片野）

⑥　**ヨハン・ホイジンガ『ホモ・ルーデンス』（高橋英夫訳、中公文庫）**

オランダの歴史家ホイジンガが一九三八年に著わしたこの書は、人間存在の根本を「遊ぶ人」ととらえ、文化の本性も遊び（精神の自由）にあるとし、この見地から社会・文化の広大な事象にわたり鋭い批評を展開している。この書には、その根底にプラトーンの思想との格闘がうかがえるが、本書の本質は、西欧におけるヒューマニティ＝教養の思想の継承ということにあるというべきだろう。本書においても繰り返し古代学者ヴェルナー・イェーガーの研究が引かれているが、教育学者である勝田守一の最重要の論考「イェーガーの〈パイデイア〉」（『勝田守一著作集六』国土社）と共鳴するものがある。（畑）

⑦　**ヨゼフ・ピーパー『余暇と祝祭』（稲垣良典訳、講談社学術文庫）**

本書は、管理社会、競争社会のなかで合理性・能動性が適応の方式だと肯定されるような現代人の生活に生じうる疎外の問題を、西洋文化を支える余暇概念の本質的探求を通して提起している。日常生活のあらゆる心づかいを離れ、小さな自我を抜け出ることによって世界をありのまま眺め、その創造主に触れるというキリスト教の思想から余暇の本質を見出している。多くの課題、義務、欲望から設定された多様な目的の達成そのものが生きる意味になっている現代人にとり、自らを回復するような心に触れる素晴らしい文章との出会いが続いている。（張）

⑧　**レイチェル・カーソン『センス・オブ・ワンダー』（上遠恵子訳、新潮社）**

「センス・オブ・ワンダー＝神秘さや不思議さに目を見はる感性」は地球と人類を救う鍵。一九六四年に五六歳の若さで生涯を閉じた、アメリカの海洋生物学者であり、ベストセラー作家でもあるレイチェル・カーソンの遺作である。原書は***THE SENSE OF WONDER***であるが、今回は、上遠恵子訳の新潮社版を紹介する。レイチェル・カーソンは環境の汚染と破壊の実態を告発した『沈黙の春』で有名だが、その最終項は「べつの道」となっている。つまり、地球上のわれわれは、地球環境の汚染と破壊の道ではなく、地球の美しさ、大自然の恵みを大切にする道を選択しなければならない。そのことの重要性とどうすればその選択が可能になるかが、具体的にわかりやすく、みずみずしい文体で『センス・オブ・ワンダー』には書かれている。『沈黙の春』と『センス・オブ・ワンダー』は、まさに対の書であると考える。（穂積）

⑨　**プラトーン『パイドロス』（藤沢令夫訳、岩波文庫）**

プラトーンのいわゆる対話篇には、その中期の作品群のなかに主著と目されている『国家―正義について―』があるが、『パイドロス―美について―』もその時期のものであり、もっとも充実した対話篇入門となるものである。そこでは、人間の本性の洞察にかかわって「真」と「美」あるいは「善美」が論じられているが、そこでいわれるエロース（すなわち人間にとっての美への愛）の問題は、魂の根源というものについて思考を促してくれる。紀元前のギリシア思想は、人間と教養・教育の思想の源流としてその輝きを失うことはない。（畑）

あとがき

本書は、「表現・文化活動と社会教育」というテーマに関心をよせる社会教育職員・市民・学生・社会教育研究者により、定例的に開かれている「地域文化研究会」の3年余りにわたる議論の蓄積がもとになって生まれたものである。「地域文化研究会」とは、毎年夏に開催される社会教育推進全国協議会（社全協）主催による、全国研究集会の「地域文化の創造と社会教育」分科会の世話人集団が中心となり、二〇年以上にわたって継続されているものである。私が、初めてこの研究会に参加したのは、大学院の博士課程に在籍していた一九八三年のことであり、北田耕也・朝田泰の両氏が中心となり運営されていた。研究会での本づくりは、『社会教育における地域文化の創造』（北田耕也・朝田泰編、国土社、一九九〇年）、『地域と社会教育—伝統と創造—』（北田耕也・畑潤・山崎功・草野滋之編、学文社、一九九八年）に続いて、今回が3冊目となる。前の二著では、研究会の発足以来、長きにわたり会の活動をリードされてきた北田耕也氏の構想と御力に負うところが多かった。しかし、今回は、この研究会を通して社会教育研究者としての自立の道を歩んできた畑潤と草野滋之が編者となり刊行することになった。

このたびの本づくりに向けての研究会で、参加者たちに暗黙のうちに共有されていたのは、一九四七年制定の教育基本法の精神であったように思われる。平和・人権の尊厳を基軸にした教育理念、個性的かつ普遍的な文化の創造において教育の果たす役割、教育の自由の尊重と公共性の実現、という教育基本法が指し示す理念は、本書の根底に流れているものであり、昨年来の教育基本法「改正」の動きに対して、厳しく対峙する姿勢を貫いていきたいというのが、編者の一致した思いであった。

本づくりに向けての研究会は、緊張と刺激にみちた自由闊達な議論が交わされ、実に楽しい時間であった。しかし、悲しい出来事もあった。この数年、研究会に熱心に参加され、戦後初期の三多摩地方の文化運動についての綿密な調査をされて、それをもとにした論文の執筆を予定されていた、元東京・福生市の公民館主事である加藤有孝さんが、一昨年秋に急逝されたことである。すでに資料の発掘調査を入念に進められており、論文の構成案も出されて執筆の段階に入っていただけに、参加者の衝撃は大きかった。一時は、加藤さんが進められていたお仕事を引き継いでまとめていく案も出されたが、諸事情により断念せざるを得なかった。加藤さんの論文が加われば、第4部の歴史篇もさらに充実した内容になったであろうことを考えると、何とも無念である。また、長年の社会教育現場での仕事に裏付けられた加藤さんの発言は、研究会の議論を深めるうえで貴重な意味をもっていた。おそらく、本書の諸論稿には、加藤さんが加えられたその時々の鋭いコメントがしっかりと反映されていると思われる。

教育基本法が「改正」され、防衛庁が防衛省に「昇格」し、そして憲法の「改正」も政治日程にのぼろうとしている今、あらためて戦後日本の初発の精神・志を思い起こし、それを拠り所にしつつ、日常の現実世界に立ち向かっていくことの重要性が痛感される。人々の自由な表現活動や文化活動も、平和を愛し人間の生命を慈しむこのような精神に支えられてこそ、未来に向けての発展が期待できるからである。

最後に、前著『地域と社会教育――伝統と創造』に引き続いて、本書の刊行に向けて相談にのっていただき、編集作業できめ細かいアドバイスもいただいた、学文社の三原多津夫氏には大変に御世話になった。同氏の暖かい励ましと適確な助言がなければ本書の誕生はなかったにちがいない。記して感謝を申し上げたい。

二〇〇七年一月

編者を代表して　草野　滋之

［編者紹介］

畑　　潤（はた　じゅん）
1948年生
東京大学教育学部，同大学院教育学研究科博士課程単位取得退学後，
現在，都留文科大学教授。
専攻　社会教育学・生涯学習論
主要著書　『生涯学習のあらたな地平』（共著）国土社，1996年。『地域を考える大学―現場からの視点―』（共著）日本評論社，1998年。『地域と社会教育―伝統と創造―』（共編著）学文社，1998年。

草野　滋之（くさの　しげゆき）
1956年生
名古屋大学教育学部卒。東京都立大学大学院人文科学研究科博士課程単位取得退学後，
現在，千葉工業大学助教授。
専攻　社会教育学・生涯学習論
主要著書　『社会教育における地域文化の創造』（共著）国土社，1990年。『地域と社会教育―伝統と創造―』（共編著）学文社，1998年。『公民館で学ぶII』（共著）国土社，2003年。

表現・文化活動の社会教育学
――生活のなかで感性と知性を育む

2007年4月15日　第1版第1刷発行

編　者　畑　　潤
草野　滋之

発行者　田中千津子
発行所　株式会社 学文社
〒153-0064　東京都目黒区下目黒3-6-1
電話　03（3715）1501（代）
FAX　03（3715）2012
http://www.gakubunsha.com

印刷　新灯印刷
製本　島崎製本

ISBN978-4-7620-1646-2

執筆者紹介

畑　潤（はた・じゅん）〔第1章〕
一九四八年生まれ。都留文科大学教授、社会教育学、生涯学習論

山崎　功（やまざき・いさお）〔第2章〕
一九四二年生まれ。元昭島市社会教育主事、明治大学文学部非常勤講師、社会教育学

新藤浩伸（しんどう・ひろのぶ）〔第3章、第7章、資料〕
一九七八年生まれ。都留文科大学非常勤講師、地域文化論

澤田敬子（さわだ・けいこ）〔第4章〕
さいたま市立領家公民館手づくり絵本の会代表

布施慶子（ふせ・けいこ）〔第5章〕
君津市立久留里城址資料館学芸員

東海林照一（しょうじ・しょういち）〔第6章〕
一九四四年生まれ。元富士見市社会教育主事、元同教育委員会主幹、元同水谷公民館長

草野滋之（くさの・しげゆき）〔第7章、第11章〕
一九五六年生まれ。千葉工業大学工学部助教授、社会教育学、生涯学習論

飯塚哲子（いいづか・ひろこ）〔第7章〕
一九六〇年生まれ。首都大学東京准教授、デス・エデュケーション

張　智恩（ジャン・ジウン）〔第8章〕
東京大学大学院教育学研究科研究員、立正大学非常勤講師、メディア教育、公共上映

片野親義（かたの・ちかよし）〔第9章〕
一九四四年生まれ。元社会教育推進全国協議会事務局長、元さいたま市立仲町公民館長

穂積健児（ほづみ・けんじ）〔第10章〕
一九四三年生まれ。元小平市社会教育主事、早稲田大学教育学部非常勤講師、社会教育学

索　引

（人　名）

（事　項）

さ

た

な

は